Die Liebe aber hört niemals auf

Dieter Müller (Hrsg.)

Die Liebe aber hört niemals auf

Trauungsansprachen

Schwabenverlag

Umschlaggestaltung: Ronald Parusel, Mössingen
Umschlagmotiv: Vollendung, Glasfenster von Sieger Köder
in der Heilig-Geist-Kirche Ellwangen
Foto: Foto-Baur, Aalen
Satz: Schwabenverlag AG, Ostfildern
Druck und Bindearbeiten: Hirrlinger Druck, Reutlingen
Printed in Germany

ISBN 3-7966-0700-4

Inhalt

»Seid einander in Liebe verbunden«
Partnerschaft unter der Verheißung des neuen Bundes

»Am größten aber ist die Liebe«
Liebe, Glück und Befreiung als Geschenk und Geheimnis

»Laßt beides wachsen bis zur Ernte«
Wachsen in der Beziehung und Ehe als Weggemeinschaft

»Ihr seid das Salz der Erde, das Licht der Welt und die Stadt auf dem Berg«
Miteinander der Welt zugewandt als Boten des Evangeliums

»Dein Glaube hat dir geholfen«
Aus dem Glauben leben, die Liebe bewahren, sich in der Liebe bewähren

Vorwort

Die alte Frage, ob die Predigt der Wirklichkeit der Zuhörer standzuhalten vermag, gilt heute ganz besonders für die Hochzeitspredigt. Bedürfnisse nach intensiver Bindung im personalen Bereich und Bindungsverluste auf jedweden Ebenen schütteln wie im Wechselbad alle, die an der Hochzeit beteiligt sind, das Brautpaar, die Hochzeitsgäste und nicht zuletzt die Priester und Pfarrer selbst. Ehe und Partnerschaften haben sich in den letzten Jahren und Jahrzehnten differenzierter auseinandergefaltet. Vorläuferehen, verlängerte Verlobungen, Beziehungen ohne Trauschein umgeben die klassische Hochzeit. Und auch bei dieser ist ein Junktim mit der kirchlichen Trauung nicht mehr von vorneherein gegeben, bei der Zweitehe dem Katholiken von der Kirche her versperrt. Wie sich Zugang und Auffassung über Ehe und Familie in Deutschland wandelt, kann an jüngsten umfangreichen Studien nachvollzogen werden, etwa den Arbeiten, die vom Deutschen Jugendinstitut in München herausgegeben werden (»Die Familie in Westdeutschland, Stabilität und Wandel familiärer Lebensformen«, herausgegeben von Hans Bertram).
Die veränderten Vorbedingungen und Anschauungen der Brautpaare spiegeln sich in diesen vorgelegten Predigten. Die kurze Beschreibung der Situation des Brautpaares gibt wieder, daß heute kaum eine Trauung am Fließband gehalten werden kann. Die religiöse Situation des Paares, besonders die Einstellung zu den kirchlichen oder christlichen Inhalten, die mit einer kirchlichen Trauung angezielt, stillschweigend akzeptiert, bewußt akzentuiert oder ausgewählt werden, schlagen sich im Gespräch mit den Seelsorgern, die eine Trauung zu halten haben, nieder und sind auch ablesbar an dem oft aufrichtigen Bemühen des Paares, Worte und Texte zu finden, die der Situation angemessen sind und ihr deutenden Ausdruck geben. Daß dabei gelegentlich weltliche und geistliche Texte, biblische und dichterische Literatur auf gleicher Ebene verhandelt werden, muß der Prediger in Kauf nehmen. Aber gerade wie er biblische Texte ins Spiel

bringt, wie er sie mit der menschlichen Erfahrung der beiden konfrontiert und dann zum Aufleuchten bringt, ist in diesen Predigten dokumentiert. Dabei ist die Auswahl der Schriftstellen nicht vollständig. Auch eine andere Zuordnung innerhalb der Kapitel ist denkbar und selbstverständlich auch ein anderer Umfang der angegebenen Verse.

Die vorgelegten Kapitel zeigen eine Veränderung der gängigen Themen. Natürlich fehlen die klassischen Stellen genausowenig wie die, von der Bibel vorgegebenen, Hauptstränge der Inhalte. Schöpfungswirklichkeit, Liebe in der Doppelgestalt der sich durchdringenden Gottes- und Menschenliebe und die sakramentale Wirklichkeit sind aufgeführt. Dazu aber kommen Themen des neuzeitlichen Bewußtseins, die Beziehung in ihrer Offenheit und Unfertigkeit.

Diese Offenheit für den Partner und für den zukünftigen Weg sieht zunächst nach einer großen Schwäche aus, die nicht nur die Paare ergriffen hat und ihre Hochzeitsgäste, sondern die nun zurückschlägt auch auf die Unsicherheit der Prediger. Manche Hörer, im klassischen Sinn der Erwartung, werden ihm deshalb aufweichende Positionen und ein gewisses Nachgeben in den Inhalten vorwerfen. Aber diese Schwäche ist genau die Stärke der Hoffnung und des Mutes. Denn nicht ein ideologisches Konzept oder die euphorische Träumerei in der Stunde Null, sondern der Realismus der Erfahrung bestimmt die Haltung der Paare und nötigt zur Öffnung der alten Vorstellungen über Ehe, Trauung und Sakrament. So wird also vom Wachsen der Beziehung, vom Mut des Weges, von der Öffnung gegenüber den Aufgaben des weltlichen Engagements der Hochzeitsleute geredet und in diesem Zusammenhang ein Angebot gemacht, das manchem vielleicht als zuwenig erscheinen mag, nämlich das der Öffnung des Paares für die Dimension des Glaubens und des Sakraments. Die in den vorgelegten Predigten hauptsächlich angebotene Vorgehensweise ist die der Abholung. Bilder, die tragfähig und verstehbar sind, werden den Hörern und dem Hochzeitspaar angeboten. Die Paare selbst, die mit ihren Gästen in ganz unterschiedlicher Weise den biblischen Bildern und der Sprache der Bibel gegenüberstehen, werden auf der Ebene ihrer eigenen Erfahrung abgeholt. Die augustinische Appetibilitas, das Schmackhaftmachen der biblischen Botschaft, feiert ein immer schon gefordertes comeback. Der Enkel der Tübinger Schule in der Pastoraltheologie, Franz Xaver Arnold, hat dies früher immer gefordert mit der simplen Regel: Jemand etwas sagen. Die Rhetorik (etwas sagen) ist nicht mehr so gefragt. Wenn sie gelingt, ist sie ein angenehmes Hochzeitsgeschenk. Das Etwas (Dogma, Lehre der Kirche, inhaltliche Deutung des Sakraments, biblische Theologie) ist in eine ausgleichende Waage zu der in energische Blickrichtung gebrachten Frage nach dem Hörer (jemand) gebracht.

Den Autoren sei für die Vielfalt gedankt. Sie selbst möge Anstoß und Ermutigung für die sein, die in diesen Vorlagen blättern. Nicht unbegründet scheint die Hoffnung, daß diese Predigten auch Fundgrube für andere Anlässe und Gelegenheiten sein könnten, in denen die Wirklichkeit der Liebe zwischen Mann und Frau vor die Heilswirklichkeit und Verheißung der Liebe Gottes gebracht wird. Dann darf man die zuerst gestellte Frage umdrehen und vom anderen Ende her prüfen: Hält die spätere Wirklichkeit der Ehe, die in Christus geschlossen ist, der in der Predigt verkündeten Verheißung und Heilswirklichkeit stand? So könnten diese vorgelegten Predigten auch Dienst an der für alle zu bemerkenden Wandlung im Verständnis der Partnerschaft zwischen Mann und Frau und in der Auffassung von der Ehe leisten und zugleich heilsame Erinnerung im Sinne der Memoria Christi für ihre Heilsdimension schaffen. Dies wünscht der Herausgeber dieser vorgelegten Sammlung.

Auf zeitgemäße Texte aus der Literatur haben wir weitgehend verzichtet, es sei denn, sie sind für die Predigtvorlage als Zitat notwendig. Im übrigen verweisen wir auf die im selben Verlag erschienene Anthologie: Wenn ein Stern in die Seele fällt. Erzählungen über Liebe, Partnerschaft und Ehe.

Stuttgart, im Januar 1992

Dieter Müller

Theologische Einführung

Liebe und leibliche Auferstehung

Die Liebe aber hört niemals auf – dieses berühmte Wort des Paulus (vgl. 1 Kor 13,8) ist ein Leitmotiv christlichen Lebens schlechthin, ein Leitmotiv für die Entfaltung unserer sexuellen und sozialen Anlagen, ein Leitmotiv schließlich für die besonderen Lebensformen der Ehe und der Ehelosigkeit.

Die Liebe, die Liebe. Mit diesem Wort ist es doch wie mit einer Achterbahn: man fährt hoch hinauf, kann tief fallen und hofft immer, daß man dabei in der Bahn bleibt. Viele Aussagen über die Liebe, die wir in der christlichen Tradition gehört haben, klingen wie festgefahren. So hat man zum Beispiel die Liebe auf eine Art Himmelsleiter mit vielen Sprossen gestellt: die unteren waren schmutzig, die oberen waren rein. Oder man hat die Liebe auf verschiedene Flaschen gezogen, deren Inhalt weder vermischt eingefüllt noch vermischt abgefüllt werden sollte: Sexus, Eros und Agape, d. h. geschlechtliche Liebe, Herzensliebe und geschwisterliche christliche Liebe. Oder man hat die irdische und die himmlische Liebe einander gegenübergestellt – eine große Anregung für die Kunst im Christentum –, so daß man vor lauter »entweder–oder« den Zusammenhang menschlicher Liebe nicht mehr sehen konnte. Oben und unten, Himmel und Hölle, die »Erbsünde« der Menschen in ihrer vermaledeiten Begierlichkeit oder die »Keuschheit der Engel« (der deutsche Titel eines Buches von Peter Brown über die christlichen Väter zu Körperlichkeit und Gesellschaft, 1991). Vor lauter »oben und unten« bzw. »entweder-oder« wurde in der christlichen Tradition so manches vergessen.

Zum Beispiel wurde vergessen, daß wir leiblich auferstehen. Zwar, so sagt Paulus (vgl. 1 Kor 15,50 f.), können wir nicht so auferstehen, wie wir sind, als Fleisch und Blut mit dem Erbe der Verwesung. Was aus dem Staube kommt, wird wieder Staub werden. Aber: »Sehet, ich sage euch ein Geheimnis: . . . wir alle werden verwandelt werden . . . Dieses Verwesliche nämlich muß anziehen Unverweslichkeit, und dieses Sterbliche muß anziehen Unsterblichkeit.«

Alte und neue Leiblichkeit des Menschen wie Kleider zu betrachten, die man anzieht, ablegt und umzieht, ist ein altes, vielleicht nicht ganz unproblematisches Bild. Aber in diesem Bild des Kleidertausches, das auch auf die Menschwerdung Gottes und entsprechend dazu auf die Gottwerdung des Menschen in der christlichen Väterzeit angewandt wurde, steckt auch etwas von einem Gegenbild zum Paradiesesverlust der sündigen Menschen. Dort schenkt Gott Kleider aus der Natur (Blätter und Felle), weil der Mensch sich seiner leiblichen Unvollkommenheit und Gebrechlichkeit schämt und weil er eine äußere (und innere) Kultur braucht, um seine Antriebe menschenwürdig zu gestalten. In seiner neuen Erlösung und Befreiung durch Jesus Christus erhält der Mensch auch Kleider, die Kleider der künftigen Herrlichkeit. Sie anzuziehen bedeutet aber im letzten und ganzen, von Grund auf umverwandelt zu werden, ein neues Geschöpf (vgl. 2 Kor 5,17) zu sein. Noch sieht man es den Menschen (auch den Christen) nicht an, und manches Kind hat Recht, wenn es »des Kaisers neue Kleider« als unverhüllte Nacktheit des geschöpflichen Menschen entlarvt. Wir Christen und Christinnen sind ja nicht so, wie wir sein könnten . . .

Aber die Verwandlung vollzieht sich bereits an uns in der Hoffnung unseres Glaubens, wenn wir zumindest diese Hoffnung leben. Hoffnung leben heißt: scheitern können und das Leben neu gestalten; sündigen dürfen und wieder aufgerichtet werden. Auf der Achterbahn fahren und in der Bahn gehalten werden. Selbstverständlich hinkt auch dieses Bild: wer in seiner Lebensform wie in einem ruhigen Gewässer schwimmen kann, wird es weniger treffend finden. Aber wo gibt es in einer schnellebigen Zeit in einer mobilen Gesellschaft und in der Veränderung unserer persönlichen Lebensphasen wirklich noch ruhige Gewässer?

Glaubensliebe erfüllt sich schon jetzt

Die Botschaft der leiblichen Auferstehung dürfen wir ebensowenig vergessen wie das Wissen um ihren Beginn im Leben. Die Glaubenshoffnung strebt nach der ganzen Erfüllung, sie schmerzt deshalb, was noch aussteht. Die Glaubensliebe aber genießt die Erfüllung jetzt, und sie freut sich daran, daß die Liebe niemals aufhört. Weil die Liebe niemals aufhört, ist sie das Heilszeichen bereits jetzt. Hoffnung hört auf in der Erfüllung, Glauben hört auf im Schauen – Liebe ist endlos.

Das Bleiben in der Liebe, von dem die Schriften des Johannes im Neuen Testament ständig reden, ist das Bleiben in einer bereits angefangenen Verwandlung, in einem Sein-Können, welches das Erfaßtwerden von der Liebe Gottes in uns stiftet. Wir sollen »aus« Gott lieben, meint Augustinus. Die im Glauben vermittelte Annahme durch Gott heilt unsere Selbstliebe und macht uns fähig, uns selbst annehmen zu können trotz schlechter Umstände unserer Herkunft, trotz unseres eigenen Versagens und trotz zweideutiger Prognosen für die Zukunft. »Liebe deinen Nächsten, wie du dich selbst liebst«, sagt Augustinus, »nicht, wie du dich selbst haßt.« Er ist der Meinung, wer sich selber nicht annehmen könne, dem solle man auch keinen Nächsten anvertrauen. »Anvertrauen« – antrauen: in der Trauung geben sich die Menschen einander in die Hand.

Die Leiblichkeit unserer Liebe, d. h., daß wir als Personen immer Geschlechtswesen sind, wenn wir lieben, auch in aller weitgespannten Sympathie und Antipathie gegenüber den Nebenmenschen überhaupt, und daß wir immer nicht nur gedanklich, nicht nur von Gefühlen begleitet sondern auch in der Körperempfindung eingebettet existieren. Und dieses Ganze, das wir immer nur in unserer unzulänglichen, in Wörter, Bilder und Begriffe geteilten Sprache ausdrücken können, das wir immer sind und das in alle Formen der Liebe eingeht, ob wir wollen oder nicht, dieses Ganze ist in der besonderen Lebensform der geschlechtlichen Liebe gänzlich ausdrückbar: es heiligt unsere Glieder, unsere Herzen und unsere Gedanken. Deshalb kann die Ehe, die sich traut, zum Heilszeichen, zum Sakrament werden. Die Verbindung von Glaubenshoffnung auf leibliche Auferstehung und von Glaubensliebe als »Jetzt schon« dessen, was einmal bleiben wird, macht das christliche Sakrament. Einladend fährt das Wirken Gottes an der Bank vorbei, auf der die Liebenden sitzen und sich umschlungen halten. Wir steigen ein in die Barke des Lebens. Unser Leben wird verwandelt werden, aber in der Liebe ist es schon das neue Leben.

Wo wir uns also wirklich lieben, sind wir in einer neuen Welt, der auferstandenen Welt, dem Reiche Gottes. Alles, was den Namen Liebe im Sinne des Gartens des Menschlichen verdient, ist nicht ausgeschlossen, sondern eingeschlossen. Das Wort Jesu steht dafür: die Sünderin salbte meine Füsse . . . »Deshalb . . . werden ihr viele Sünden vergeben, weil sie viel geliebt hat. Wem aber wenig vergeben wird, der liebt auch wenig« (Lk 7,47). Diese Worte klingen bis heute so risikoreich, daß, wer sich in der Kirche nicht gern auf ein Risiko einläßt, hier meint, Jesus leise korrigieren zu müssen oder wenigstens aus dem »viel« der Liebe eine Intensität der besonderen Liebe zu Jesus machen zu müssen. Aber Jesus hatte die Liebe noch nicht auf Flaschen gezogen, und wußte nichts davon, daß einmal Leute mit dem Wort »Die Liebe aber hört niemals auf« mogeln würden, indem sie mit zerfurchten Stirnen und kalten Herzen diese Liebe auf die himmlische (d. h. die zölibatäre) und auf die »Bruderliebe« (d. h. die geschlechtslose) einschränken würden. Diese Leute sind voller Angst, die Liebe müsse geteilt werden, damit sie beherrschbar bleibe. Teile und herrsche, dieser alte lateinische Machtspruch hat oft mehr Einfluß im real existierenden Christentum als das Trost- und Anstoßwort von der niemals aufhörenden Liebe.

Sich öffnen für die bleibende Liebe

Wenn sich aber das Wirken Gottes die menschliche Liebe zu eigen macht, sie erhöht, sie weiterzieht, sie vollendet: um welche Zukunft, die uns zukommen wird, geht es dann eigentlich, und wie wirkt sie ein in die Gegenwart, damit in ihr das Bleibende der Liebe sichtbar wird? Wenn wir so sind, fragen die Christen und Christinnen: wie machen wir das?
Machbarkeit ist hier weniger gefragt als die Fähigkeit, sich für die Wirklichkeit der bleibenden Liebe Gottes zu öffnen und dafür offen zu bleiben. »Gott ist Liebe« – das ist die Kernaussage des Jesus von Nazaret. Liebe ist Gott, und sie macht Gott ansprechbar als Vater und Mutter. Darin ist zugleich das Zeichen und die Zukunft ausgesprochen. Das Bild der elterlichen Liebe umschließt die Fähigkeit, intensiv und exklusiv zu lieben (dich und keinen anderen) mit der Fähigkeit, extensiv und universal zu lieben (alle zugleich). Dieses Bild ist vom Verhältnis der Eltern zu ihren Kindern genommen. Ihre zugleich exklusive und inklu-

sive, intensive und universal-extensive Liebe ist ein Zeichen für das unendliche Geheimnis Gottes, der in besonderer Weise erwählt und doch alle ohne Ausnahme an sich zieht.
Gott ist Liebe, Liebe wie sie in endgültiger Zukunft bei sich selbst sein wird, und Liebe, wie sie in unaufhörlicher Gegenwart treu bei uns weilt. Ohne die Treue Gottes können wir uns nicht trauen – dieses Wort steht über allen Lebensformen.
Aus der Liebe Gottes lieben heißt, offen zu sein für die Intensität und für die Extensität der Liebe, aus der intensiven Liebe Kraft zu gewinnen für ihre Weltoffenheit und für ihre universale Menschlichkeit. Von Angesicht zu Angesicht zu lieben, ist der Ernstfall der Liebe, und ohne diesen Ernstfall kann man niemandem so recht abnehmen, daß er weiß, was Liebe ist. Aber Liebe muß sich wie die Rose schließen und öffnen. Ums Herz wird es den Liebenden eng, und den Liebenden wird das Herz weit. Was als Paradox erscheint, ist doch erlebbar und erfahrbar. Gerade darin ist es Zeichen, das über sich hinaus verweist. Da ist nur eine Liebe, die bleibt.
Und weil da nur *eine* Liebe ist, ist auch die geschlechtliche Lebensform der Ehe eine bleibende Liebe. Sie ruft der Liebe ständig sehnsüchtig zu: Bleibe Liebe! Das heißt: die Liebe soll *bleiben*, und sie soll *Liebe* bleiben. Der Trauspruch heißt (keineswegs exklusiv für die Ehe, aber intensiv für die Ehe): die Liebe aber hört niemals auf. Was wir jetzt schon in unserer geschlechtlichen, erotischen, leiblich-geistigen Liebe sein können, das ist ein Zeichen für Zukunft. Mögen frühere Generationen mehr an die Gesetze gedacht haben und mehr an ihr leibliches Ende (»bis daß der Tod euch scheidet«), so denken wir mehr an die Überwindung des Todes durch Kreuz und Auferstehung. Von der Liebe können wir nicht geschieden werden, wenn sie Liebe bleibt. Darum leben wir als Liebende unsere Liebe auch jenseits des Todes weiter, wenn auch in jener unfaßlichen Verwandlung ihrer Intensität in kosmische und soziale Extensität. Aber nichts geht dabei verloren. Auch unsere Körpersprache ist nicht abspaltbar, sondern nur verwandelbar. Nicht den Leib zu hassen, ihn zu lieben sind wir da, könnte man in Abwandlung des berühmten Antigonewortes beim griechischen Dramatiker Sophokles sagen.
Wir sollen also nicht vergessen, daß wir leiblich auferstehen. Wir sollen nicht vergessen, daß alles an der Liebe aufgenommen und verwandelt wird. Wir sollen nicht vergessen, daß Liebe das es-

chatologische Heilszeichen schlechthin und der gültige Name unseres Gottes ist. Wir sollen nichts teilen, um es zu beherrschen, sondern alles annehmen, verwandeln, öffnen, um es schenken zu können. Wir sollen und können unterwegs sein zu befreiterer Liebe.
Unterwegs wollen wir sein – machen wir uns auf den Weg. Die Liebe ist der Weg, auch der Weg der Ehe. Einige Wegzeichen sollen im folgenden aufgezeigt werden.

Die Liebe als einziger Weg zur Ehe

Die Christen, und mit ihnen viele andere Menschen auch, sind davon überzeugt, daß es nur *eine* Ehe in der Lebenszeit des Menschen gibt, der seine Geschlechtlichkeit in der Partnerschaft von Mann und Frau verwirklichen möchte. Dieses Verständnis vom Sinn der Schöpfung geht auf Jesus von Nazaret zurück, der am jüdischen Scheidungsinstitut die »Hartherzigkeit« der Männer bekämpft hat und dabei offensichtlich davon ausging, daß die Sehnsucht eines Herzens aus Fleisch und Blut darin besteht, die Tiefe und die Fülle der Liebe mit *einem* Menschen zu erfahren. Auch moderne Zeugnisse zeigen, daß die Gefühlsräume des Menschen sich im vollen Sinne nur dann öffnen, wenn in einer angstfreien, einmaligen und ganzen Hingabe der Mensch mit seiner vollen Person und seiner gesamten Lebenszeit für einen anderen Menschen einsteht.
Die Einheit der Ehe als ihr von Gott gegebener und vom Menschen schrittweise entdeckter Sinn darf uns aber nicht dazu verführen, die Wege in der Ehe und die Wege zur Ehe in einer Art Monokultur zu begreifen, d. h. anzunehmen, weil die Ehe eine sei, sei sie auch überall und unter allen Bedingungen die gleiche. Aber wir wissen doch auch, daß, obwohl wir stets und mit Recht von der einen Liebe als dem Sinn der einen Ehe sprechen, die Formen des liebevollen Miteinander sehr verschieden sein können und daß auch die Wege, auf denen wir zu diesen Formen finden, zwischen den Menschen ganz verschieden verlaufen können. Der Reichtum der Erzählwelt des Alten Testaments schildert uns denn auch ganz verschiedene Wege, auf denen Menschen unter verschiedenen Bedingungen und zu verschiedenen Zeiten ihre Gestalt der Liebe gefunden haben. Da ist die Geschichte von Ta-

mar, die sich ihr Recht, als Ehefrau zu leben, erstreitet, indem sie die Dirne spielt. Da ist die Geschichte der Moabiterin Rut, die sich die Ehe als Schutz erwirbt, indem sie sich zu Füßen eines Verwandten, des Bauern Boas, legt, der zu den für sie Verantwortlichen gehört. Da ist die Geschichte von Tobias, dem Sohn Tobits, der mit des Engels Hilfe die allein für ihn bestimmte Frau findet, indem er wahre Liebe gegen die Dämonie der Leidenschaft setzt. Diese und andere Geschichten sind keineswegs ein Beispiel für das, was man heute im Volksmund die Stationen auf dem Weg zur Ehe nennt: verliebt, verlobt, verheiratet, sozusagen die drei V-Zeichen auf dem Weg zur Ehe. Denn in all diesen Fällen ist die vertragliche Bindung das erste; die Liebe kommt dann dazu, um diesen gesetzten Rahmen mit Leben zu erfüllen. Wo dagegen zuerst die Verliebtheit waltet, geht es im Alten Testament manchmal nicht ohne Mord und Totschlag, wie in der Geschichte Davids und seiner Nachkommen, ab. Es scheint so, als würde im Alten Testament meist erst der sichere Weg zur Ehe gesucht, und nur in diesem Rahmen kann man dann erwarten und hoffen, daß die Liebe zu sich selber, das heißt zu ihrer menschlichen Reife, findet. Ein Knecht Abrahams wirbt die Rebekka für dessen Sohn Isaak, aber sobald dieser sie kennenlernt, gewinnt er sie lieb. Wie schwierig ist auf der anderen Seite der Weg seines Sohnes Jakob zur Erfüllung seiner Liebe zu Rachel, ein langer Dienst und viele Umwege.

Ich erinnere an diese biblischen Geschichten, damit wir auf der einen Seite etwas von der Verschiedenartigkeit der Wege zur Ehe sehen und damit wir auf der anderen Seite begreifen, wie wenig selbstverständlich unsere Kultur der Liebe als einziger Weg zur Ehe in der Geschichte gewesen ist. Erst unter den Bedingungen einer offenen Gesellschaft und unter den Bedingungen einer hohen internalisierten Kunst des Liebens ist es überhaupt möglich, daß die Wege der Liebe und die Wege der Ehe so ineinander führen, wie wir es heute beanspruchen und gewohnt sind.

Zu einer bestimmten Zeit in der Geschichte Gottes mit den Menschen und der Menschen mit Gott sind die Wege zur Ehe verschieden; noch verschiedener sind sie, wenn die Zeiten sich ändern, wenn nicht mehr die Begründung einer Familie zur Fortzeugung des Geschlechtes, sondern die Weggemeinschaft zweier Menschen in der Liebe im Vordergrund steht. Aber so verschieden die Wege zu gleicher Zeit und zu verschiedenen Zeiten auch sind, jeweils geht es doch um die Tiefe und die Fülle menschlicher Kultur der Geschlechtlichkeit unter anderen Herausforderungen der Zeit, sei es im Guten, sei es im Bösen.

Die Herausforderungen unserer Zeit

Die Herausforderung unserer Zeit ist anders als z. B. die Herausforderung des mittelalterlichen Menschen, der die Art, wie sich der Geschlechtstrieb immer wieder dem Rahmen der Familienordnung entzog, nur als dämonisch oder als Folge der Ursünde verstehen konnte. Wir glauben, unsere Antriebskräfte besser zu verstehen und schöpferischer zu gestalten, wenn wir die Vielfalt der Wege zur Liebe nicht als Gefahr, sondern als Elemente der Vielgestaltigkeit unserer Kultur erfassen, einer Kultur, in der Freiheit und Ordnung der Liebe miteinander immer wieder neue Wege der Verbindung suchen.

Betrachten wir von da aus die Verschiedenartigkeit der Wege zur Ehe, die sich heute nicht nur unter jungen Menschen auftut. Da gibt es das Paar, das seiner selbst sehr schnell sicher und gewiß wird und das von daher ohne Umwege und Umschweife darum weiß, daß ihm einmal ein gemeinsames Leben bestimmt sein wird. Dieser romantische Modellfall eines Hineinwachsens in die Sicherheit einer Liebe, die keine Alternative zur Einheit der Ehe kennt, ist aber nicht unbedingt das Selbstverständliche. Da sind Menschen, die sehr viele Umwege gehen müssen, um zu dieser Sicherheit des Zueinander und Miteinander zu gelangen, die mancherlei Erfahrungen auf diesem Wege mit verschiedenen Menschen brauchen, um an ihnen zu reifen, zu wachsen und zu lernen. Da sind die zögernden Paare, die noch nicht wissen, ob ihr Weg auch der Weg zur Ehe sein wird, weil sie ihr Zueinander und Miteinander noch nicht in seiner Bindungskraft und in seinen Folgen abschätzen zu können meinen. Da ist das zweifelnde Paar, das sich vielleicht auf lange Zeit hin seiner Zugehörigkeit und der Tiefe seiner Beziehung gewiß ist, aber nicht darum weiß oder zu wissen glaubt, daß jeder für sich oder auch beide zusammen dem Anspruch der Einheit einer Ehe gewachsen sein werden. Da ist ferner auch heute noch das Paar, das sich zwar liebt, aber schließlich zur Einheit der Ehe doch eher genötigt sieht, sei es, um einem Kind einen sozialen Status zu

verschaffen, sei es, um Ansprüchen der Umgebung gerecht zu werden, sei es, weil beide zwar jeweils sehr unterschiedlich über den Weg zur Ehe und über die Ehe selber denken, aber schließlich doch dem einen oder der einen in ihrer Ansicht von beiden Recht gegeben wird. Da ist schließlich der Weg zur Ehe, der am Ende des Weges einer gescheiterten Ehe liegt; denn auch die Zweitehe ist ja meist nicht angestrebt, weil die Einheit der Ehe geleugnet wird, sondern weil die Sehnsucht eines Herzens aus Fleisch und Blut nach der Erfüllung einer solchen Einheit nicht verlorengeht, wenn diese in der Lebensgeschichte schon einmal zerbrochen ist.
Wir mögen uns fragen, ob wir zu den Sicheren, zu den Suchenden, zu den Zögernden, zu den Zweifelnden, zu den Genötigten, zu den Scheiternden und zu den erneut Aufbrechenden gehören. Das alles hat mit der Verschiedenheit unserer Temperamente, unserer Charaktere, unserer Lebensgeschichten zu tun. Wir haben es uns oft nicht ausgesucht. Wege zur Ehe sind nicht Rechnungen, die nach einem Computerprogramm ablaufen. Wir sind Betroffene, sind Glückliche, sind Leidende, sind Suchende auf diesen Wegen. Und auch wenn wir den Weg bereits einmal gefunden haben und endgültig gefunden zu haben glaubten und dann auch ein Recht darauf haben und eine Gewißheit, darauf zu vertrauen, ist die Einheit der Ehe doch niemals eine endgültige Ankunft, sondern ein Prozeß; die Wege *zur* Ehe müssen auch immer wieder *in* der Ehe erneut gesucht werden.

Die Wegzeichen zur Fülle der Liebe

Wenn es auch verschiedene Wege gibt, so stehen doch an ihnen, wenn sie im wesentlichen das gleiche Ziel suchen, die gleichen Wegzeichen am Rande. Vielleicht stehen sie in den verschiedenen Prozessen an verschiedenen Stellen, vielleicht entdecken wir sie auch in unserer Weggemeinschaft zu ganz verschiedenen Zeiten, aber es macht eben die Einheit der Ehe aus und ebenso die Einheit der Liebe, daß diese Wegzeichen als solche nicht verschieden sind.
Ein solches Wegzeichen ist das Wahrnehmen und das Gefühl für die Gestalt des anderen, indem dieser selber als *unser* Weg, als Bereicherung unseres ganzen Daseins vor uns tritt. Die Worte: es

ist gut, daß du da bist; ich könnte nicht ohne dich sein; ich fühle mich mehr in deiner Gegenwart, dies alles sind Worte, in denen der *eine* Schöpfungssinn – es ist nicht gut, daß der Mensch allein ist – aufscheint. Das erste Wegzeichen ist gleichsam die Verlängerung unseres eigenen Ich durch das Du, und zwar durch ein unauswechselbares, durch niemanden mehr ersetzbares Du.

Ein *zweites* Wegzeichen geht aber darüber hinaus. Das Verliebtsein ist letztlich immer auch besonders eine Zuneigung um meiner selbst willen. Die Gutheißung des Partners geschieht, und dies zu Recht, weil ich ihn brauche, weil ich durch ihn mehr bin, weil ich mich selber durch ihn in tieferer Weise fühle. Es ist ein berechtigtes Element der Selbstliebe in diesem Weg der Liebe. Wo dieses Moment der Selbstliebe in gleicher Weise in der Begegnung aufeinander zukommt, gewährt es sich gleichsam gegenseitige Hilfe und setzt jeden in die Freiheit, sein besseres Selbst zu entdecken. Aber wenn wir lieben, so sagt das zweite Wegzeichen, so ist dieses Gefühl für die ganze Gestalt des anderen zugleich auch ein Wahrnehmen seiner selbst um seiner selbst willen. So liegt in der Liebe ein Moment der wahren *Selbstüberschreitung* zugleich mit der wahren Selbstliebe. Wir spüren dies, wo wir die oder den Geliebten um seiner selbst willen oder um ihrer selbst willen auch lassen können, wo wir uns selbst gerade in dem Schwung und in den Bedürfnissen unserer Liebe zurücknehmen wollen und können, weil sich unsere Liebe gleichsam von uns selber gelöst und beim anderen eingenistet hat, weil wir ohne diese Selbsttranszendenz der Liebe spüren würden, wie die Gefahr der Hartherzigkeit und der Selbstgestaltung mittels des anderen in uns aufkeimt. Wo das zweite Wegzeichen an unserem Weg zur Ehe nicht auftaucht, wo wir es nicht auftauchen lassen wollen, da kann es an unseren Fähigkeiten liegen, die vielleicht noch nicht genügend gewachsen sind, um über das berechtigte Motiv der Selbstverwirklichung in der Liebe hinauszugelangen. Aber es wäre auf der *anderen* Seite eine große Gefahr, wenn das zweite Wegzeichen zu schnell vor dem ersten Wegzeichen auftauchen würde, denn dann könnte der Schwung der Selbsttranszendenz der Liebe unsere Selbstachtung übersteigen. »Wer sich selbst nicht liebt«, sagt Thomas Mann, »ist bald verkommen.« Die Aufwertung der Selbsterfahrung gehört als erstes Wegzeichen in die sich entfaltende Liebe hinein, und sie sollte wechselseitig sein. Damit ist sie auch nicht

in der Gefahr, den anderen als Mittel zum Zweck zu gebrauchen, sondern die Selbsterfahrung ist ein gemeinsamer Weg, das neue Wegzeichen der Selbsttranszendenz der Liebe zu entdecken.
Schließlich wird an unserem Wege noch ein *drittes* Wegzeichen auftauchen, auf dem weder für beide allein das Wort »Ich« noch allein das Wort »Du« großgeschrieben ist, sondern vielmehr das Wort »Wir«. Dies ist jedoch ein Wegzeichen, das gleichsam nicht durch das selbsttätige Gefälle der Liebe auftaucht, sondern das die Eigenheit hat, nur zu erscheinen, wenn wir auch etwas dazu tun. Wenn der Weg zueinander zur Weggemeinschaft wird, dann suchen wir gemeinsam in der Beziehung unser solidarisches Nest, unsere gemeinsamen Ansichten, unsere gemeinsame Art, mit Unterschieden fertig zu werden, unsere gemeinsame Zuwendung zu verschiedenen Aufgaben des Lebens.
Wenn wir diese großen Wegzeichen mit den kleinen Worten »Ich«, »Du«, »Wir« auszudrücken versuchen, so mag das ein wenig banal erscheinen. Aber die Sprache ist in ihrer einfachen Ausdrucksfähigkeit niemals banal. Sie enthält selber die Wegzeichen, und es hängt nur von uns ab, welche zeichenhafte Bedeutung sie für uns bekommen.
Vielleicht können wir heute davon ausgehen, daß die Suchenden, die Zögernden, die Zweifelnden auf dem Wege zur Ehe oft nicht solche sind, die ihr Du noch nicht gefunden haben oder die zur Selbsttranszendenz der Liebe nicht fähig sind. In vielen Fällen sind sie auf der Suche nach der inneren Gewißheit dieser Wir-Gemeinschaft. Sie mögen nicht glauben, daß sie damit hinter dem Weg der Ehe zurückbleiben. Die Wegzeichen zu erkennen, selbst wenn der Weg nicht leicht gangbar erscheint, ist schon ein großer Schritt.
Vielleicht müssen wir an dieser Stelle auch sehen, daß die Gangbarkeit der Wege zur Ehe nicht einfach eine Sache unserer Fähigkeit, unserer Erkenntnis, unserer Kraft in der Liebe ist. Auch in der Zweisamkeit des Zueinander und Miteinander brauchen wir die Erfahrung, daß wir auf Hoffnung hin leben, und so würde ich sagen: Ein *viertes* Wegzeichen der Entfaltung der Liebe auf dem Weg zur Ehe ist das Wachsen der Hoffnungskraft in der Liebe. Und hier ist eine Erfahrung und Empfindung, in der nicht nur der Schöpfungssinn anwesend ist, sondern in der sich zugleich, im Glauben wenigstens, der Weg zum Heil des Menschen anmeldet. Denn daß der Schöpfungssinn trotz der so oft erfahre-

nen, mangelnden Kraft der Menschen auf Hoffnung hin gelebt werden kann, das ist die Erfahrung, die aus dem Glauben an den Gott Jesu Christi erwächst. Diese Art Hoffnung ist kein Resultat, das sich aus Bilanz und Prognose zusammensetzt, sondern das Vertrauen darauf, daß, wenn wir Schritte in die richtige Richtung machen, die Wege auch gangbarer werden. Hoffnung erfahren heißt erfahren, daß mehr in uns tätig und wirksam ist als wir selber, auch in unserer Gemeinsamkeit. Wem dies einmal bestätigt ist, und bestätigt werden kann dies nur unter der Voraussetzung eines Glaubens, der weiß auch darum, daß den Weg zur Ehe gehen heißt, gemeinsam ein Zeichen dieser Hoffnung als Zeugnis des Glaubens zu setzen. Das ist dann die wahre »Hochzeit« der Liebe. Denn in dieser »Hochzeit« entfaltet sich das Wir der Weggemeinschaft in der Liebe zu jenem großen Wir, das den Segen Gottes mit einschließt.

Dietmar Mieth

Vgl. Dietmar Mieth, Das gläserne Glück der Liebe, Freiburg i. Br. 1992; ders., Christliche Sexualität, in: W. Ernst (Hrsg.), Probleme und Grundlagen der heutigen Moraltheologie, Leipzig 1989, 247–269.

»Als Abbild Gottes schuf er sie«

Mann und Frau als Teil
der neuen Schöpfung Gottes

Als Mann und Frau schuf er sie (Gen 1,26–27)

Die Brautleute lernten sich während des Studiums kennen. Nach längerer Unterbrechung fanden sie sich wieder. Diese Distanz war für beide ein wichtiges Element im Werdeprozeß ihrer Beziehung.

Frau Musica hat Euch zusammengeführt. Deshalb besingt Eure Liebe der Singkreis, dem Ihr heute einmal zuhören dürft. Dieses Lob gilt dem Schöpfergott, dem wir unser Leben verdanken. Er ist auch der Ursprung allen Liebens. Darum wußten schon unsere Vorfahren im Glauben, das Volk Israel. Die Menschen der Bibel staunten über die Vielfalt der Schöpfung. Aus ihrem Fragen und Sich-wundern ist jenes Lied geworden, das uns als »Schöpfungsgeschichte« vertraut ist. Nicht von ungefähr stehen diese sieben Strophen auf den ersten Seiten der Heiligen Schriften. Ihr habt Euch die sechste Strophe für Euren Hochzeitstag ausgewählt:
»Dann sprach Gott: Laßt uns Menschen machen als unser Abbild, uns ähnlich. Als Mann und als Frau schuf er sie« (Gen 1,26–27 passim). Adam und Eva sind keine historischen Figuren von ehedem, aus denen die Menschheit hervorgegangen ist. Adam und Eva seid Ihr: Gott schafft alles Leben und Lieben neu. So erlebt Ihr Euch heute (und hoffentlich immer) als ein Paar, das aus Gottes schöpferisch-liebenden Händen hervorgegangen ist. Eure Namen sind in seinem Herzen eingeschrieben. Er sendet Euch in diese Welt, die kein Paradies mehr ist. Deshalb will er durch Euch mit vielen anderen seine Schöpfung ins Lot bringen. Investiert viel Liebe in diese Welt: miteinander, füreinander und für die Menschen, mit denen Ihr das Leben teilt.
Wir leben unser Menschsein als Mann und als Frau. Beide sind einander zugeordnet und aufeinander abgestimmt. Die Bibel drückt das in einem großartigen Bild so aus: Gott schuf aus der Rippe des Adam, dem Zentrum des Lebens, die Frau. Nicht eine Unterordnung der Frau sollen wir daraus ableiten, sondern deren Gleichberechtigung. Mann und Frau sollen gleichermaßen Mensch werden. In dieser Aufgabe sollen sie einander behilflich sein. Ein schönes und schwieriges Unterfangen. Das werden Euch alle bestätigen, die dieses Unternehmen gewagt haben. Bei

manchen ist es geglückt. Andere sind daran – aus welchen Gründen auch immer – gescheitert. Daß das Sich-finden nicht einfach ist, habt Ihr schon selbst erfahren, als Eure Beziehung unterbrochen war. Ich glaube, das ist ein wichtiger Baustein in Eurer Ehe. Wer eine Partnerschaft eingeht, setzt Erwartungen. Schlimm, wenn dem nicht so wäre. Was dürfen wir vom anderen erhoffen? Der französische Dichter Paul Claudel bemerkt in seinem Stück »Der seidene Schuh oder Das Schlimmste trifft nicht immer zu«, die Frau sei ein Versprechen, das nicht eingehalten werden kann. Das kann natürlich ebenso vom Mann gesagt werden. Anscheinend strahlt der Mensch eine Faszination aus, die auf andere anziehend und vielversprechend wirkt. Können wir die Qualitäten, die wir haben, für andere einlösen? Manchmal scheinen wir mehr zu sein, als wir tatsächlich sind. Es gibt aber auch dies: Wir erwarten vom anderen mehr, als er zu geben in der Lage ist. Wie dem auch sei – gut, daß es die Liebe gibt. Sie hat die Eigenart, das Unglaubliche zu vermuten und zu erwarten. Sie vermag aber auch Grenzen zu sehen und zu akzeptieren. Sie äußert sich allemal im »holden Bescheiden«.
In diesem Zusammenhang fallen mir die Verse des Dichters Werner Bergengruen ein, die ich Euch und allen, die in der Ehe stehen, auf den Weg geben möchte:

»Ich bin nicht mein, du bist nicht dein. Keiner kann sein eigen sein.
Ich bin nicht dein, du bist nicht mein. Keiner kann des andern sein.
Hast mich nur zu Lehn genommen, hab zu Lehn dich überkommen.
Also mags geschehn: Hilf mir, liebstes Lehn,
daß ich alle meine Tage treulich dich zu Lehen trage
und dich einstmals vor der letzten Schwelle unversehrt dem Lehnsherrn wiederstelle.«*

»Zu Lehen«, nicht als Besitz, seid Ihr einander gegeben. Das klingt ernüchternd – ist aber so. Ich wünsche Euch dieses »Haben und doch nicht Haben«. Nur so werden Liebende einander gerecht.

Heribert Feifel

*Werner Bergengruen, Die heile Welt, München 1950, S. 178.

Wo Liebe sich freut, da ist ein Fest! (Ps 100)

Das Paar hat viel Zeit und Mühe in die Hochzeitsvorbereitungen investiert. Beide kommen aus der kirchlichen Jugendarbeit; sie haben sich jeder für sich und gemeinsam immer wieder geprüft und sehr bewußt für die Ehe entschieden. Gottesdienst und Gebet bedeuten ihnen viel.

Es ist etwas Schönes, zu einer Hochzeit eingeladen zu sein. Sie alle sind heute Gäste des Brautpaares. Ich nehme an, daß Sie sich über die Einladung gefreut haben und gerne gekommen sind.
Mit dem feierlichen Einzug des Brautpaares in unsere Kirche hat das Fest begonnen. Die festliche Musik, der Schmuck, die Blumen, die Kinder und Sie alle zeigen, daß wir ein besonderes Fest feiern, ein hohes Fest, nämlich die »Hoch-zeit« von N. N. Wir alle feiern mit Euch beiden das Fest Eurer Liebe, wir freuen uns mit Euch darüber, daß Ihr beide Euch kennen-, schätzen und liebengelernt habt, daß Ihr beide Euch gefunden habt. Heute sagt Ihr vor uns allen, vor Gott und voreinander, was Ihr Euch im Stillen schon oft gesagt habt, nämlich das Schönste, was ein Mensch einem anderen sagen kann: »Ich liebe Dich! Ich sage Ja zu Dir, nicht nur für ein paar schöne Stunden, nicht nur so lange es Spaß macht, sondern für immer, so lange ich lebe!«
Für die geschmackvolle und würdige Gestaltung eines so großen Festes braucht es viele Vorbereitungen und Überlegungen, die Ihr beide getroffen habt. Ihr mußtet an viele Einzelheiten denken, wie z. B. an die Einladungen, Tischschmuck und Tischkärtchen, Sitzordnung und Geschenkwünsche. Ihr habt auch mitüberlegt, wie dieser Gottesdienst gestaltet werden soll, welche Lieder und Texte darin vorkommen sollen, die Euch etwas bedeuten. Bei der Auswahl der Texte habt Ihr Euch für ein sehr altes und schönes Lied entschieden, für den Psalm 100. Es ist ein Lobgesang für das Volk Israel beim Einzug ins Heiligtum. Vielleicht werden seine Aussagen zur Grundmelodie für Eure Ehe; nicht nur für den Einzug in den neuen Lebensabschnitt, sondern auch für den gesamten Weg.
Dieser Lobgesang besteht aus vielen Aufforderungen, wir könnten auch sagen Einladungen: Jauchzt, dient, kommt, erkennt, tretet ein, dankt, preist.

Könnten diese Aufforderungen nicht auch wichtige Hinweise dafür sein, wie Ihr beide Eure Ehe, vor allem den Alltag Eurer Ehe gestalten und füllen werdet? Denn das Versprechen, das Ihr beide heute einander gebt, soll ja ge-füllt, er-füllt und aus-gefüllt werden mit Eurem Leben, mit Euren Ideen, mit Eurer Phantasie. Drei dieser Aufforderungen möchte ich Euch als Dreiklang für die Melodie Eures Eheliedes besonders empfehlen und ein wenig verdeutlichen:

Jauchzt und freut euch!

In der Umgangssprache hören wir das Wort »Jauchzen« eigentlich nur sehr selten; es ist eine Steigerung des Sich-freuens, ein Ausdruck für eine sehr tiefe und quicklebendige Freude. Ihr beide sollt frohe und glückliche Eheleute werden, Menschen, die zeigen, daß sie sich an einander und an ihrem Leben freuen; Menschen, die einander Freude bereiten, die sich etwas einfallen lassen, womit sie dem anderen zeigen können, daß sie ihn gern haben; Menschen, die miteinander am Gelingen und Glücken, am gemeinsamen Wohl- und Gut-gehen bauen und sich dafür einsetzen. Steckt Euch gegenseitig an mit Freude! Lacht miteinander und versteht einen Spaß! Zeigt Eure Freude in einer oft freudlosen und düsteren Umgebung!

Erkennt und stärkt euch im Glauben!

Mir scheint, daß viele Beziehungen und Ehen daran scheitern, weil sich die Partner selbst und gegenseitig überfordern. Wenn die Erwartungen an den anderen zu hoch sind, kann er sie nicht erfüllen und wird den anderen enttäuschen. Im Wunsch und in der Sehnsucht, durch den anderen glücklich zu werden, liegt die große Gefahr, daß der andere mein Glücksbringer sein muß, daß er zum Sündenbock wird, wenn ich unglücklich und enttäuscht bin. Menschen können einander in ihrem Glücksstreben vergötzen und dabei ins Unglück stürzen.
Wenn Ihr davon ausgeht, daß Ihr beide von Gott gewollt und dazu geschaffen seid, mit seiner Hilfe einander glücklich zu machen, werdet Ihr im guten Sinne bescheiden und demütig genug sein und bleiben, einander und Gott gegenüber.
Wo Ehepartner sich und einander als gute Gabe, als Geschenk

und Geschöpf Gottes anschauen und verstehen, werden sie auch füreinander mehr Verständnis und Wohlwollen haben. Sie werden sich gegenseitig hochschätzen, aber nicht über-schätzen, sie werden einander fordern, aber nicht über-fordern; sie werden viel und Großes voneinander erwarten, aber sie werden einander nicht mit übertriebenen Ansprüchen in Beschlag nehmen. Sie werden um ihre Schwächen und Begrenztheiten, um ihre wunden Punkte und Fehler wissen und sie einander nachsehen und verzeihen. Sie werden einander die Stärken und Fähigkeiten zeigen und anerkennen und sich so bestärken. Sie werden ihr ganzes gemeinsames Leben in einem größeren Zusammenhang sehen und auf Gott beziehen und von ihm her sehen und verstehen lernen.
Einander zu einer solchen Einstellung verhelfen und sie miteinander einüben heißt als gläubige Eheleute leben; es bedeutet, Gott miteinzubeziehen, sich und einander auf ihn zu beziehen, und das gemeinsame Leben mit ihm in Verbindung zu bringen. Das kann auch heißen, in schönen und glücklichen, aber auch in schweren und dunklen Stunden füreinander und miteinander zu beten.

Dankt – lobt – preist

Wer davon ausgeht, daß nichts selbstverständlich ist, wird sich beschenkt wissen, und wer sich beschenkt weiß, wird dafür zu danken wissen. Diesen Dank gilt es auch auszusprechen und zu benennen. »Das Gedächtnis des Herzens ist die Dankbarkeit«, sagt ein asiatisches Sprichwort. Bewahrt Euch darin ein gutes und aufmerksames Gedächtnis einander und Gott gegenüber. Vergeßt niemals einander zu loben und zu danken, auch für anscheinend so selbstverständliche Dinge wie ein gutes Essen oder einen gemütlichen Abend, einen schönen Ausflug oder einen Spaziergang.
Es wird Euch beiden und Eurer Ehe gut tun, wenn Ihr einander Gutes sagt, wenn Ihr einander lobt und dankt und den Wert des anderen hoch genug schätzt.
Dann wird die Grundmelodie Eurer Ehe auch im Alltag zu einem frohen Gesang und zu einem beherzten Loblied, wie der Psalm 100.

Paul Weismantel

Gott ohne Masken, Menschen ohne Masken

(Ps 139,13–18)

Die Brautleute sind katholisch und kirchlich durchaus sozialisiert. Beide gehören zu einer Faschingszunft, ebenso wie zahlreiche Teilnehmer der Brautmesse. Deshalb versucht die Predigt das Fastnachtssymbol »Maske« zum Sprechen zu bringen.

Ich habe lange überlegt, mit welchem Bild, mit welchem Symbol ich das ausdrücken könnte, was ich Euch zu Eurer Trauung mit auf den Weg geben will. Was lag bei einem alten Faschingsnarren näher als ein Vergleich aus dem Bereich der Fastnacht? Und was wäre Fastnacht ohne Kostüme? Was wäre Fastnacht ohne Masken?

Denn zugegeben: Masken haben schon ihren eigenen Reiz:

- Man kann für ein paar Stunden das Gesicht wechseln;
- man kann sich hinter der Maske verstecken;
- man kann die Stimme verstellen;
- mit der Maske vorm Gesicht kann man die anderen so richtig schön frotzeln, so richtig schön hinters Licht führen, zum Lachen bringen und dabei denken: Ach wie gut, daß niemand weiß . . .

Aber beim »Maskieren« kanns dann halt doch mal passieren, daß einer sagt: Ich kenn dich doch – du bist doch der und der . . . oder die und die . . .

An Fastnacht trägt man solche Masken. Gewiß. Aber nur an Fasching? Nein! Denn Hand aufs Herz – setzen wir nicht alle ab und zu auch sonst Masken auf? Freiwillig oder gezwungen, zu Hause oder in der Öffentlichkeit.

Da ist die Maske Heiterkeit, wenn wir denken: Ach wie gut, daß niemand weiß, daß ich gerade einen Anpfiff vom Chef kassiert habe und mich total am Boden fühle. Aber das zugeben – nie!

Da ist die Maske Macht-mir-doch-nichts-aus, wenn wir denken: Ach wie gut, daß mein Freund nicht merkt, wie sehr er mich durch seine Äußerung oder sein Tun verletzt hat, daß er mich vor anderen bloßgestellt hat.

Da ist die Maske Alles-im-Griff auf dem sinkenden Schiff, wenn wir denken: Ach wie gut, daß niemand weiß, daß ich selber gerade keine Ahnung habe, wie es weiter gehen soll, wo es eigentlich lang geht. Nur jetzt vor den anderen keine Schwäche und

Unsicherheit zeigen. Wie oft hängen wir den »starken Macker« oder die »tolle Biene« raus und sind innerlich wirklich ein Häufchen Elend.
Da ist die Maske beleidigte Leberwurst, wenn wir denken: Ach wie gut, daß die anderen nicht merken, daß ich eigentlich gar nicht ernsthaft sauer bin, sondern nur ein wenig gebittelt und gebettelt werden möchte.
Ein ganz schönes Maskenkabinett, das da bei jedem von uns im Laufe der Zeit zusammenkommt: Maske Heiterkeit, Macht-mir-doch-nichts-aus, Alles-im-Griff, beleidigte Leberwurst . . .

Wie ist das mit den Masken, wenn zwei Menschen anfangen, sich zu vertrauen und vertraut zu werden, wenn zwei Menschen sich gemeinsam auf den Weg in die Zukunft machen, wenn zwei Menschen einander vertrauen, sich trauen lassen, sich zur Trauung trauen, wie Ihr heute? Wie ist es da mit den Masken? Läuft da alles weiter wie bisher? Muß sich der eine hinter der Maske . . . verstecken, wenn er nach Hause kommt und sich im Geschäft wahnsinnig geärgert hat? Muß die andere auch dann lächeln, wenn es ihr gerade gar nicht gut geht? Oder dürft Ihr einander immer Euer wahres Gesicht zeigen, ganz ohne Maske?
Ich glaube, Ihr beide habt schon die Antwort auf diese Frage gegeben, dadurch, daß Ihr heute hierher in unsere Kirche gekommen seid, um nicht nur vor dem Standesamt, sondern auch vor Gott und der Gemeinde Euren Bund fürs Leben, Eure Ehe zu schließen, um Gott gewissermaßen als Dritten in Euren Bund aufzunehmen. Damit signalisiert Ihr vor ihm und uns allen, Euren Eltern, Verwandten, und vor allem Euch gegenseitig, daß Ihr es mit den Masken halten wollt wie Gott.

Erinnert Euch an das, was der Beter des 139. Psalms, den wir als Lesung gehört haben, gebetet hat: Gott kennt mich, Gott kennt meine Gedanken, Gott ist vertraut mit meinen Wegen, Gott legt seine Hand auf mich . . . oder kurz: Vor Gott brauche ich keine Maske, er nimmt mich an – so wie ich bin, mit meinen Fehlern und Schwächen, ohne wenn und aber, ohne Bedingung. Er traut mir.
Und so sprecht auch Ihr Euch heute zu: Ich will Dich, so wie Du bist, ohne Wenn und Aber, ohne Bedingung. Ich will, daß Du mir vertraust und Dich bei mir nicht hinter Masken verstecken

mußt. Ich will, daß Du bei mir daheim bist, Dich aufgehoben weißt. Ich will, daß Du es mir zeigen kannst, wenn ich Dich verletzt habe. Ich will, daß Du bei mir zugeben darfst, wenn Du gerade neben der Kappe bist. Ich will, daß Du bei mir lachen kannst, wenn Dir zum Lachen zumute ist, und weinen, wenn Dir zum Weinen zumute ist. Ich will Dich, ich will Dich ganz – ohne Masken.

Doch das ist nicht immer so leicht. Das wißt Ihr. Doch Ihr wißt auch um den Dritten in Eurem Bunde, der Euch kennt von Kindesbeinen an, um Gott, der zu Euch gesagt hat, ich lege meine Hand auf Euch und segne Euch. Ganz ohne Masken. Damit Ihr Euer Versprechen nie vergeßt, Euch immer ohne Masken zu mögen, damit Ihr nie vergeßt, daß Ihr vor Gott keine Masken braucht, möchte ich Euch diese Maske schenken. Hängt sie auf in Eurem Haus, damit sie Euch daran erinnert, daß Ihr keine Maske tragen müßt in Eurer Ehe.

Hubert Wolf

Zu zweien ist es besser als allein (Koh 4,7–12)

Braut und Bräutigam kommen aus christlich geprägten Familien. Beide waren in der Jugend- und Ministrantenarbeit tätig. Durch das Studium haben sie Abstand zu ihrer Heimatgemeinde bekommen. Der Bräutigam ist Neffe und Patenkind der Predigerin.

Heute wollt Ihr Euch Euer Ja-Wort geben, ein Ja, das Ihr schon oft zueinander gesagt habt: Ja, ich mag dich! Ja, ich freue mich, wenn du kommst, mit mir gehst! Ja, du bist o. k.

Aber Euer Ja heute hat noch eine andere Qualität: Hier in der Öffentlichkeit dieses Kirchenraumes, hier vor Gottes Altar, hier vor Eltern, Geschwistern, Großfamilie, Freunden, der Gemeinde, – ein öffentliches Ja, ein ganz persönliches Ja für gute und böse Tage.

Ich finde es schön, daß Ihr uns alle eingeladen habt, daß Ihr uns teilhaben lassen wollt an Eurem Fest. Ob ein Mensch glücklich ist oder es schwer hat, ob er in einer guten oder in einer schwierigen Ehe lebt – das Wort »Hochzeit« hat für die meisten Menschen immer noch einen besonderen Klang und, wie ich meine, völlig zu Recht: Denn in jeder Hochzeit feiern wir zusammen mit dem Brautpaar unsere Sehnsucht nach Glück. Jede Hochzeit läßt uns wieder etwas von der Wahrheit des paradiesischen Mythos erahnen: Nach der Erschaffung der Eva bricht Adam in Jubel aus – und Gott selbst findet, alles sei sehr gut (Gen 1,31;2,23). Eine Hochzeit vermag uns aus unserem Alltagstrott herauszureißen, und träumend werden wir wieder einmal gewahr, daß eine unstillbare Sehnsucht nach Glück in unseren Herzen wohnt. Deshalb hat wohl die Hochzeit, allem Proklamieren einer Ehe ohne Trauschein zum Trotz, bis zum heutigen Tag nichts von ihrem Zauber verloren.

Doch feiern wir in einer Hochzeit nicht nur unsere Sehnsucht nach Glück; wir feiern in jeder Hochzeit auch den Anfang und die Verheißung realen Glücks. Trotz des Wissens um die Gefährdung von Beziehungen, trotz soviel Scheiterns in den Ehen, habt Ihr die Zuversicht, daß Euer Ja zueinander Dauer hat, Euch glücklich macht, und wir sind da, weil wir Euch trauen.

Ihr habt mich gebeten, Euch die Hochzeitspredigt zu halten. Es war schön, mit Euch diesen heutigen Tag vorzubereiten.

In der Auswahl Eurer Texte, Gebete und Lieder sagt Ihr viel über Eure Beziehung und über das, was Ihr in Eurem gemeinsamen Leben von Gott erwartet.
Ihr habt für die Predigt zwei recht verschiedene Texte gewählt: den alttestamentlichen Text, den wir eben gehört haben, und den Text von Khalil Gibran (s. S. 38).

Der Text von Khalil Gibran provoziert! »Gebt einander alles, die Liebe, den Wein, das Brot, aber laßt euch auch wieder allein!« – Distanz und Nähe in einer solch vertrauten Gemeinschaft wie der Ehe? Ihr seid vereint – aber laßt Raum zwischen Euch, damit jeder wachsen kann.
Das war wohl der Gedanke, der Euch bei der Auswahl des Textes wichtig war. Ihr beide seid wie zwei verschiedene Bäume und jeder darf anders sein. Beide Bäume wurzeln in derselben Mutter Erde, doch jeder Baum zapft da und dort in seinem Wurzelbereich verschiedene Kraftquellen an und bringt so seine Lebensweisheit und Berufsweisheit mit ins Spiel.
Ich finde es schön, daß Ihr beide so verschieden seid und daß jeder den anderen in seiner Andersartigkeit als Geschenk erlebt. Daß Ihr einander so wert seid und einander hochachtet, ist eine gute Voraussetzung für die Ehe. Und wenn es bislang noch möglich war zu überlegen: Wer gefällt mir, daß ich ihn wähle, – heißt es ab heute, wie kann ich dem gefallen, den ich gewählt habe?
In der Sprache der Bibel heißt es: Gott schuf den Menschen nach seinem Bild und Gleichnis, als Mann und Frau erschuf er sie. Mann und Frau als Abbild Gottes . . . Und wenn es von Gott heißt, Du sollst dir kein Bild machen – und Mann und Frau Bild und Gleichnis Gottes sind, teilhaben an Gottes Unbegreiflichkeit – so ist der Mensch, den Ihr heiratet, nicht in den Griff zu bekommen. Jeder bleibt dem anderen unverfügbar – dem Zugriff wie dem letzten Begreifen entzogen. Jeder von Euch bleibt auch in der Vertrautheit der Liebe ein eigener, ein anderer. Deshalb sollst du dir kein Bild machen! Max Frisch sagte einmal: Wenn einer sagt, ich weiß, wer du bist, hat er aufgehört zu lieben!
Einen Menschen lieben heißt auszuhalten, daß er ein anderer ist, daß er auch für sich steht. Das ist nicht leicht und nicht konfliktlos. Doch wenn einer sich dem anderen einseitig anpaßt, wenn einer etwas von sich vergessen oder verdrängen muß, dann würdet Ihr in Eurer Ehe, in Eurer Beziehung ärmer.

In dieser Hinsicht wünsche ich Euch, daß Ihr miteinander niemals fertig werdet. Und, daß es Euch eine Lust bleibt, Euch zu entdecken – auch durch Enttäuschungen hindurch. In jeder Enttäuschung, wenn sie nicht bitter macht, steckt die Chance, einander weniger verstellt durch eigene Wünsche und Vorstellungen neu zu entdecken und wahrzunehmen, wie der andere wirklich ist.
Dann kann der Wind und der Himmel zwischen Euch tanzen. Da setzt sich die Liebe nicht in einem Gewohnheitsherz zur Ruhe, sie behält ein Überraschungsherz und der eine kann am anderen immer noch etwas entdecken, neu und wertvoll.
»Einen Menschen lieben, heißt seine Freiheit vermehren.« Wer verwurzelt ist in der Liebe und Zuverlässigkeit des Partners, der kann angstfrei leben und sich entfalten.

Aber Ihr habt Euch noch einen zweiten Text gewählt: Koh 4,7–12. Da sagt einer wissend und weise: »Zu zweien ist es besser als allein.« Ehe, das ist etwas unerhört »Praktisches«; »Fällt einer auf die Nase, dann kann ihm der eine wieder auf die Beine helfen.« – »Wenn zwei in einem Bett liegen – das ist schön warm!« – Der das sagt, weiß sicher mehr, als er sagt, er weiß um die Liebe, wenn er sie auch nicht beim Namen nennt – auch um die körperliche Liebe als tiefer Erfahrung von Verlangen und Erfüllung im Einswerden von Mann und Frau. In der alten Sprache wird für die eheliche Beziehung das Wort »beiwohnen« verwendet. Ja, das trifft es wohl, es ist gut, Wohnung, Heimat, Wärme und Geborgenheit beieinander zu haben.
Und wenn vom Hinfallen und gegenseitigen Aufrichten die Rede ist, merkt man, der Schreiber weiß, daß Menschen in der Ehe so etwas wie Seelsorger füreinander werden können, wenn einer den anderen aufrichtet, wenn einer (aus welchem Grund und in welchem Sinne auch immer) niedergeschlagen ist. Er weiß, daß Menschen sich gegenseitig immer wieder etwas schuldig bleiben und aneinander schuldig werden, aber die Chance haben, sich gegenseitig immer neu zu verzeihen.
»Einen überwältigt man vielleicht – aber zwei kaum, viel weniger drei.«

Doch auch das andere unausgesprochene Wort will gehört sein, das Wort »Gott«. An ganz wenigen Stellen dieses biblischen Bu-

ches ist von Gott die Rede, denn der Schreiber dieses Buches Kohelet meint an anderer Stelle: »Sei nicht so schnell mit deinem Mund von Gott zu reden!« Aber er sagt dann doch: »Gottesfurcht ist aller Weisheit Anfang.«
Von daher beginnt Euer Trautext nochmal zu leben. Das Warmwerden ist nicht nur eine Frage der Körpertemperatur allein, sondern der Liebe. Und was Liebe ist, hat uns Gott in Jesus gezeigt. Nicht haben wollen , sondern geben, sich drangeben und den anderen annehmen, wie er ist mit seinen guten und fehlerhaften Seiten, mit seiner Schuld. Hinfallen und aufhelfen – das hat etwas mit verzeihen zu tun. Und unser Verzeihen ist etwas, das im Grunde erst von Gottes Verzeihen her möglich wird.
Das Wort von den beiden, die nicht überwältigt werden können, wird in unserem Text noch überboten von dem Bild der dreifachen Schnur, die unzerreißbar ist. Darf man diese leise Aufforderung heraushören, daß Eheleute ihren Zweierbund erweitern möchten? Gott möge der dritte in diesem Bunde sein, dann ist die Schnur unzerreißbar, dann ist die Liebe unzerstörbar.
Vielleicht habt Ihr deshalb Eure Verwandten und Freunde in dieser Kirche versammelt, damit wir mit Euch zusammen Gottes Ja zu Eurem Ja erbitten. Da wollen wir nun tun im Vertrauen auf Gott, dem Liebhaber des Lebens. Amen.

Luise Hartmann

Von der Ehe

Und wieder ergriff Almitra das Wort und sprach: »Und wie ist es um die Ehe, Meister?«
Und er antwortete also:
Vereint seid ihr geboren, und vereint sollt ihr bleiben immerdar. Ihr bleibt vereint, wenn die weißen Flügel des Todes eure Tage scheiden. Wahrlich, ihr bleibt vereint selbst im Schweigen von Gottes Gedenken. Doch lasset Raum zwischen eurem Beieinandersein, Und lasset Wind und Himmel tanzen zwischen euch. Liebet einander, doch macht die Liebe nicht zur Fessel: Schafft eher daraus ein webendes Meer zwischen den Ufern eurer Seelen.
Füllet einander den Kelch, doch trinket nicht aus einem Kelche. Gebet einander von eurem Brote, doch esset nicht vom selben Laibe. Singet und tanzet zusammen und seid fröhlich, doch lasset jeden von euch allein sein. Gleich wie die Saiten einer Laute allein sind, erbeben sie auch von derselben Musik. Gebet einander eure Herzen, doch nicht in des anderen Verwahr.
Denn nur die Hand des Lebens vermag eure Herzen zu fassen. Und stehet beieinander, doch nicht zu nahe beieinander: Denn die Säulen des Tempels stehen einzeln. Und Eichbaum und Zypresse wachsen nicht im gegenseit'gen Schatten.

Khalil Gibran

aus: Khalil Gibran, Der Prophet

Einssein in einem spannungsvollen Miteinander
(Koh 4,9–12)

Die beiden Partner haben ihr Studium und einige Jahre Berufserfahrung hinter sich. Sie sind schon geprägte Persönlichkeiten. Der Mann blickt auf eine gescheiterte Eheerfahrung zurück. Die Partner gehören verschiedenen Kirchen an und leben derzeit ohne enge »Kirchenberührung«. Einer der Partner ist dem Prediger seit langen Jahren bekannt.

Wir dürfen heute an Eurem Fest teilnehmen. Ihr wünscht Euch eine lebendige, frohe Feier. Natürlich herrscht jetzt unter uns, den Teilnehmern, noch ein wenig Fremdheit. Und es braucht ja auch erfahrungsgemäß eine Weile, bis sich die überwinden läßt. Ob es hier, in der Feier des Gottesdienstes, schon gelingen kann? Es wäre schön, wenn wir alle spürten: Wir sind im Hause des Gottes, der ein Freund des Lebens ist.
Ihr beide legt Wert darauf, daß Euer Fest mit einem Gottesdienst beginnt. Es ist Euer Wunsch, daß von der Verheißung, von der Hoffnungsbotschaft unseres christlichen Glaubens, Eures Glaubens, hier etwas aufklingt – in diesen festlichen Tag hinein, mehr noch: in Euer Leben hinein.
Hat nicht jedes Fest darin seinen tiefsten Sinn, daß es in unserem Leben Raum schafft für die Hoffnungen, für die Sehnsüchte? Und ein Fest, wie unseres heute, ganz bewußt in der Verbundenheit mit Gott gefeiert, bedeutet das nicht: den Grund, die Wurzel aller Hoffnung ins Spiel bringen?
Feste haben irgendwann einmal ein Ende. Dann müssen wir auseinandergehen und dem Alltag wieder gehorchen. Ihr traut Euch – aus der Erfahrung Eures seitherigen Begegnens – zu, daß Ihr die Hoffnungen dieses Festes in Eurem alltäglichen Miteinander weiterleben könnt, daß Euch genug Hoffnungskraft bleibt, Euren Weg miteinander glücklich zu gestalten. Ihr sagt das, obwohl Ihr gerade auch um das Spannungsvolle in Eurem Leben wißt, um die Unterschiede Eurer Herkunft, Eurer Berufe, Eurer seitherigen Heimat, Eurer Lebenserfahrung. Ihr nehmt Euch damit viel vor. Aber Ihr habt gewiß recht: Denn sind diese Spannungsbögen nicht gerade eine Chance, zu einem reichen, vielgestaltigen, lebendigen Leben zu finden?

Ich möchte aus dem Trautext, den Ihr Euch ausgesucht habt, einige Voraussetzungen für einen gelungenen Weg miteinander ableiten.

Euer gemeinsamer Weg ist bisher gekennzeichnet von einem sehr bedachten Umgang mit dem Leben. Ihr habt es gelernt, Euer Leben nüchtern und klar in den Blick zu nehmen – mit dem Instrument des Verstandes.
Zugleich wißt Ihr: Die Reflexion, der Verstand, das nüchterne Abwägen – das ist nicht alles. Zu Euch gehört mehr: Euer Fühlen, Euer Empfinden, Euer Glücklichsein, Eure Niedergeschlagenheit . . .
Euer Trauwort aus dem Buch des Predigers greift das alles, was zu einer ganzheitlichen Lebenserfahrung des Menschen gehört, auf: »Zwei sind besser als einer allein . . . « – »Wenn sie hinfallen, richtet einer den anderen auf . . . « – »Wenn zwei zusammenschlafen, wärmt einer den anderen . . . « In solch lebhafter Sprache sagt das Wort Euch: Nehmt dieses Leben mit all seinen Dimensionen ernst, mit all seinen Bedürfnissen und Gefühlen, mit all seinen Leidenschaften! Achtet gerade auf die Gefühle und Empfindungen, die in Euch sind! Entdeckt sie beieinander! Tauscht Euch aus – auch in Euren Traurigkeiten und Eurem »Hingefallensein«. Wo Ihr diese Breite des Lebens miteinander lebt, könnt Ihr den Spannungsbogen Eures Lebens erhalten.

In Eurem Trauwort ist immer von Zweien die Rede. Ganz bewußt. Das Eins-sein in der Ehe soll ja nicht das Zwei-sein auslöschen. Jeder soll sich als je Eigener verstehen. Jeder von Euch ist nun einmal eine ganz eigene Persönlichkeit. Jeder von Euch braucht die Luft zum Atmen, den Raum um Weiterzuwachsen. Es wird die Kunst Eures Lebens sein, dann doch aufhelfend, ermutigend, wärmend beim anderen zu sein – zur rechten Zeit.
Auch Jesus Christus hat in seinem Grundgebot für die Jünger diese Spannung ausgedrückt. »Liebe deinen Nächsten wie dich selbst!« Liebe ist da nicht als eine Haltung definiert, die demütig nur den anderen im Blick hat und ganz von sich selbst absieht. Liebe deinen Nächsten, ja, ganz intensiv, mit ganzem Herzen, aber: wie dich selbst!
Und Liebe zu sich selbst, das ist: Wertschätzen des eigenen Le-

bens, Freude haben am eigenen Leben, sich selbst als liebenswert ansehen; zu sich selbst Ja sagen.
Dies freilich im stetigen Blickkontakt zum Nächsten, im Mitgehen und Mitfühlen mit ihm, so daß ich im Glück des anderen auch die Erfüllung des eigenen Glücks sehen kann. Von dieser Balance lebt der Spannungsbogen Eurer Ehe.

Euer Trautext spricht schließlich in einem schönen Bildwort aus, was Eure Gemeinschaft fest und verläßlich macht: » . . . eine dreifache Schnur reißt nicht so schnell . . . «
Darf ich zu deuten trauen, welches denn die dritte Schnur sein kann, die mit Euren beiden Lebensfäden verbunden werden soll? Ich sehe in der »dritten Schnur« das Wort Gottes, seinen Zuspruch, seine Zusage, seine Verheißung in Euer Leben hinein. Und ich möchte Euch ans Herz legen, daß Ihr sein Wort immer wieder an Euch heranlaßt; daß Ihr Euch von diesem Wort herausfordern laßt; daß Ihr Euch daran reibt; daß Ihr Euch von seiner Frische überraschen laßt. Es ist schon wunderbar, daß Gottes Wort so lebendig, so lebenschaffend sein kann. Nehmt es mit Euch: »Die dreifache Schnur reißt nicht so schnell.«

Heute feiern wir ein Fest. Ein Fest ist immer ein Ausdruck der Hoffnung, daß die Zerrissenheit des Lebens nicht das Letzte ist. Ihr macht Euch in dieser Hoffnung auf den Weg, daß es Euch gelingt, aus den spannungsvollen Elementen Eures Lebens etwas Reiches, Vielfältiges zu gestalten.
Ihr dürft wissen, Gott ist mit Euch. Er ermutigt Euch, das Abenteuer Eurer Liebe zu wagen. Und wir stehen in Freundschaft und Verstehen zu Euch.

Wolfgang Schrenk

Füllt den Krug mit eurem Leben – Gott verwandelt es

(Joh 2,1–12)

Das Paar lebt seit etwa einem Jahr in einer gemeinsamen Wohnung; nun will es seine Lebensbeziehung in geordneten Verhältnissen haben. Beide sind katholisch und an ihrem Wohnort gut verwurzelt.

Zu einer Hochzeit sind wir heute eingeladen: Sie, die Eltern, Verwandte und Freunde ebenso wie ich; zur Hochzeit von Euch beiden. Um Euch beide geht es an diesem Tag. Und für dieses Ereignis habt Ihr Euch die Geschichte von einer Hochzeit ausgesucht. Die beiden, um die es bei einem solchen Fest geht, kommen allerdings gar nicht direkt vor. Ein Geschehen am Rande der Festlichkeit wird da erzählt.

(Anmerkung: An dieser Stelle wird ein Tonkrug auf den Altar gestellt.)

Von Krügen ist da die Rede, die gefüllt werden sollen mit Wasser. Was da beginnt, könnte man vielleicht auch so beschreiben: Es ist das Wunder, das bei Menschen geschieht, die sich auf Gott einlassen. Es ist in der Geschichte nicht von Hokuspokus die Rede, sondern es wird etwas erzählt, was auch mit Euch zu tun hat. Was da auf dem Altar steht, soll ein Zeichen sein, ein Symbol. Es ist Euer Krug, der Krug Eurer Lebensgemeinschaft; es ist ein zerbrechlicher Krug, und er hat seinen Sinn – wie jeder Krug, wenn er gefüllt wird. Füllt diesen Krug! Womit? Mit Eurem Leben, mit Eurem Dasein, mit allem, was Euch zu dem macht, was Ihr seid. Ihr habt eigentlich schon begonnen, diesen Krug zu füllen. Jeder hat sein Leben eingefüllt. Euer beider Leben kommt zusammen. Was kommt da zusammen? Dein Leben, N. N., das es auch schon vor Deiner Begegnung mit N. N. gegeben hat – und es ist Dein Leben, N. N., das Du ebenso schon Jahre davor gelebt hast.

Das bringt Ihr beiden mit und hier zusammen. All das ist dabei, was Euch geprägt hat, was Euch zu dem gemacht hat, was Ihr heute seid – all das, was glückte, gehört dazu und all das, wo Ihr gescheitert seid. Auch dies gehört dazu und darf nicht verdrängt werden, soll es nicht unterschwellig weitergären.

Dieses gießt Ihr zusammen in den Krug Eurer Ehe. Wie aber geschieht das, dieses Zusammengießen? In irgendeinem Moment entdeckte der eine den anderen – vielleicht gleichzeitig, vielleicht nacheinander. Es gibt etwas, was mich am anderen fasziniert, anzieht, was reizvoll ist und was mich bewegt, die Begegnung zu suchen. Eine Dynamik beginnt, in die ich und der andere immer mehr hineingezogen werden. Ich erlebe es als etwas Wunderschönes, und ich wende Kraft auf, mich in den anderen hinein zu denken, zu spüren, wer er ist, was ihn bewegt, was ihn plagt, was ihn leben läßt und was ihm Angst macht. Ich kann noch so viele Bücher über den Menschen lesen, in denen er analysiert wird, psychologisch, biologisch und unter welchen Aspekten auch immer: einen Menschen erkennen, ihn anfangen zu verstehen, das geschieht nur in der Liebe – von Person zu Person.

So habt Ihr begonnen, Euer Leben zusammen zu gießen zu einem, das doch auch ganz Euer je eigenes ist. Und mit jedem Tag schüttet Ihr nun mehr dazu, Euer gemeinsames Leben. Und zu all dem, was da kommen wird, sagt Ihr schon im vorhinein: ja, ich nehme das an, ich nehme dich an, was da auch von dir dazu gegossen werden mag.

Mutig, sagen da sicherlich einige. Mutig ist es wirklich, denn wer könnte voraussagen, was das alles sein wird. Mutig, so etwas jemandem zuzusagen. Verrückt, sagt wohl auch so mancher. Wie kann man so ein Wagnis eingehen? So etwas rückt tatsächlich heraus aus Vorstellungen unserer Zeit, wohinter sich oft Bindungsunfähigkeit verbirgt. Schön, mögen vielleicht auch einige sagen. Denn es ist schön, so etwas zu erleben, wo ein Mensch einem anderen zusagt: Wunderbar, daß es dich gibt.

Ja, schön klingen diese Worte an einem solchen Tag, heute, in diesem Augenblick der Hoch-Zeit. Aber Ihr vertraut darauf:

Diese Worte behalten ihren Wert auch morgen, auch in einem Jahr, auch in zehn Jahren; sie behalten ihren Wert, wenn in Euer Miteinander so manches eindringt: die Anspannungen im Beruf, die an den Nerven zerren, die Wohnungssuche, wenn die Wohnung zu klein geworden ist, die Anspannungen, wenn die Kinder an einem zerren, wenn Euer Miteinander nicht nur schön, sondern auch Last ist.

So werdet Ihr – hoffentlich – vieles gemeinsam in den Krug Eurer Ehe hineinschütten und auffüllen. Füllt den Krug mit allem, was Ihr seid, was Ihr tut, was Ihr denkt und was Ihr fühlt.

Füllt den Krug mit dem frischen Wasser Eurer Freuden, mit dem bitteren Wasser Eurer Leiden, mit dem salzigen Wasser Eurer Tränen und vertraut diesen sich füllenden Krug Gott an. Das Wasser, unser vergängliches Leben, macht er zum Wein der Ewigkeit. Das, was in Liebe geschieht, wird zum Wert, der unvergänglich ist. Und er verwandelt auch das Bittere, das Vergiftende. Habt Vertrauen; hört nicht auf, diesen Krug mit Eurem gemeinsamen Leben zu füllen. Es ist mutig – Ihr könnt mutig sein. Es ist verrückt – Ihr könnt verrückt sein. Es ist schön, weil hier die Liebe ist.
Füllt den Krug mit Eurem Leben – Gott wird es verwandeln und vollenden. So lebt! Amen.

Erhard Bechtold

Lebens-Zeichen (Joh 2,1–12)

Braut und Bräutigam studieren katholische Theologie, sind humorvolle Menschen und wünschen sich einen entsprechend frohen Traugottesdienst, den sie intensiv mitgestalten. Unter den Hochzeitsgästen befinden sich viele Theologiestudentinnen und -studenten, die sich wie das Brautpaar schon längere Zeit kennen.

Ein schwieriger Text

»Wenn das Evangelium von der Hochzeit zu Kana verlesen wird, kommen wir Prediger immer in Versuchung, unsere bescheidenen Kenntnisse zum Thema Ehe vorzutragen. Aber es empfiehlt sich . . . , diese Versuchung zu überwinden: Wir würden dabei nämlich am Evangelium vorbeireden. Diese Geschichte hat genau so viel mit Hochzeit und Ehe zu tun wie die Taufe mit einem Schaumbad oder wie der Gesang der Engel auf den Fluren Bethlehems mit dem Kirchenchor.«
Die humorvolle Warnung stammt von Josef Heer – Theologe beim Katholischen Bibelwerk – und er gibt dieser Wundergeschichte »die erste Stelle in der Rangliste eingebürgerter Fehlinterpretationen.«
Das ist nicht besonders ermutigend für einen, der gerade an einer Hochzeit etwas zu diesem Text sagen soll.
An interessanten Auslegungen fehlt es allerdings nicht – zum Beispiel die des Theologen Venturini aus dem letzten Jahrhundert: »Nichts einfacher als die Erklärung des Kanawunders«, schreibt er. »Jesus hatte als Hochzeitsgeschenk einige Krüge guten Weines gebracht und in einer Kammer abgestellt. Als nun der Wein zu Ende war und die Mutter ängstlich wurde, ließ er die Gäste noch warten, da man die steinernen Gefäße zur Reinigung noch nicht mit Wasser gefüllt hatte. Dann befahl er, von seinem Wein einzuschenken, aber niemand zu sagen, woher er stamme. Das warf nun Johannes, als er, ein alter Mann, sein Evangelium schrieb, alles durcheinander, hatte es wohl damals auch nicht genau beobachtet, vielleicht mit einem Räuschlein selbst begabt an das Wunder geglaubt, wie die andern.« Soweit der amüsante Erklärungsversuch Venturinis.

Allerdings hilft er genausowenig weiter wie die ängstliche Besorgnis mancher Exegeten über die genau errechnete Menge von 720 Liter Wein: »Man braucht wirklich kein fanatischer Antialkoholiker zu sein . . ., um die gewaltige Weinspende Jesu verwunderlich zu finden«, meint einer.
Auf die Sprünge helfen könnte uns vielleicht ein Prediger, der ausgerufen haben soll: »Wir dürfen uns gar nicht vorstellen, wie die Tafel aussieht, wenn diese Ladung getrunken ist.«
Wahrscheinlich ganz ungewollt gibt er uns den Einstieg: Wir dürfen uns die Einzelheiten dieser Geschichte eben nicht vorstellen und ausmalen. Wenn wir ihrem Sinn auf die Spur kommen wollen, müssen wir ihr Schlüsselwort entdecken, und dieses Schlüsselwort heißt: »Zeichen«: »So tat Jesus sein erstes Zeichen.«

Jesus – das »Lebens-Zeichen« Gottes

Was Jesus tut, was er sagt, das alles ist Zeichen einer größeren Wirklichkeit. In seinen Worten und Taten
- zeigt er, was wahres Leben ist,
- zeigt er, wie Gott sich das Leben des Menschen vorstellt,
- zeigt er, was Gott mit dem Menschen alles anfangen kann.

Wenn Jesus von einer Hochzeit spricht, dann wird sie zum Zeichen dafür, daß Gott mit den Menschen ein Fest hat, Gemeinschaft mit ihnen will.
Wenn er vom Wein spricht, wird er zum Zeichen für die Freude, für die Fülle des Lebens.
Wenn er Menschen anspricht und berührt, dann wird das zum Zeichen für den Anspruch und die heilende Nähe Gottes.
Jesus setzt solche Zeichen – im wahrsten Sinn des Wortes – »Lebens-Zeichen«, oder besser gesagt: er selbst ist das Lebens-Zeichen Gottes:
- Zeichen dafür, daß Gott lebendig ist,
- Zeichen dafür, daß Gott uns verwandeln kann,
- Zeichen dafür, daß hinter dem oft faden und geschmacklosen Wasser des Alltags der Wein, die »Hoch-Zeit«, die hohe Zeit, die Zeit der Freude und des Festes schon angebrochen ist.

Jesus selbst ist das Lebens-Zeichen Gottes – aber er weist nicht nur auf diese Dimension unseres Lebens hin: in ihm wird die Freude, die verwandelnde Kraft, die lebendige Gegenwart Gottes schon spürbar und erfahrbar. Er selbst ist das Geschenk, die Vor-Gabe Gottes, und nach dieser Vorgabe können wir leben.

Ehe – ein »Lebens-Zeichen« Gottes für die Menschen

Und jetzt kann auch die Ehe wieder ins Spiel kommen:
– Sie ist eine konkrete Möglichkeit, dieser Vorgabe zu entsprechen.
– Sie ist eine Chance für zwei Menschen, konkret für Euch beide, in Eurer lebendigen Partnerschaft die Liebe Gottes wahrzunehmen – als wahr und wirklich anzunehmen.
– Sie kann für Euch beide zum Raum werden, in dem das Lebensmodell Jesu seinen Platz hat. Ihr könnt miteinander spüren und einüben, daß das Versprechen der Treue nicht einschränkt und festlegt, sondern freisetzt zu einer gemeinsamen Entwicklung, daß alles Teilen und Mit-teilen nicht Verlust und Verzicht, sondern Bereicherung und Gewinn sein kann.
Und eine Ehe, die so gelebt wird, wird zum Sakrament, d. h. zu einem Zeichen. Sie wird
– ein Lebens-Zeichen für die Liebe Gottes,
– ein Lebens-Zeichen für Euch und für andere in Eurer Umgebung,
– ein Lebens-Zeichen für die Gemeinschaft der Gläubigen, für die Kirche.
Das klingt jetzt vielleicht etwas schwärmerisch und utopisch – aber ich glaube, gerade so werden übersteigerte Erwartungen an die Ehe relativiert. Gerade so kann man sie – was Euch beiden wohl auch entspricht – nüchtern sehen: Als Sakrament, als Zeichen ist sie eben noch nicht die letzte Wirklichkeit, das vollkommene Glück.
Wenn Leonardo Boff, der brasilianische Theologe, ein Sakrament als »neue Sichtweise«, »neuen Blick« umschreibt, dann heißt das konkret für das Sakrament Eurer Ehe:
– Ihr könnt einander mit anderen Augen anschauen.
– Ihr könnt im anderen den Menschen sehen, der er noch werden kann.
– Ihr könnt selbst dort, wo Euch das alltägliche Wasser bis zum Hals steht, etwas vom Wein erkennen, der Euch geschenkt wird.
Eure Ehe als Lebens-Zeichen: Vorgeschmack auf das Fest des wahren Lebens – und zugleich ein klarer Blick für die Vorläu-

figkeit, die Unvollkommenheit unseres Lebens: »Nüchterne Trunkenheit« – so haben die Kirchenväter christliches Leben umschrieben.

»Lebens-Zeichen« in der Ehe

Ob Euch ein Leben mit dieser Perspektive gelingt, wird auch davon abhängen, ob Ihr einander immer wieder kleine Signale, Lebens-Zeichen Eurer Liebe geben könnt. Eine Beziehung lebt von solchen Zeichen, sie über-lebt, wenn Ihr füreinander Haltungen, Gesten, Gegenstände findet und erfindet, kleine Sakramente sozusagen, die Euch immer wieder anzeigen, was Ihr füreinander bedeutet. Eurer Phantasie sind da keine Grenzen gesetzt.
Eine Haltung, ein solches Signal, das Ihr beide schon beherrscht, ist der Humor: Nicht eine oberflächliche Fröhlichkeit, sondern eine Freude, die trotzdem, die auch in schwierigen Situationen, noch lachen kann.

Wünsche

Zum Schluß noch einmal zurück zur Hochzeit von Kana und den Schwierigkeiten, die Theologen und Prediger mit dieser Hochzeit haben: Manche – wahrscheinlich strenge Pietisten – trauen Jesus einfach nicht zu, daß er ein Wunder dazu benützt, um den Leuten ein billiges Vergnügen zu ermöglichen; sie sprechen deshalb bei der Verwandlung des Wassers in die riesige Weinmenge von einem »Luxuswunder«, das nicht nötig gewesen wäre.
Und der Kirchenvater Hieronymus soll auf die Frage eines Spötters, ob der Wein damals auch ausgetrunken wurde, geantwortet haben: »Wir trinken alle heute noch davon.«
Ich wünsche Euch beiden,
– daß Ihr an dem Wein des heutigen Tages noch lange zu trinken habt;
– daß Ihr von Eurem »Ja« zueinander, von der Freude dieser »Hoch-Zeit« auch in anderen Zeiten, in Durststrecken, leben könnt;
– daß Ihr einander immer reinen Wein einschenkt.
Und ich wünsche Euch,
– daß Ihr Euch den Luxus leistet, Euch zu wundern über Eure

gemeinsame Geschichte, Eure Entwicklungen und Wandlungen;
– daß Ihr nicht nur einander traut, sondern auch Gott etwas zutraut in Eurem Leben;
– daß Ihr genügend Humor und Phantasie habt, um einander und anderen immer wieder neue Lebenszeichen zu geben.

Wolfgang Raible

Seite an Seite – miteinander und füreinander

(Mk 10,2–12)

Die Braut ist Ärztin, der Bräutigam in der Computerindustrie tätig. Beide sind katholisch, leben jedoch in gewisser Distanz zur Kirche.

In einer Wochenzeitschrift lese ich unter der Überschrift »Ich und der/die andere – Über die Not der Paar-Beziehungen«: »Junge Leute suchen wieder feste Bindungen. Die sexuelle Revolution der sechziger und siebziger Jahre hat sich gleichsam erledigt. In der neuen Generation zählt nichts soviel wie: Treue.« Allerdings ist in demselben Artikel auch von einem wachsenden »Single-Bewußtsein« die Rede, von einer Haltung, »sich nicht entwickeln, sich nicht verändern zu wollen.« Die Folge: »Wo man sich in Beziehungen zu stark gefordert sieht – etwa bei Konflikten – weicht man in neue Partnerschaften aus.«*

Meine eigenen Beobachtungen und Gespräche mit jungen Menschen bestätigen diese Feststellungen. Bei der Vorbereitung auf Ihre Trauung haben wir unter anderem über die Spannung gesprochen, der auch Sie sich angesichts dieser Lage ausgesetzt sehen. Sie werden sich nachher das »Jawort fürs Leben« geben: »Ich nehme dich an als meine Frau/meinen Mann und verspreche dir die Treue in guten und in bösen Tagen, in Gesundheit und in Krankheit. Ich will dich lieben, achten und ehren, solange ich lebe.« Das heißt doch: Sie bekennen sich in aller Öffentlichkeit dazu, daß Sie sich einander anvertraut haben. Sie haben sich diesen Schritt gründlich überlegt, im Bewußtsein, daß Sie ein Wagnis eingehen, ein Wagnis aus Liebe.

Wie beglückend, wie bereichernd ist doch diese Erfahrung, Seite an Seite, miteinander das Leben zu gestalten! Manchmal wird Sie aber auch die bange Frage bedrängen: Werden wir auch das Schwere, das uns sicherlich begegnet, meistern, gemeinsam meistern, ohne daß wir daran scheitern oder unsere Ehe dadurch zerbricht?

Das Evangelium, das wir eben hörten, mag uns nachdenklich stimmen. Eine Falle wollen die Pharisäer Jesus stellen, ihn aufs

*Christ in der Gegenwart 49/91, S. 403f.

Glatteis führen: »Darf ein Mann seine Frau aus der Ehe entlassen?« Ehescheidung war auch in Israel zu allen Zeiten ein heißes Diskussionsthema. Dabei konnte man die Frage durchaus unter rechtlichen Gesichtspunkten behandeln, im Blick auf den Buchstaben des Gesetzes. Da gab es dann die Möglichkeit, daß der Mann der Frau eine Scheidungsurkunde ausstellte und sie aus der Ehe entließ. Würde Jesus nun dieses verbriefte Recht in Frage stellen? Würde er damit einmal mehr zeigen, daß er ein Gesetzesbrecher war?

Doch Jesus kontert mit einer Gegenfrage: »Was hat euch Mose vorgeschrieben?« Aufgrund der Weisungen des Alten Testaments muß die Antwort nun eigentlich lauten: Mose hat geboten, daß der Mann für die Frau sorgt. Denn die Frau ist der göttliche Beistand für den Mann. Und der Mann ist dafür verantwortlich, daß es seiner Frau gut geht. Wenn beide ein Fleisch werden, dann bilden sie nämlich eine innige, unzertrennliche Lebensgemeinschaft.

Ganz bewußt verläßt Jesus die Ebene des reinen Rechtes und verweist darauf, was Gott im Sinne hatte, als er dem Mann die Frau zuführte. Jesus kommt es darauf an, den ursprünglichen Willen Gottes zur Geltung zu bringen: Fragt nicht berechnend: Was ist erlaubt? So denkt nur einer, der hartherzig ist! Fragt lieber: Was will Gott? Wenn ihr ihn ernst nehmt, werdet ihr verstehen: Was Gott verbunden hat, soll der Mensch nicht trennen.

Ich erlebe Sie als Menschen, die darum wissen, wie gefährdet die Ehe ist. Sie haben erzählt, daß auch in Ihrem Bekannten- und Freundeskreis schon Beziehungen auseinandergingen und Ehen gescheitert sind. Trotzdem blicken Sie zuversichtlich und voller Lebensmut nach vorne. Sie wollen einander beistehen, uneigennützig, großherzig. Ihre erste Frage lautet nicht: »Was habe ich vom anderen?«, sondern: »Was bin ich dem anderen?« Sie lassen sich von Jesus fragen: »Was erwartet Gott von dir um des anderen willen?« Ich möchte Sie bitten, daß Sie diese Frage mit auf Ihren gemeinsamen Lebensweg nehmen.

Sie werden gleich einander die Ringe anstecken, die »Zeichen der ehelichen Bindung«. Diese Ringe bedeuten für Sie keine unerträgliche Last, aber sie könnten Sie täglich zu der Frage veranlassen: Was erwartet Gott von mir um des anderen willen? Und wenn Sie versuchen, darauf eine ehrliche Antwort zu geben, werden Sie erfahren, wie Sie im Lauf der Zeit in der Treue wachsen.

Eine stabile, lebenslange Beziehung: wer würde sich das nicht wünschen! Wir alle wünschen es Ihnen in dieser Stunde und bitten Gott: »Laß diese Ehe nicht nur das Werk zweier Menschen sein, sondern das Werk deiner Gnade und ein Bild deiner Liebe. Hilf diesen beiden, einander die Treue zu bewahren und in deinem Frieden und in deinem Willen zu bleiben und allezeit einander zu lieben.«

Bernd Ciré

»Seid einander in Liebe verbunden«

Partnerschaft unter der Verheißung des neuen Bundes

Aus zwei mach eins – oder: Das Balkenschloß

(Gen 2,18–24; Mk 10,6–9)

Die Brautleute, beide katholisch, nehmen regelmäßig am Leben der Gemeinde teil. Der Bräutigam ist Zimmermann von Beruf, deshalb soll die Aussage der Trautexte mit Hilfe des Symbols »Balkenschloß«, das ich mir von einem Zimmermannskollegen habe anfertigen lassen, verdeutlicht werden. Ein »Balkenschloß« dient dazu, zwei kurze Balken zu »stoßen«, sie zu einem längerem zu verbinden.

Also ich jedenfalls habe in der Schule gelernt, daß eins und eins zwei ist. In der biblischen Mathematik habe ich wohl nicht recht aufgepaßt. Denn in Eurem Trauungstext aus dem Buch Genesis heißt es, daß die zwei, also Mann und Frau, eins sein sollen. Aber wie soll das gehen? Am einfachsten doch wohl so, wie es sich Herr K. vorstellt, als er gefragt wurde: »Was machen Sie, wenn Sie einen Menschen lieben?« K. antwortete: »Ich mache mir einen Entwurf von ihm und schaue, daß er ihm ähnlich wird!« Ja, wer wem eigentlich, werden wir fragen. Doch der Entwurf dem Menschen! »Nein«, sagte Herr K., »der Mensch meinem Entwurf von ihm.«
Nach diesem Modell könnte eins und eins wirklich eins sein, denn wenn sich der eine dem anderen total unterordnet, wenn er sich genau in Schublade 19a legen läßt, die sein Partner für ihn ausgedacht hat, dann spielt er praktisch keine Rolle mehr. Sein Einfluß ist gleich null.
Eine solche Lösung kann nicht gemeint sein. Die biblische Schöpfungsgeschichte erzählt bildhaft von der Suche nach einem adäquaten Partner für den Menschen. Der erste Versuch schlägt fehl. Das Vieh, die Tiere und die Vögel des Himmels, die für den Menschen geschaffen werden und denen er einen Namen geben darf – sie antworten ihm nicht, sie sind kein adäquates Gegenüber, sie sind kein Partner. Der Mensch kann sie allenfalls dressieren, so daß ihre Reaktionen immer nur im Rahmen des Geplanten und Vorgegebenen erfolgen können. Der Hund oder die Katze sind eben nun einmal nicht rein von meinem Bein und Fleisch, auch wenn man manchmal durchaus diesen Eindruck haben könnte.

Das einzig wirkliche Gegenüber für einen Menschen ist ein anderer Mensch. Der einzig wirkliche Partner für einen Mann ist eine Frau. Die Faszination, die in dieser Beziehung liegt, hat die Menschen beschäftigt, solange es sie gibt. »Das endlich ist Bein von meinem Bein und Fleisch von meinem Fleisch«, so ruft Adam begeistert aus. Dann stimmt auch die biblische Mathematik, daß aus zwei eins wird, aber eben nicht im Sinne der Unterordnung, nicht im Sinne der Aufgabe der eigenen Persönlichkeit, nicht im Sinne von Pascha und Sklavin, sondern im Sinne der Partnerschaft, der gegenseitigen Hilfe und Ergänzung, des Auf-einander-Zugehens. Jeder von Euch soll seine eigene Persönlichkeit bleiben in seiner Ehe; keiner soll sich nach dem Bild des anderen verbiegen lassen.
Ich glaube, das, was beim Prozeß einer Ehe geschieht, kann man sehr gut mit dem Bild des Holzes ausdrücken. Ich habe hier zwei Holzstücke von unterschiedlicher Farbe und Maserung, verschiedenen Jahresringen, schnell oder langsam gewachsen, es können Astlöcher und krumme Stellen drin sein. Genauso ist es auch mit Euch beiden. Jeder von Euch hat seine eigene Geschichte mit ihren Höhen und Tiefen, mit guten und schlechten Jahresringen, mit einem ganz unterschiedlichen Mutterboden; diese Geschichte bringt Ihr mit in Eure Beziehung ein. Sie gehört zu Euch und macht Euch unverwechselbar und einmalig, so wie es diese Hölzer genau identisch auf der ganzen Welt nicht noch einmal gibt. Einmaligkeit und Individualität macht ja auch den Wert eines jeden Menschen aus. Man kann aus einer Fichte keine Eiche machen und aus einer Kiefer keine Buche. Jeder von Euch kann nur mit den Begabungen und Fehlern als Mitgift in der Ehe arbeiten. Aber Holz wird auch trocken, wenn es falsch behandelt und gelagert wird. Es reißt auf, es kracht manchmal vielleicht im Gebälk. Dann kommt es darauf an, daß die Verbindung zwischen den Hölzern nicht abreißt. Wenn es Krisen gibt in Eurer Ehe, kommt es darauf an, daß Ihr *an*-einander dranbleibt, *mit*-einander im Gespräch bleibt, daß Ihr das Gespür für die Gestalt des anderen nicht verliert. Aber wie soll sie aussehen, die Verbindung zwischen zwei so unterschiedlichen und individuellen Holzstücken? Soll man sie verzapfen, verleimen, verkeilen, verschrauben oder verdübeln? N. N. als Zimmermann wird sicher für das entsprechende Holz die richtige Lösung finden. Aber ist das in der Verbindung mit N. N. auch so einfach?

Ich denke, hier sind wir an einem ganz entscheidenden Punkt. An dem Punkt, der deutlich macht, warum Ihr Eure Ehe nicht nur vor dem Standesamt, sondern hier, in der Kirche, schließen wollt. Denn Ihr seid überzeugt, daß zwei Menschen *für*-einander der Himmel auf Erden sein können. Aber gilt nicht umgekehrt auch der Satz, daß sie füreinander zur Hölle werden können? Für Menschen ist es sicher eine Überforderung, Liebe und Treue nicht nur zu versprechen, sondern ein Leben lang zu halten. Aber ist das nicht der springende Punkt des Ehesakraments, das Ihr *Euch selber* spendet? Bedeutet nicht Sakrament, daß die Menschen und Gott hier zusammenwirken, daß Gott zu Euch so Ja sagt, wie Ihr *zu*-einander Ja sagt? Denn wie sollte menschliche Treue funktionieren, wenn sie sich nicht aufgehoben wüßte in der je größeren Treue Gottes? Wie sollte menschliche Liebe überdauern, wenn sie sich nicht hineingenommen spürte in die Liebe Gottes? Wie sollte ein Mensch seinem Partner vergeben können, wenn er nicht selbst Gott als barmherzigen Vater begegnet?

Das ist doch eigentlich auch der Sinn eines Sakraments, daß menschliche Natur und göttliche Gnade sich ergänzen. Daß wir nicht selbst auf dieser Welt alles leisten müssen, weil wir über die Weltzeit hinaus in Gott eine Zukunft haben. Wer das glaubt, der bekommt Luft und Raum zum Leben. Der kann in den Hochseilakt Ehe mit Gelassenheit und Freude hineingehen. Weil *ER* die Verbindung zwischen Euch mit sein will!

Ich wünsche Euch für Eure Ehe, daß dieses Balkenschloß für Euch Vorbild und Symbol ist. Daß Ihr in Verbindung zueinander bleibt und daß die Keile von Liebe und Glaube Euch zusammenhalten. Daß das, was Ihr heute beginnt, so wie jede gute Zimmermannsarbeit für die Ewigkeit gemacht ist.

Hubert Wolf

Wohin du gehst, dahin gehe auch ich (Rut 1,16–17)

Das Paar ist konfessionsverschieden und sieht die Konfessionsverschiedenheit eher als Chance und Herausforderung denn als ein irgend geartetes Hindernis für ihr gemeinsames Leben. Da der Bräutigam bis kurz vor der Hochzeit in der Studentengemeinde dabei war, haben sie bei der Feier auf diese noch lebendigen Beziehungen zurückgegriffen. Sie wählten den Trautext selber aus und bereiteten mit viel Engagement die Trauung vor. Der ökumenische Charakter der Ehe sollte auch in der Feier deutlich werden.

Die Sätze, die Ihr beide als Trautext aus dem Buch Rut ausgewählt habt, gehören zu der Art von Aussagen, die man nicht alle Tage, nicht beliebig oft zu beliebig vielen Menschen und schon gar nicht beiläufig machen kann. Sie sind eindeutig und lassen keine Zweifel aufkommen. Ich möchte die Sätze, um die es geht, nochmals wiederholen: »Wohin du gehst, dahin gehe auch ich, und wo du bleibst, da bleibe auch ich. Dein Volk ist mein Volk und dein Gott ist mein Gott.« Man ist als Schwabe noch geneigt hinzuzufügen: Und damit basta!
Da ist alles gesagt. Diese Worte sitzen.
Es sind Sätze, die schwer wiegen und Folgen haben. Sie zählen zu den seltenen Kostbarkeiten. Unverbindliches, grund- und folgenloses Geschwätz haben wir genug. Die Inflation dessen, was alles an unser Ohr dringt, könnte nicht größer sein. Da gehört es zu den besonderen Augenblicken, wenn eindeutige Sätze gesprochen werden, die durch die Sprechenden persönlich abgedeckt sind. Und solches geschieht hier zwischen Euch beiden. Wir können es nicht feierlich genug begehen, nicht genug singen, tanzen und uns freuen, wenn Ihr hier einander eindeutige Zusagen gebt, für deren Konsequenzen Ihr mit Eurem Leben einsteht. Es ist deshalb kein Zufall, daß Ihr gerade dieses Zitat aus dem Buch Rut ausgewählt habt. Es ist die Deutlichkeit, Ernsthaftigkeit und bedingungslose Entschiedenheit, die Euch an diesen Versen angesprochen hat.

Sicher sind die Umstände der zwei Frauen im Alten Testament nicht auf Euch übertragbar, aber der Inhalt dieser Verse paßt in

verschiedener Hinsicht auf das, was Ihr hier miteinander vollzieht.
Da ist zunächst die Entschiedenheit und Bedingungslosigkeit, mit der Rut Noomi folgt: Wohin du gehst, dahin gehe auch ich. Kein Zweifel bleibt mehr und kein Zögern. Man könnte es auch so ausdrücken: Du kannst dich voll und ganz auf mich verlassen. Ich stehe dafür ein mit dem, was ich bin. Allerdings stoßen wir da gleich auf einen wesentlichen Unterschied zwischen Euch und der alttestamentlichen Geschichte. Die Zusage beruht bei Euch auf Gegenseitigkeit. Es ist bei Euch nicht so, daß eine bzw. einer vorausgeht und der andere bedingungslos folgt, wie es bei den beiden Frauen war. Eure Zusage ist gegenseitig.
Es steht nicht fest, wer jeweils vorangeht, und es wird unzählige Situationen geben, wo Ihr Euch einigen müßt, wohin der Weg geht, wie schnell Ihr geht, wen Ihr mitgehen laßt, wie Ihr Eure Pausen, sprich Freizeit, gestaltet . . .
Konflikte, ja sogar Streit, dürfen dabei nicht als lästiger Betriebsunfall gelten, sondern gehören notwendigerweise dazu, wenn Ihr Euren Weg gemeinsam gehen wollt.
Ihr habt beim Vorbereitungsgespräch betont, daß Ihr zwei eigenständige und verschiedene Menschen seid und es auch bleiben wollt. Ehe ist ja keine Symbiose, sondern der gemeinsame Weg zweier verschiedener Menschen. Da bleibt nicht aus, um das Bild vom Weg ein wenig auszumalen, daß der eine schneller geht, der andere langsamer, der eine müde, die andere noch voller Tatendrang ist. Da gehört auch dazu, zwischendurch ein Stück alleine zu erkunden, um die Erfahrungen dem anderen zu erzählen. Da wird es Wegstrecken geben mit herrlicher Umgebung, die Ihr voll Freude geht, und wieder leidvolle Durststrecken. Alles, was Weggefährten unterwegs passieren kann, wird auch bei Euch vorkommen, von der riesigen Freude aneinander bis zur Erfahrung, zu stolpern oder falsche Schritte zu tun, Umwege zu gehen und umkehren zu müssen. Die Eindeutigkeit und Entschiedenheit Eurer gegenseitigen Zusage wird eine kräftige und wichtige Wegzehrung sein.

Ihr seht Euer gemeinsames Gehen in einem größeren Zusammenhang. Im zweiten Teil des Trautextes heißt es: »Dein Gott ist mein Gott.« Diese Worte sich Euch ganz wichtig.
Lassen Sie mich da kurz nochmals auf die beiden Frauen zurück-

blenden: Was mag Rut bewogen haben, zu ihrer Schwiegermutter zu sagen: Dein Gott ist mein Gott!? Ich kann mir's nur so vorstellen: Die Schwiegermutter muß ein Mensch gewesen sein, der großen Eindruck auf Rut gemacht hat. Sie muß soviel Menschlichkeit und Wärme ausgestrahlt haben, daß Rut zu der Überzeugung kam: Wenn die so ist, dann muß ihr Gott ein ebenso menschlicher und liebender Gott sein. In der Nähe der Noomi konnte sie Mensch sein, und sie hat von Noomi auf deren Gott rückgeschlossen. Das ist noch heute so. Durch das, was wir Christen tun, bringen wir unseren Gott in Kredit oder in Mißkredit. Ich denke, bei Euch ist es ähnlich. Ihr habt miteinander die Erfahrung gemacht, daß Ihr richtig Mensch sein könnt, wenn der andere da ist und Ihr habt erfahren, daß jeweils beim anderen etwas von dem liebenden Gott durchscheint, den Ihr sucht.
Dieser Bezug zu dem gemeinsamen Gott ist Euch wichtig. Das habe ich von Euch selber erfahren. Er stellt in Eurem Leben die richtigen Relationen her. Der Glaube an diesen Gott kann dazu beitragen, daß Eure Ehe menschliche Züge behält. Wer an diesen Gott glaubt, braucht sich selber keine göttlichen Allüren zuzulegen, braucht kein Supermann und keine Superfrau zu sein. Er darf Fehler machen, kann falsche Schritte tun, braucht nicht den Perfekten zu spielen und kann etwas wagen, so wie Ihr eine abenteuerliche Liebe wagt.
»Dein Gott ist mein Gott.« Wenn Ihr das zueinander sagt, tut Ihr auch kund, daß Ihr den Wert des anderen, den er bzw. sie von Gott schon hat, jeweils anerkennt. Auch in der engen Beziehung Ehe ist es nicht so, daß die beiden gegenseitig voneinander ihren Wert bekommen. Vielmehr geht es darum, den Wert, den der andere immer schon hat, anzuerkennen und aufmerksam wahrzunehmen. Aufmerksamkeit ist manchmal ein anderes Wort für Liebe.
Ein weiteres ist mir sehr wichtig: Ihr seid evangelisch und katholisch, geht also eine konfessionsverbindende Ehe ein. Wenn Ihr einander sagt: Dein Gott ist mein Gott, dann relativiert Ihr die skandalösen Grenzen zwischen den beiden Konfessionen und betont das Einende, nämlich den gemeinsamen Gott.

Dein Gott ist mein Gott, damit sagt Ihr sehr viel über Eure Beziehung zueinander aus. Doch ich möchte nicht schließen, ohne auf eine ganz andere Bedeutung dieses Satzes nach außen ein-

zugehen. Ihr verehrt einen gemeinsamen Gott, der sich intensiv der Welt zugewandt hat und dem das Wohl und Wehe der Menschheit nicht egal ist. Wer unter seinen Augen die Ehe schließt, wird sich deshalb nicht in eine abgeschlossene Nische der Zweisamkeit zurückziehen, sondern sich intensiv der Welt um sich herum zuwenden.
Ich erzählte gestern jemandem, daß ich heute zu einer Hochzeit ginge, worauf er mir sagte, Ehe sei der Rückzug ins private Glück.
Wenn ich Euren Trautext anschaue, habt Ihr ein anderes Verständnis von Ehe. Da ist von Gehen und Bleiben, da ist von Gott die Rede. Wir feiern heute mit Euch nicht den Rückzug ins private Glück der Zweisamkeit, sondern Eure eindeutige Zusage, Weggefährten füreinander zu sein und zu zweit unter den Augen Gottes aufzubrechen in ein Leben, von dem Ihr viel erhofft.

Josef Birk

Ich traue dich mir an auf ewig (Hos 2,20–22)

Junges Brautpaar; er ist evangelisch, sie ist katholisch. Er hat losen Kontakt zu seiner Gemeinde, ist aber ernsthaft am Glauben interessiert, Beruf: Kaufmann; sie ist in ihrer Gemeinde engagiert in der entwicklungspolitischen Arbeit und als Firmkatechetin, Beruf: Erzieherin. Die Trauung findet in der katholischen Kirche statt, nur der katholische Heimatpfarrer der Braut ist daran beteiligt.

Diese Hochzeit ist ein Beispiel dafür, wie Sie miteinander die Ehe gestalten. Sie können es gut aushalten, wenn mal einer das Geschehen mehr prägt als der andere. In diesem Fall ist das so: Sie, liebe Braut, haben einen Heimvorteil, weil Sie in Ihrer Gemeinde heiraten. Trotz dieses »Heimspiels« fühlt sich der andere nicht untergebuttert.
Sie haben sich entschlossen, das Leben miteinander zu teilen, bis der Tod Sie scheidet. Das ist eine sehr endgültige Entscheidung. »Ich traue dich mir an um den Brautpreis meiner Treue«, hieß es eben in der Lesung. Entscheidungen bringen Ruhe in das Leben, weil sie Klarheit schaffen, weil sie einen irgendwo ankommen lassen. Ein Ziel ist erreicht. Der Prophet Hosea spricht eine wichtige Erfahrung aus. Wer sich auf den Bund mit Gott einläßt, wer sich fest entscheidet, der findet Ruhe und Sicherheit. Der wird nicht mehr umhergetrieben von der Sorge, wo er ohne Angst und voller Vertrauen leben kann. Viele Menschen, die sich in ihrem Leben so auf Gott verlassen, die den Bund mit Gott dankbar annehmen konnten, bestätigen oft diese Aussage des Hosea aus eigener Erfahrung. Was für den Bund mit Gott gilt, läßt sich auch vom Bund zwischen Menschen aussagen. Sich füreinander zu entscheiden, einen Bund einzugehen, setzt unruhigem Suchen ein Ende, macht einem selbst und anderen klar, zu wem man gehört, auf wen man sich verläßt, zu wem man steht. Sie beide haben sich füreinander entschieden. Das bringt Ihnen Gelassenheit und Klarheit. Und beides möge Sie nie verlassen. Dann wird Ihre Treue ihnen leicht sein.
Diese Entscheidung bedeutet aber nicht nur das Ende einer Entwicklung und einer spannenden Zukunft. Das wäre ein großes Mißverständnis von Ehe. Die Gelassenheit und Klarheit, die Sie

gewonnen haben, ermöglicht Ihnen, einander Raum zu lassen für die gemeinsame Entwicklung und die eines jeden einzelnen. Es ermutigt, daß jeder mit seinen Stärken und erst recht mit seinen Schwächen sich einbringen kann in diese Ehe. Das ist die Erfahrung auch Ihrer bisherigen Beziehung, die Sie zur Ehe ermutigt hat. Bei aller Liebe und ehelichen Gemeinsamkeit wollen Sie einander den Raum lassen, um bisherige Freundschaften zu pflegen, um seinem religiösen Hintergrund treu bleiben zu können, um Dinge zu tun, die nicht immer beide zusammen tun wollen. Und doch werden Sie vieles gemeinsam tun, weil der Ehebund zwischen Ihnen von solchen Gemeinsamkeiten lebt, weil Ihre Liebe zueinander Sie dazu drängt. Ein Ausdruck dieser Liebe ist es, dem anderen dieses Zuhause zu geben, diese »Ruhe und Sicherheit«, von der der Prophet Hosea spricht. Indem Sie das tun, wird Ihre Ehe zu einem Bild für unseren Glauben an Gott, der sich uns in Treue auf ewig verbunden hat.

Diese Art von Treue, diese Art der Liebe erwächst aus dem Respekt voreinander, weil der andere Ihre große Liebe ist und auch immer wieder ein Geheimnis. Der Ehepartner kann nicht nur zum Abdruck der eigenen Wünsche werden. Er hat seine eigenen Tiefen, die jeweils entdeckt und gelebt werden wollen. Sie versprechen das gleich einander. Sie sagen nicht nur im Eheversprechen, daß Sie einander lieben wollen, bis der Tod Sie scheidet, sondern auch achten und ehren. Je länger Sie zusammenleben, je länger sie einander kennen mit allen Eigenheiten und Gewohnheiten, desto mehr wird es notwendig, den Respekt vor dem Geheimnis, das der andere auch ist, nicht zu verlieren, ihn zu achten und zu ehren, wie das Eheversprechen es nennt.

Dies geht, weil Sie in Liebe und Treue miteinander verbunden sind. Da wissen Sie, wo Sie hingehören. Das gibt den Raum, den anderen ein Geheimnis sein zu lassen, und nicht der Gefahr einer Liebe zu unterliegen, die klebt.

Da Sie einander vor Gott die Ehe versprechen, wissen Sie, daß Sie in dem anderen einen festen Halt haben. Manche haben Angst davor und empfinden das als Einengung. Deswegen heiraten Sie nicht. Für Sie beide bedeutet Heirat genau das Gegenteil: nämlich einen Bezugspunkt zu haben, einen Menschen zu haben, bei dem Sie zuhause sein können, ohne eingeschlossen zu werden. So gibt die Ehe Halt. Und der ermutigt zu neuen Schritten, neuen Entdeckungen, zum Überwinden von Schwierigkeiten, zum Um-

kehren aus Sackgassen. Viele Eheleute sind einander dankbar, weil sie ohne den Ehepartner zu manchen Unternehmungen in ihrem Leben sich nicht getraut hätten, in manchen schwierigen Situationen den Mut verloren hätten, bei Irrwegen die Kraft zur Umkehr und Neuanfang nicht gehabt hätten.
Da Sie vor Gott die Ehe schließen, wissen Sie, daß Sie auch in ihm Ihren Halt und bei ihm ein Zuhause haben. Dies ist beruhigend und ermutigend zugleich. Dies schafft innere Freiheit und Gelassenheit und ist zugleich Anstoß für die Treue und Liebe. Denn Menschen, die keinen Halt und kein Zuhause haben, sind oft anstrengend und ungenießbar und klammernd, weil immer alles auf dem Spiel steht. So kann der Glaube an Gott Ihre Ehe ein Stück entlasten, damit Sie einander nicht überfordern und die Kraft haben zu einer Liebe, die die Ehrfurcht und Achtung vor dem anderen nicht verliert. Gott ist nicht eine religiöse Beigabe für Ihre Hochzeit, sondern ein wichtiger Bestandteil Ihres Bundes. Möge Gott der Halt sein, der Sie ermutigt zu Vielem und Aufregendem in Ihrer Ehe und zu beruhigender und tragender Treue, die Ihnen »Ruhe und Sicherheit« schenkt auf dem Weg Ihrer gemeinsamen Zukunft.

Karl-Heinz Sülzenfuß

Selig, die dem »Zufall« trauen (Mt 5,3–12)

Als 30 bzw. 40jährige haben sich beide auf der Heimfahrt ins Oberland übers Wochenende an einer Ampel getroffen. Ein Paar, das sehr nüchtern an die Gestaltung seiner Partnerschaft herangeht.

Soweit nicht bekannt, muß ich die nicht ganz alltägliche Geschichte Ihrer Begegnung dieser Hochzeitsgemeinde erzählen. Sie waren im je eigenen Wagen auf der Wochenendheimfahrt in Ihr geliebtes Oberland. Vor Riedlingen mußten Sie halten – die Ampel zeigte rot. Sie, lieber Herr N. N., schauten in den Rückspiegel und sahen eine Frau am Steuer aus Friedrichshafen. Sie gaben im »Stuttgarter Wochenblatt« eine Annonce auf und Frau N. N. las sie zufällig. Wir freuen uns mit Ihnen über diese »Ampelkoalition«. Sie stellen die Ampel heute auf grün.
Nachher nehmen Sie viele Glückwünsche entgegen. Und wer heute nicht da sein kann, gratuliert Ihnen mit lieben Zeilen. Ich wünsche, daß diese Verwandten, Freunde und Bekannten Ihnen auch weiterhin zur Seite stehen.
Sie haben sich für Ihr gemeinsames Leben einen Glückwunsch Jesu ausgesucht, der als »Bergpredigt« vielen Christen vertraut ist. Er klingt schön. Täuschen wir uns aber nicht ob seines Anspruchs. Ich möchte Ihnen jetzt den Text lesen:

Mt 5,3–12 wird vorgetragen.

Alle acht Seligpreisungen können wir jetzt nicht bedenken. Alle zusammen geben einigermaßen wieder, was Nachfolge Jesu, Jüngerschaft, oder – wie wir heute sagen – Christsein bedeutet. Und das nun bezogen auf Ihre Ehe.
Sie haben sich nach der Ampel Zeit gelassen zum Kennenlernen. »Gut Ding will Weile haben«, sagten Sie sich. Und das aufgrund Ihres »Alters« – im Vergleich zu den Ehen jüngerer Jahrgänge.

»Selig, die arm sind vor Gott«

Arm sind wir alle nicht. Sie erfreuen sich einer gemütlichen Wohnung. Sie gehen gern Ihren Berufen als Ausbilderin von Krankenschwestern und als Diplomingenieur nach. Dennoch haben Sie sich »arm« erfunden: unser Menschsein ist bedürftig. Der Mann bedarf der Frau und die Frau des Mannes. So ist es von Gott eingerichtet und gefügt. Sie sehen Ihr Leben neu. Entdecken, was Ihrem Leben mangelt und wodurch es ergänzt werden kann. Sie haben füreinander eine Erwartung, von der Sie hoffen, daß sie eingelöst wird. Sie wissen aber auch, daß Ihre Bedürftigkeit letztlich nur durch Gott gestillt werden kann. Darum preist Jesus jene selig, die nicht alles vom anderen oder von sich erwarten.

»Selig, die Trauernden; denn sie werden getröstet werden«

Heute feiern Sie mit uns Ihr Glück. Wir alle wünschen Ihnen viele solcher Tage. Aber es gibt auch im Leben Zeiten und Stunden der Trauer. Traurig sind wir, wenn die Dinge des Lebens nicht aufgehen. Trauer überkommt uns zumal, wenn uns Liebende nicht trösten können; wenn wir unser liebstes Gegenüber nicht aufzurichten vermögen. Jesus ist gekommen, um die gebrochenen Herzen zu heilen. Deshalb berichten die Evangelien von Krankenheilung, Sündenvergebung, Totenerweckungen. »Wenn sich das nur an uns ereigne«, sagen wir uns in den Zeiten der Not und des Unvermögens. Als Partner müssen wir das auch einander sagen, wenn wir hilflos uns gegenüberstehen. Wenn das tröstliche auferbauende Wort ausbleibt. Die Geständnisse des Unvermögens sind nicht die schlechtesten Zeiten einer Ehe. Warten in Geduld heißt dann die Devise. Tränen sind möglicherweise die Einbruchstelle Gottes.

»Selig die Barmherzigen«

Eine Ehe aus Mitleid trägt nicht. Ganz stimmt das nicht. Denn zum Eros gehört die Caritas – beides übersetzen wir mit »Liebe«. Wie wäre es, wenn wir Eros und Caritas miteinander verbinden? Liebe ist ungestüm. Sie ist aber auch nachsichtig. Beider Art begegnen sich in der Treue. »Ich stehe zu dir auch dann, wenn die Möglichkeiten ausgereizt sind, wenn kein Neuland mehr zu entdecken ist.« Ich glaube, wir müssen spätestens dann in die Schule Jesu gehen, wenn wir lernen müssen, Böses nicht mit Bösem zu vergelten; wenn »wie du mir, so ich dir« zur Lebensmaxime zu werden droht. Wenn uns die Kraft zur Vergebung mangelt.

Das Erbarmen Gottes, das uns Jesus verkündet und vorgelebt hat, ist von anderer Art: Gott bleibt denen treu, die seine Zuwendung verwirkt haben. Seine Gerechtigkeit wird besiegt durch seine Barmherzigkeit. Damit sind wir an der Grenze des Menschenmöglichen. Sie wird uns aber abverlangt, weil wir in der Nachfolge Jesu stehen. Der Maßstab, der an uns Christen gelegt wird, geht über die Erwartungen hinaus, die Menschen im allgemeinen setzen.
Haben wir uns – wie Bergsteiger – in den Höhen verstiegen? Es sieht so aus.
Sie, liebes Brautpaar, stellen sich diesem Anspruch der Bergpredigt. Diese Hochzeitsgemeinde bittet, daß Sie im Lauf Ihres gemeinsamen Lebens diesen Wünschen Jesu genügen.

Heribert Feifel

Die Goldene Regel – gold-richtig leben (Mt 7,12)

Das Brautpaar hat beim Traugespräch wenig über die eigene Motivation erzählt. Sie sind dem Prediger kaum bekannt. Aus dem Gespräch ist zu schließen, daß sie wenig mit der Kirche zu tun haben. Die Bibel, die jedes Brautpaar geschenkt bekommt, wurde bewußt in die Predigt einbezogen. Vielleicht nehmen die beiden sie doch ab und zu in die Hand und lesen darin.

Ihr beginnt heute einen neuen Lebensabschnitt. Eure Zukunft liegt vor Euch wie ein großes unbeschriebenes Buch, in das Ihr beide die große Geschichte und die vielen kleinen Geschichten Eurer Ehe hineinschreiben werdet. Die Geschichte Eurer Liebe, Eurer Beziehung ist für Euch als glaubende Menschen die Liebesgeschichte Gottes mit Euch; manchmal vielleicht auch die Leidensgeschichte Gottes mit Euch. Es gibt ja keine Liebe, die an der Sorge und am Leiden, ja am Kreuz vorbeikommt. Einen Menschen lieben heißt immer auch, ihn gut »leiden« können, im wahrsten Sinne des Wortes.
Ein bereits geschriebenes Buch empfehle ich Euch für Euren gemeinsamen Weg in der Ehe. Ich möchte es Euch schenken und bitte Euch, auch darin zu lesen und es nicht einfach nur ins Regal zu stellen und dort verstauben zu lassen. Ein Buch, in dem viele Lebens-, Liebes-, Leidens- und Glaubensgeschichten von Frauen und Männern und einem ganzen Volk stehen: die Bibel. Es gibt keine menschliche Erfahrung, die diesem Buch fremd ist. Alles, was Menschen erleben, wie sie ringen und kämpfen, wie sie versagen und scheitern, wie sie mit Gott leben und immer wieder mit ihm neu anfangen und sich an ihn binden, das findet Ihr in diesem Buch.

Für diesen Gottesdienst soll uns ein einziger Satz aus diesem Buch genügen. Es steckt so viel Lebenserfahrung und Weisheit darin, daß ich ihn Euch als guten Rat für Eure Ehe ans Herz lege und empfehle. Die »Goldene Regel«, die uns bereits im Alten Testament begegnet und die Jesus aufgreift und unterstreicht. Die »Goldene Regel« hat ihren Namen von daher, daß etwas sehr Kostbares und Beständiges, ja ein Schatz und etwas immer Gültiges, ein bleibender Wert in ihr weitergegeben wird. Ihr

wollt in Eurer Ehe diese Goldene Regel im Auge behalten und einhalten, sie beachten und Euch in Eurem Verhalten von ihr leiten lassen als Richtschnur und Maßstab. Die Formulierung, wie wir sie eben von Jesus gehört haben, ist im Gegensatz zu der, die wir sonst kennen, positiv gefaßt. Im herkömmlichen Sprachgebrauch heißt sie ja: »Was du nicht willst, daß man dir tu, das füg auch keinem andern zu!« Jesus sagt: »Alles, was ihr von anderen erwartet, das tut auch ihnen!«
Wenn Ihr die Goldene Regel als roten Faden mitnehmt und behaltet, werdet Ihr Euch selbst und einander immer wieder sagen: Alles, was ich von meinem Partner erwarte, das will auch ich für ihn tun.
Ihr habt viele Vorstellungen und Erwartungen an Euer künftiges gemeinsames Leben, viele Pläne, was Ihr ähnlich oder ganz anders gestalten wollt, als Ihr es bei anderen Eheleuten seht. Es ist wichtig und notwendig, daß Ihr Euch genügend Zeit nehmt, über Eure Ziele und Ideale, über Eure Erwartungen und Erfahrungen zu sprechen. Es ist notwendig, daß Ihr einander Eure Wünsche und Träume für Eure Ehe erzählt und Eure Erwartungen aufeinander abstimmt, damit die jedes einzelnen zu gemeinsamen werden können. Partner sein heißt ja miteinander teilen, nicht nur die Wohnung und das Geschirr, nicht nur das Geld, sondern auch die Gedanken und Gefühle, die Wahrnehmungen und Empfindungen, die Träume und Enttäuschungen.

Wenn Ihr versucht, die Goldene Regel umzusetzen, sie hineinzuübersetzen in den Alltag Eurer Ehe, werdet Ihr merken, daß Ihr nicht vom anderen etwas erwartet, was er nicht geben kann.
Einen Menschen lieben kann bedeuten, zuvor-kommend zu sein, dem anderen entgegen zu kommen, den ersten Schritt zu tun; z. B. in einer angespannten und festgefahrenen Situation eines Gesprächs nicht auf seinem Recht oder seiner Meinung zu beharren, sondern nachzugeben und einzulenken. Dem anderen die Wahrheit, die eigene Einstellung nicht wie ein nasses Handtuch um die Ohren zu schlagen, sondern hinzuhalten und anzubieten, wie einen Mantel, in den er schlüpfen kann, oder auch nicht, wie Max Frisch es sagt.
Einen Menschen lieben, kann bedeuten, mit ihm zu streiten und um eine für beide gute, gemeinsame Lösung zu ringen. Das verlangt, daß sich jeder mit seinen Gedanken und Empfindungen

einbringt, sie dem anderen mit-teilt und deutlich macht, ja manchmal auch zumutet. Das kann auch heißen, den Schmerz und die Spannung des Verschieden- und Anders-seins zuzulassen und auszuhalten. Durch sein Anders-sein will der andere mich zunächst nicht verletzen, er will mir damit nicht weh tun, obwohl es mir weh tun kann.

Einen Menschen lieben kann bedeuten, aufmerksam und feinfühlig genug zu sein, auf seine jeweilige Verfassung und Stimmung zu achten, zu erspüren, was ihm jetzt gerade gut tut oder ihn belastet.

Einen Menschen lieben kann heißen, sich voneinander etwas wünschen, oder den anderen um etwas bitten, z. B. einen gemütlichen und freien Abend für ein gutes Gespräch, einen Besuch bei gemeinsamen Freunden, jemanden einladen, einen Konzert- oder Theaterbesuch, eine Reise planen, in der Wohnung etwas verändern oder gestalten.

Einen Menschen lieben kann bedeuten, gemeinsam zu lernen, wie Ihr Euer Verhalten in bestimmten Situationen, z. B. beim Aufstehen in der Frühe oder beim Heimkommen von der Arbeit am Abend, so aufeinander abstimmen könnt, daß keiner dabei den anderen unnötig nervt oder stört oder ärgert.

Einen Menschen lieben könnte auch heißen, aus Fehlern zu lernen, einander wirklich zu verzeihen und so einen Neuanfang zu ermöglichen. Den anderen um Vergebung bitten und ihm auch Vergebung schenken. »Ich bin dir wieder gut!« Oder: »Es tut mir leid!« Diese Worte auch über die Lippen zu bringen und voneinander und miteinander zu erfahren, wie neues Leben möglich wird, wie viele schöpferische und gute Kräfte in Euch stecken und durch diese Worte zum Leben erweckt werden.

Die »Goldene Regel« will Euch helfen, daß Ihr Euch gegenseitig erinnert und nicht vergeßt, genügend Zeit füreinander zu haben, aber auch dem anderen die Zeit zu lassen, die er für sich selbst braucht.

Die »Goldene Regel« will Euch helfen, daß Ihr das richtige, das gold-richtige Maß findet für die Nähe und den Freiraum, für das Tun und das Lassen, für das Reden und Schweigen, für das Gemeinsame und das jedem Eigene, für Euch und für Gott.

Paul Weismantel

Miteinander verwurzelt sein und sich doch frei entfalten können (Mt 13,31–32)

Das Brautpaar ist kirchlich sehr engagiert, die Braut lange Zeit in der kirchlichen Jugendarbeit und jetzt als Religionslehrerin. Der Schritt, sich kirchlich zu trauen, wurde sehr bewußt und auch erst vollzogen, nachdem das Brautpaar schon geraume Zeit standesamtlich verheiratet war und sich über den Sohn Marius freuen konnte. Das Brautpaar wollte am Symbol des Baumes seine kirchliche Trauung festmachen. Dazu suchte es sich Mt 13,31–32 als Schrifttext aus. Während der Trauung pflanzten Kinder Samenkörner in eine Blumenschale und schenkten diese dem Brautpaar. Bei der Hochzeitsfeier wurde dann noch ein Baum gepflanzt. Das Liedblatt hatte als Titelbild zwei Bäume, deren Äste ineinander verwachsen waren. Vor den Bäumen stand ein antikes Modell eines Kinderwagens.

Wenn ich das Titelbild Eures schön gestalteten Liedblattes anschaue, dann sehe ich Euch drei darauf. Zwei Lebensbäume in ihrer je verschiedenen Art wachsen ineinander, verwurzeln sich, geben sich gegenseitig Halt, lassen aber gegenseitig dem anderen Baum die Freiheit, sich frei zu entfalten. Und in der Mitte gleichsam die Freude Eurer Lebensbäume – die Frucht des Miteinander-verwurzelt-seins – ein Kinderwagen, aus dem Euer Kind fast schon hinausgewachsen ist. Was das Baumbild uns zeigt, habt Ihr über Eure Trauung – mehr noch über Eure Ehe unübersehbar geschrieben: »Miteinander verwurzelt sein und sich doch frei entfalten können.« Nur so wachsen Bäume in den Himmel, nur so gelingt eine gute Partnerschaft, eine gute Ehe und Familie, nur so bleibt Ihr im Glück, und Eure gegenseitige Liebe wächst zu einem gemeinsamen Liebes- und Ehebaum zusammen. Auch mir kommen beim Anblick von Bäumen Begriffe wie Lebendigkeit, Wachsen, Fruchtbarkeit, Frühlingserwachen und nicht zuletzt Hochzeit, Ehe und Familie in den Sinn.
Wohl deshalb gefällt Euch ganz besonders das Bild des Baumes. Wohl deshalb wollt Ihr nachher einen Baum in Eurem Garten pflanzen. Das Bild des Baumes ist für Euch ein sehr wichtiges Bild – ein Bild, auf dem Ihr Euch selbst mit Eurem kleinen Sohn seht, auf dem Ihr Eure eheliche Zukunft sehr realistisch vor Augen habt. In seiner Lebendigkeit bringt der Baum viele zum Staunen. Vom Gipfel bis zu den Wurzeln ist der Baum durch und

durch – wie Ihr drei – lebendig. Seine Lebenskraft entnimmt er allen vier Elementen. Mit den Wurzeln lebt er in der Erde und im Wasser, mit der Krone im Sonnenlicht und in der Luft. Der Stamm ist der Mittler zwischen dem Unteren und dem Oberen. Der Baum steht still und aufrecht da. Nur manchmal wird er vom Winde bewegt, aber – und das ist auch eine sehr schöne Beobachtung – er ändert und verändert sich fortwährend bis zu seinem allmählichen Absterben. Er wächst hoch und höher zum Licht und muß gelegentlich zurechtgestutzt werden; er verwurzelt sich aber auch immer tiefer im Erdreich. Jahresringe des Stammes zeigen sein Alter und seine Geschichte an, zeigen gute und weniger gute Jahre. Auch im Lauf der Jahreszeiten verändert er sich. Im Frühjahr blüht er wunderschön, im Sommer steht er im saftigen Grün da, im Herbst legt er ein buntes Kleid an, bringt Früchte hervor und läßt dann auch seine buntgefärbten Blätter zu Boden fallen. Natürlich gibt es auch in jedem Jahr die Winterszeit, die jeden Laubbaum recht kahl und leer, ausgetrocknet und leblos erscheinen läßt.
So wie jeder Baum ständig Wachstums- und Verwandlungsprozessen ausgesetzt ist, so wird es ähnlich in Eurer Ehe, in Eurer Familie sein. Das macht die Ehe und Familie wohl erst interessant und lebendig, und all die Wachstums- und Verwandlungsprozesse sind auch bei Euch genauso von Vorteil wie in der Natur bei Bäumen. Was wäre auch das für eine Ehe, die sich nicht ständig wandelt und verwandelt! Schnell würde dann die Zeit der Traurigkeit, der Langeweile und die Zeit der Verkümmerung aufkommen. Ich bin sicher, daß auch Eure miteinander verwurzelten Lebensbäume – Euer gemeinsamer Ehe- und Familienbaum – sowohl Frühling, Sommer, Herbst wie Winter kennt, all diese Jahreszeiten schon durchlebt hat und immer wieder von neuem durchleben wird. Euer Ehe- und Familienbaum zeigt heute den Frühling an. In voller Blüte, in vollem Glanze strahlt Euer Liebesbaum heute Freude, Zufriedenheit und Glück aus. Neben dem Frühling gibt es auch den Sommer in Eurer Ehe – die Zeit, in der es heiß ist, in der Ihr zum Schwitzen kommt und Euch nach erfrischenden Wasserquellen umschaut. Auch der Herbst meldet sich an, und so manche Früchte und »Früchtchen« wachsen in Eurer Familie genauso toll heran, wie Ihr es schon bei Eurem kleinen Sohn erleben könnt. Ja, dann wird Euer wunderschön blühender Ehebaum noch lebendiger, bunter und farbenprächtiger als zuvor.

Ich will Euren Ehebaum nicht nur glorifizieren, denn in den besten Ehen und Familien gibt es nicht nur Frühling, Sommer und Herbst, nein, auch der Winter bleibt nicht aus. Es wird Zeiten geben, in denen Euer heute so schön blühender Ehebaum leblos, farblos und kahl zu sein scheint. Es wird Zeiten geben, in denen kein grünes Hoffnungsblatt an Liebe und Glück erinnert, in denen sich vielleicht auch Euer Verhältnis zueinander manchmal eher frostig und unterkühlt zeigt, in denen Ihr auch blockiert seid, Euch frei zu entfalten. Solche Winterzeiten sind nicht nur für die Bäume in der Natur wichtig, sie sind auch wichtig für Euren ehelichen Liebesbaum. Gerade ein strenger Winter garantiert, daß der Baum in der Natur von all seinen Schädlingen befreit wird. Nach einem Winter könnt Ihr Euch jetzt schon auf den Frühling freuen, und ich bin sicher, daß Ihr dann noch verwurzelter seid und Euch noch freier entfalten könnt als bisher.

Damit Ihr fest verwurzelt bleibt und Ihr Euch frei entfalten könnt, ist das Familienklima – wie die Umwelt drum herum – mehr als prägend und wichtig. Wenn Ihr gegenseitig Toleranz übt, eine gesunde Streitkultur pflegt, den Partner nicht gängelt, sondern trotz tiefer Verwurzelung seine Äste in den Himmel wachsen laßt, dann glückt Eure Partnerschaft.

Viel hängt auch von Eurer Umwelt ab, damit es in Eurer Ehe immer wieder Frühling, Sommer, Herbst und Winter wird. Eltern, Freunde und Freundinnen, Menschen, die Euch viel bedeuten und die zum großen Teil auch heute hier sind, können für Euren Ehebaum »Sonne« sein. Welcher Baum wächst schon ohne Licht und Sonne? Oder sie können Euch Wasser sein, auch wenn sie Euch gelegentlich im Regen stehen lassen. Nur so verdorren nicht Eure Blätter, nur so behalten Eure Blätter am Ehebaum satte Farben, nur so wachsen weitere Früchte heran.

Nun, laßt so Euren Ehebaum wachsen, auch wenn Ihr jetzt noch nicht wißt, wie er wächst. Ihr könnt darauf vertrauen, daß er die Gabe der Verwandlung hat. So schwindet Euer gegenseitiges Glück nicht, und keiner von Euch beiden kommt dann in die Verlegenheit, die Axt an den Ehebaum zu legen, damit Euch nur noch ein lebloser Stumpf an vergangenes Glück – an vergangene Liebe erinnert. Gut tut es allerdings hin und wieder auch Eurem Liebes- und Ehebaum, daß trotz freier Entfaltung so manche morschen Äste zurechtgestutzt und ausgeschnitten werden.

Auch die Bibel verwendet sehr häufig das Bild des Baumes um auszudrücken: Wer auf Gott hofft, auf ihn setzt und sich in seinem Wort verwurzelt weiß, der wird zu einem großen und herrlich blühenden Baum. So unterstreicht dies schon der Prophet Jeremia im Alten Testament: »Gesegnet der Mensch, der auf den Herrn sich verläßt und dessen Hoffnung der Herr ist. Er ist wie ein Baum, der am Wasser gepflanzt ist und am Bach seine Wurzeln ausstreckt. Er hat nichts zu fürchten, wenn Hitze kommt; seine Blätter bleiben grün; auch in einem trockenen Jahr ist er ohne Sorge, unablässig bringt er seine Früchte« (Jer 17,7–8).
Für mich heißt das: Wer hofft, lebt im Bund mit Gott, erwartet noch etwas von der Zukunft, kann noch träumen und gibt sich nicht mit widrigen Verhältnissen zufrieden, die sich in den besten Familien einschleichen. Wer hofft, der ist sicher, daß es sich lohnt, immer wieder neu anzufangen mit Gott, mit dem Partner, mit sich selbst. Wer hofft, der ist wie ein Baum, der blüht – er streckt sich dem Licht entgegen und verbindet Erde und Himmel.
Ihr beide steht heute strahlend voller Hoffnung am Traualtar. Aus einem kleinen Samenkorn – einem zuerst unscheinbaren Anfang bei einem Vortrag, bei dem Ihr Euch kennengelernt habt – fing Eure Liebe an zu reifen, und fast wie ein Wunder habt Ihr es dann empfunden, daß dieses Samenkorn als hochexplosives Leben und Liebe sich entwickelte. Eure Lebensbäume wuchsen so immer mehr zusammen, verwurzelten sich und wurden zum großen Ehe- und Familienbaum. Was Ihr selbst an Euch erfahren habt, durftet Ihr auch an Eurem Kind erfahren. So erzählt es auch Euer ausgesuchtes Trauevangelium, das Gleichnis vom Senfkorn. Dieses Gleichnis erinnert Euch zum einen an die Anfänge Eures Verwurzeltwerdens, Eures Wachsens und Reifens in der Liebe, zum anderen wird die Geschichte vom Senfkorn sich wohl noch oft in Eurer Ehe und Familie wiederholen. Immer wieder wird es unbedeutende Anfänge geben müssen, aus denen dann was Wunderbares heranreift.
Bei jedem Anfang gibt es auch Zweifel. Bis zum Entschluß: »Jetzt heiraten wir kirchlich«, kamen bei Euch so manche Zweifel und Fragen auf: Habe ich mit N. N. wirklich auf die richtige Karte gesetzt? Ist N. N. wirklich meine Frau für's Leben? Können wir wirklich auch weiterhin lebenslang uns miteinander verwurzeln und uns trotzdem frei entfalten?

Ganz ähnlich ging es auch den Jüngern, bevor sie sich ganz auf Jesus einließen. Auch sie überlegten – oft gerade dann, wenn Jesus sich nicht ganz nach ihren Vorstellungen verhielt –, ob sie wirklich mit ihm auf die richtige Karte gesetzt hatten. Sie fragten weiter: Wo liegt denn nun das Reich Gottes, von dem er dauernd redet? In diese Situation hinein erzählt Jesus das Senfkorngleichnis und erklärt damit: Wer dieses winzige Korn in den Boden steckt und geduldig wartet, der wird erleben, daß im Laufe der Zeit ein 3–4 m hoher Baum wächst. Jesus will seinen Jüngern Mut machen und Hoffnung schenken. Und auch Ihr werdet Euch eingestehen, daß Ihr – wenn Ihr auch vor der heutigen Trauung schon solche Senfkorngeschichten an Euch selbst erfahren habt – vielleicht gerade heute Mut und Hoffnung tanken müßt. Ja, ich bin mir sicher, daß sich auch in Eurer Ehe die Geschichte vom Senfkorn ständig wiederholen wird. Immer wieder wird es neue und recht bescheidene Anfänge in Eurer Ehe geben. In Krisenzeiten, in Zeiten, in denen Euer Liebes- und Ehebaum eher am Absterben als am Blühen ist; in Zeiten, in denen auch innerhalb der Ehe Zweifel aufkommen, ob der heutige Schritt wirklich richtig war, sollt Ihr Euch besonders an dieses Gleichnis erinnern und einen neuen Anfang wagen. Auch wiederholt sich die Geschichte vom Senfkorn, wenn sich nochmals ein Kind ansagt, wenn ein unscheinbarer Anfang sich entwickelt zu einer wichtigen und guten Frucht Eures Ehebaumes. Ihr müßt warten und, wie Eure partnerschaftliche Liebe auch, Euer Kind hegen und pflegen, bis es zu einem erwachsenen Menschen emporgewachsen ist, bis aus dem kleinen Senf- und Samenkorn ein blühender Baum heranreift. Den Mut haben, immer wieder gemeinsam neue Anfänge zu wagen, ist Voraussetzung, daß auch nach Jahren Euer Ehebaum in voller Blüte dasteht. Ihr müßt die kleinen Schritte wagen und nicht bei Gefahr und Krisen stehenbleiben. Ihr werdet nicht von Gefahren und Krisen überrollt, wenn Ihr Glauben und Vertrauen habt, wenn Ihr Kraft und Zuversicht gerade auch von Christus bezieht. Er ist da – er steht zu Euch. Er begleitet Euch und geht mit Euch. Er wird helfen, daß viele Neuanfänge – viele Senfkörner – zum blühenden Ast oder Baum in Eurer Ehe und Familie werden. Amen.

Franz Keil

Das Vaterunser als Programmbitte christlicher Eheleute (Lk 11,1–4; Gen 1,24–31)

Die beiden sind seit Jahren sehr engagiert in der katholischen Hochschulgemeinde, und ich kenne sie als dortiger Studentenpfarrer persönlich sehr gut. Sie ist Theologin (noch im Studium), er Naturwissenschaftler (abgeschlossen). Sie wollen ganz bewußt die kirchliche Trauung als Eingangstor zu einem christlichen Familien- und Berufsleben.

Wie es sich gehört, da es ja Ihre Trauung ist, die es vorzubereiten galt, hatte ich Sie gebeten, selbst Texte aus der Bibel auszusuchen, Texte, die Sie besonders ansprechen, in denen Sie sich ganz und selbst wiederfinden: Ihre Liebe, Ihre Hoffnungen, Ihren, wenn ich so sagen darf, Lebensentwurf. Und was brachten Sie mir dann an!? Das Vaterunser, also den Text, den alle Christen in jeder Situation, von der Geburt bis zum Tod, Sonntag wie Werktag, sprechen. Einen allgemeineren Text gibt es doch nicht in der Bibel!
Das war, hoffentlich hatten Sie es damals nicht gemerkt, meine erste Reaktion; und dann habe ich mich hingesetzt und überlegt, was ich Ihnen von diesem Text aus sagen, als Botschaft Gottes für Sie in dieser Stunde künden soll. Und je länger ich dasaß, nachdachte, desto mehr gefiel mir Ihre Wahl, desto mehr wurde er mir zum Hochzeitstext, zur Programmansage und Programmbitte um eine aus dem Geiste Jesu Christi gelebte Ehe.
Deshalb gehe ich jetzt einfach dieses Gebet des Herrn durch, Punkt für Punkt:

Vater, dein Name werde geheiligt!

Wie soll das gehen? Die erste und grundlegende Antwort steht für mich in der Lesung, im Schöpfungshymnus: »Gott schuf den Menschen als sein Abbild; als Abbild Gottes schuf er ihn, als Mann und Frau schuf er sie.« Gott will sich finden, Gott will sich selbst erkennen und erkannt werden im Menschen als Mann und Frau, in der lebendigen Gemeinschaft von Mann und Frau.

Wo also Mann und Frau in schenkender Liebe aufeinander zugehen, miteinander schöpferisch ihr Leben gestalten, da bekennen sie und stellen zugleich leibhaftig dar Gott den Schöpfer, da heiligen sie den Namen – und das heißt im biblischen Verständnis das Wesen Gottes, ja Gott selbst. Denn sein Wesen, das ist eben, daß er nicht bei sich bleibt, sondern aus sich herausgeht und Welt schafft. Leben schafft, den Menschen schafft als sein Bild und als seinen Partner. Ein anderes Wort dafür ist Liebe.
Indem Sie beide aus sich herausgehen, sich einander öffnen und schenken, verwirklichen Sie sich grundlegend als Bild Gottes und heiligen dadurch den Namen Gottes, des liebenden Schöpfergottes.
Vater, heilige durch diese beiden deinen Namen!

Dein Reich komme!

Was Gott in der Schöpfung begonnen hat, vollendet er im Kommen Jesu Christi, der das vollkommene Bild Gottes ist, der neue Mensch, wie Paulus schreibt. In ihm ist das Reich Gottes ganz nahe gekommen, ein für allemal. Wir, die wir als Brüder und Schwestern Jesu Christi nun in ganz neuer Weise Bild Gottes sind, sind gerufen und berufen, dieses Reich Gottes mit aufzubauen. Deshalb sagt Paulus einmal: »In Christus Jesus seid ihr eine neue Schöpfung.«
Und dieses Reich Gottes, ja was ist das?
Jesus hat immer wieder Gleichnisse erzählt, um zu zeigen, was es mit dem Reich Gottes auf sich hat. Und so helfen auch heute keine gescheiten Ausführungen und Predigten *über* das Reich Gottes. Was wir brauchen, was die Menschen suchen, das sind Gleichnisse, lebendige Bilder und Darstellungen, so daß die Leute erstaunt und beglückt ausrufen: Ja, das ist es!
Liebe N. N., lieber N. N., seien Sie so ein Gleichnis des Reiches Gottes! Erzählen Sie sich gegenseitig und Ihren Kindern und all den Menschen an Ihrem Lebensweg, was das mit dem Reich Gottes auf sich hat: durch Ihr Leben und Tun und Wirken und Lieben und Schaffen und Leiden und Weinen und Lachen. Einfach so, wie bei Jesus der Bauer, die Hausfrau, der Kaufmann, der Diener, der Gastgeber durch ihr alltägliches Tun zu Gleichnissen des Reiches Gottes wurden.
Vater, dein Reich komme durch diese beiden da!

Gib uns täglich das Brot, das wir brauchen!

Das Reich Gottes ist also nicht etwas Fernes, ganz Ausständiges. Vielmehr wächst es auf dieser Erde mitten unter uns, in unserem Alltag, heute, morgen, übermorgen. Darum geht es in dieser Bitte: um das täglich Notwendige. Und es ist gut, daß Sie Ihre Ehe von Anfang an nüchtern und bescheiden in diese Perspektive stellen: Bittende und Empfangende sind wir, auch und gerade in dem, was wir selbst schaffen. Wir sind uns selbst Geschenk. Nur wer das weiß, in seinem Kopf und in seinem Herzen, und sich immer wieder dazu bekennt und bekehrt, ist oder wird auch fähig, sich vom Partner beschenken zu lassen und sich dem Partner zu schenken »zu Lehen«, wie es auf Ihrer Hochzeitskarte heißt: »Hast du mich zu Lehn genommen, hab zu Lehn dich überkommen« (Bergengruen).
Vater, gib diesen beiden täglich das, was sie brauchen!

Und erlaß uns unsere Sünden, denn auch wir erlassen jedem, was er uns schuldig ist!

Sünde und Schuld: auch dies sind Realitäten in jeder Partnerschaft und Ehe. Sinnlos, dies übersehen oder verdrängen zu wollen. Menschen werden aneinander schuldig, und je mehr sie füreinander da sein wollen, je näher sie sich stehen, je ungeschützter sie sich einander aussetzen, desto verwundbarer werden sie, desto mehr leiden sie aneinander, wenn der eine oder die andere versagt, sich versagt. Oh, es sind oft Kleinigkeiten – von außen gesehen; aber fein empfindet die Liebe und schnell fühlt sie sich bedroht. Woher dann die Kraft und den Mut nehmen zum Neuanfang, zum neuen schöpferischen Ja, wie Sie es heute sprechen?
Nicht aus sich, nicht aus dem anderen. Aber einer hat uns angenommen und bejaht, da wir fern waren und abgekehrt. Besser: einer nimmt uns an, da wir fern sind und abgekehrt: Gott in Jesus Christus, unserem Bruder. Und da mag dann jener wunderbare Kreislauf der Neuschöpfung anheben: Weil ich mich von Gott, dem Vater, in Jesus Christus angenommen weiß, habe ich Mut und Kraft, den anderen – Schuldiggewordenen – anzunehmen, ihm neues Leben zu eröffnen, neues Leben mit mir, erfahre mich deshalb selbst als Beschenkten, als Angenommenen: ange-

nommen von dem, der meine Vergebung annimmt. Und darin erfahren wir uns beide neu von Gott angenommen. So kann eheliche Gemeinschaft gerade in der gemeinsam durchgetragenen Erfahrung von Versagen und Sünde zum Ort der Erfahrung von Erlösung und Gnade werden, zum Sakrament – d. h. wirksamen Zeichen – der bergenden Nähe dessen, der sein schöpferisches Wirken »Laßt uns Menschen machen als unser Abbild« vollendet hat durch den Kreuztod und die Auferweckung Jesu, in dem er uns ein für allemal angenommen hat als seine Kinder, so daß wir nun rufen dürfen: Abba, Vater!

Daß Sie dieses: Abba, Vater! ein Leben lang gemeinsam sagen können, das ist mein einziger Wunsch für Sie in dieser Stunde, alles andere wird Ihnen, nach der Verheißung Jesu, hinzugegeben.

P. Helmut Schmitt SJ

Und das (Ja-)Wort ist Mensch geworden (Joh 1,1–18)

Der Bräutigam ist seit seiner Jugendzeit engagierter Mitarbeiter in vielen Bereichen seiner Heimatgemeinde. Es war abzusehen, daß die Hochzeit ein »Gemeindefest« werden würde. Gerade deshalb war es dem Hochzeitspaar wichtig, daß es im Predigttext das zum Ausdruck bringen konnte, was ihre ganz persönliche Glaubensüberzeugung und Hoffnung auf die Ehe hin ist. In intensiven Vorbereitungsgesprächen wurde das Evangelium erschlossen und auf seine Perspektive für Ehe und Familie hin gedeutet. Beide sind theologisch und biblisch sehr interessiert und »erfahren«.

Das Versprechen, das Ihr Euch heute gebt, und die Deutung, die Ihr durch die Wahl dieses Evangeliums gewählt habt, verdeutlichen Euch und uns, wie Ihr Leben versteht, wie Ihr es gestalten und leben wollt, worauf Ihr lebt und von woher Ihr lebt. Es ist ein Bekenntnis Eures Glaubens an den Gott, der der Gott der Menschen ist, der gar nicht anders verstanden werden kann als ein Gott, der in Beziehungen zu uns Menschen ist, der Gott, der die menschlichste Form aller Beziehungen gewählt hat: der selber Mensch geworden ist.
Der Evangelist Johannes hat dieses Bekenntnis, das wir sonst von Weihnachten her gewohnt sind, formuliert und verkündigt, und Ihr schließt Euch ihm an und wollt seine gültige und befreiende Orientierung übernehmen.

Zum einen: Der Himmel ist offen. Gott ist nicht bei sich geblieben. Er hat sich an den Menschen gebunden. Ein Kind, ein Mensch, Jesus von Nazaret: der eingefleischte Gott. Einer, der Gott in Fleisch und Blut in sich hat, der mit Haut und Haaren, mit seinem ganzen Leben aus Gott lebt, nicht mehr fremdbestimmt und »ferngesteuert«, sondern das ist, was er ist: Gottes Kind, Gott.

Und weiter deutet Johannes:
Gott klopft beim Menschen an, er wirbt nicht nur mit irgendwelchen Angeboten. Gott bittet um Einlaß, er fragt den Menschen, ob er ihm Platz macht. Gott will Wohnung bei den Menschen nehmen, unter ihnen »zelten« – N. N., Du weißt aus

Deinen vielen Zeltlagererfahrungen, was das bedeutet. Gott will dort sein, wo er hingehört: bei den Menschen. Und er macht es nicht nach dem Motto: Platz da, weg, ich komme, geh mir aus dem Weg, auf die Seite!
Sondern so: Maria, gibt es einen Platz in deinem Herzen, einen Platz für mich? Ihr Leute von Betlehem – habt ihr wenigstens etwas Platz für mich oder seid ihr total »besetzt«? Ihr Menschen, wieviel Platz räumt ihr mir ein? Kann ich bei euch unterkommen? Gibt es Raum für mich in eurer Wohnung, eurem Terminkalender, eurer beruflichen Tätigkeit, eurem Planen und eurem Feiern?

Und damit ist die Auseinandersetzung angesagt: Da sind Menschen, die ihre Plätze eingenommen, sich eingerichtet und etabliert haben – mit Macht und Einfluß, mit Geld und Besitz, mit ihren Normen und Gesetzen. Es sind Staatsmänner und Bürgerinnen und Bürger, Katholiken und Protestanten, Leute aus Betlehem und Leute aus Eurer Stadt, junge und alte, Selbständige und Angestellte, alles Leute, die ihren Platz gefunden und sich ihn erobert haben, die ihren Stammplatz nicht nur am Stammtisch haben, sondern die auch ihren Arbeitsplatz, ihren Parkplatz, ihren Theaterplatz . . . haben. Sie haben Platz genommen bei dem, was für sie wichtig geworden ist: bei ihrem Beruf, ihrer Stellung in der Gemeinde und in der Stadt, bei dem, was sie geschafft und was sie sich angeschafft haben.
Und da sind die anderen, die keinen Platz haben: die sogenannten Aussteiger, die Arbeitslosen und die Streikenden, die Kranken und die Kinder – auch viele ungeborene –, Ausländer und Wohnungssuchende . . . die Hirten auf dem Feld in Betlehem damals und die draußen heute.

Die Lebensgeschichte der Menschen, Eure und unsere Geschichte, geht weiter: Die Menschen reagieren auf diesen Gott, sie verhalten sich und erwidern sein In-Beziehung-Treten. Die Mächtigen bekommen Angst, sie reagieren aggressiv und unangemessen, sie lassen die aus der Welt schaffen, von denen sie meinen, daß sie ihnen gefährlich werden könnten, weil ihnen das zu unbequem, zu herausfordernd ist: sich liebevoll zum anderen hinunterbeugen müssen, an den kleinen Anfang und das Wachsen in Hoffnung vertrauen müssen, unbewaffnet und mit

offenen Armen den anderen auffangen – wie das nur Liebende können.
Und die anderen, die Bescheidenen, die Armen, die, die sich beschenken lassen können: Sie haben noch Platz für diese neue Lebensbotschaft; sie machen sich auf, suchen nach dem aufgegangenen Licht; sie haben Hoffnungen und Sehnsüchte, die weit über das abgesteckte Umfeld hinausgehen. Sie wagen sich hinaus und finden zu sich, indem sie den finden, der als der Gott-mit-uns vor ihnen liegt.
Dieses Platznehmen Gottes unter seinen Menschen, seine Mensch-werdung, geht heute weiter. Gott sucht Menschen, die nicht zumachen, wenn es bei ihnen anklopft, sondern die sich dem Du öffnen – alltäglich, in kleinen Gesten und Zeichen, in Worten und Taten.

Gott sucht Menschen, die zu eingefleischten Christen werden und denen man es dann anmerkt, daß er ihnen in Fleisch und Blut übergegangen ist.
Der zur Liebe befreiende Gott sucht Menschen, die der Menschwerdung Raum lassen und im Glück des anderen zu ihrer wahren Bestimmung finden.
Liebe N. N., lieber N. N., Ihr habt Euch diesen anspruchsvollen Text ausgewählt, und Ihr fühlt Euch herausgefordert von seiner unmißverständlichen Botschaft.
Über Eurem »Ja«, das Ihr einander in diesem feierlichen Gottesdienst vor der großen festlichen Gemeinde heute gebt, steht diese Verheißung:
Gott nimmt Platz bei und unter Euch. Das ist tröstlich und ermutigend in Eure Pläne und Euer Schaffen hinein.
Laßt Gott diesen Platz, den Ihr ihm heute gebt: vor allem anderen, was Ihr heute noch sagt, tut, aufnehmt und weitergebt.
Nehmt Euch gegenseitig weiter mit auf diesem Weg zur Menschwerdung – wo einer für die andere ein offenes Ohr, einen wachen Blick und ein aufnahmebereites Herz hat und wo eine dem anderen mit zärtlichen offenen Armen sagen kann: Du, wir gehören zusammen und ich stehe zu Dir.
Gottes Segen sagt Euch und uns heute, daß es ein Segen ist, daß Ihr miteinander Menschen werden wollt, Menschen, die aus seiner Gnade leben und deshalb auch immer wieder gnädig sein können.

Ihr steckt Euch heute öffentlich Eure Ringe an: Vertraut in Eurer Liebe dem, dem Ihr entgegen gegangen seid, als Ihr vorhin zur Kirche hereinkamt: dem gekreuzigten und lebendigen Herrn, der seine Arme weit ausgespannt hat, um Euch an sich zu ziehen, damit auch Ihr anziehend bleibt füreinander und für viele andere – denn wir leben auch und gerade davon, daß uns Menschen bei sich sein und leben lassen. »Und das Wort ist Fleisch, Mensch, Leben und Liebe geworden« – geb's Gott, daß Euer »Ja« Euch und viele andere, die zu Euch gehören und für die Ihr da sein wollt, zum Menschsein, zur Hoffnung und zur Liebe befreit.

Wolfgang Tripp

»Am größten aber ist die Liebe«

Liebe, Glück und Befreiung als Geschenk
und Geheimnis

Lied der Liebe – ein Leben lang (Ps 92,2)

Das Hochzeitspaar hat sich im gemeinsamen Musikverein kennengelernt und fand über die religiöse Musik auch einen Ausdruck für den persönlichen Glauben. In den Liedern und Melodien jugendlicher Gottesdienstgestaltung zeigt sich eine Möglichkeit, den Glauben zu modernisieren und auf die eigene Situation anzuwenden, ohne mit der Abwendung von den traditionellen Formen und Aussagen alles zu verlieren.

Eine Hochzeit steht, man sieht's an diesem Brautpaar, ganz im Zeichen der Freude. In ihr wird nicht nur der Sieg über die gewonnene Liebe und ihren Weg bis her zum Traualtar gefeiert, in ihr steckt auch die Vorfreude auf das kommende Glück. Gefeiert wird die Liebe, die sich gefunden hat und die Ja sagt. Bejaht wird die Dauer der Liebe. Sie sucht die Dauer und will sich deshalb Treue schenken. Ein Fest feiern kann aber nur, wer zuversichtlich in die Zukunft schauen kann, wer sich nicht nur als Wagnis, sondern schon als Gabe und Geschenk erfährt. Dies ist aber gerade das Wesen der Liebe, daß sie sich schenkt.

Isolation wird überwunden

So singen wir, weil wir glücklich sind, aber auch, weil wir Grund zum Singen haben. Der Grund liegt im Geschenk der Zukunft und im Geschenk der Liebe. Beide, Braut und Bräutigam, haben es mit der Musik zu tun. Beim Musizieren haben sie sich kennengelernt. Die Musik ist ein Ausdruck ihrer Gemeinsamkeit und Liebe, aber in ihr sehen sie auch Ausdruck einer Zuversicht, in der sie den Alltag miteinander bewältigen wollen. In der Liebe wie in der Musik haben sie erfahren, daß die Grenzen der Isolation und Abgetrenntheit überwunden werden. »Die Liebe läßt den Menschen das Gefühl der Isolation und Abgetrenntheit überwinden und erlaubt ihm trotzdem, er selbst zu sein und seine Integrität zu behalten. In der Liebe kommt es zu dem Paradoxen, daß zwei Wesen eins werden und trotzdem zwei bleiben.«*

* Erich Fromm, Die Kunst des Liebens, Stuttgart [7]1990, S. 31.

Liebe am Ursprung der Musik

So gehört seit alters her zu einer Hochzeit Musik. Man singt und tanzt. Die Griechen erzählen, daß der Ursprung der Musik in der Sehnsucht der Liebe ruht. Eines Tages stellt der Gott Pan, der bei den Hirten zu Hause ist, einer Nymphe nach, die bei Bäumen und beim Wasser zu Hause ist. Er kann sie nicht fassen, weil sie sich in Wellen verwandelt, er greift nach ihr und hält nur Schilfrohre in der Hand. Nun fängt er an zu klagen um die verlorene Geliebte. Da erzeugt ein Windhauch Töne. Die Melodie schafft ihm Trost. Die Geliebte kann er nicht fassen, aber in seinen Händen bleibt die Rohrflöte und die erste Musik. Die Töne sprechen aus, was den Menschen zuinnerst an Sehnsucht und Liebe bewegt. So kann die Liebe auch nicht alles sagen, was sie fühlt, und dennoch muß sie sich ausdrücken und Töne und Worte finden. Das Ja dieser Stunde spricht die Liebe beider Menschen aus und kann doch nicht alles aufzählen, was war, und bis ins Einzelne versprechen oder vorsprechen, vorausdenken, was sein wird. Darum hilft die Musik auszudrücken, was Liebe sein will: Zusammenklingen der Melodien, eine Harmonie des Lebens, eine Sehnsucht nach Einheit, wie es die Bibel schon in den ersten Seiten ausdrückt; darum wird der Mann Vater und Mutter verlassen und sich an seine Frau binden und sie werden ein Fleisch, eine Einheit sein (Gen 2,24).
Dieses Band ist aber ein geistiges Ereignis und nicht einfach nur ein natürlicher Zusammenhang. Es umfaßt das Wesen des Menschen, seine Person, seine Zukunft, seine Empfindungen, sein Glück und seine Kraft, das Leben zu gestalten. Von Richard Wagner gibt es den berühmten Satz: »Ich kann den Geist der Musik nicht anders fassen, als in Liebe.« Diese umfassende Kraft will die Liebe sein.

Einswerden und trotzdem zwei sein

Reife Liebe, um noch einmal den großen Seelenkenner und Analytiker Erich Fromm zu zitieren, aber will nicht einfach Verschmelzung sein, wie ja die Töne nicht ineinander zusammenfließen, sondern gerade im Zusammenklingen die Melodie und die Harmonie zeugen. Reife Liebe, sagt Erich Fromm, ist eine Vereinigung, bei der die eigene Integrität und Individualität be-

wahrt bleibt. Sie reißt Wände nieder, die den Menschen von seinen Mitmenschen trennen. Sie ist eine Kraft, die ihn mit anderen vereinigt, aber so, daß es eben zu diesem scheinbaren Widerspruch kommt, daß Vereinigung das Eigenständige nicht aufhebt. Aus zwei Wesen wird eins und trotzdem bleiben zwei. Das tiefe Gleichnis hierfür ist auch die Musik.
Wie die Saiten einer Laute allein sind und doch von derselben Musik erklingen, so soll es auch mit den Menschen sein, die sich in Liebe miteinander verbunden wissen, sagt der Libanese Khalil Gibran. Liebe darf nicht das Eigene aufgeben, auch wenn das Ich im Du aufgehen möchte. Der andere darf das Geschenk der Liebe annehmen, aber nicht den anderen in Verwahr nehmen, verwalten, gängeln, beherrschen. Liebe ist nur möglich, wenn zwei Menschen sich aus der Mitte ihrer eigenen Existenz miteinander verbinden wollen, aber, sagt Erich Fromm, wenn jeder sich selbst auch in seiner Mitte erlebt und aus dieser Mitte heraus lebt.

Zusammenklingen

Diese Einheit in der Verschiedenheit und dieses Zusammenklingen in der Liebe ist auch das Geheimnis des Menschen, wie ihn die Bibel sieht. Gott ist Liebe, und dies ist die Melodie, die allem Dasein zugrunde liegt, auch dem von Mann und Frau. So führt eine Liebe zu Gott und nährt sich zugleich von ihr. Dies ist das neue Lied, das glaubende und liebende Singen, das neue Lied, das am Schöpfungsmorgen angestimmt wird und das im Ostermorgen allen Tod und alles Zerbrechen des Kreuzes in den neuen und ewigen Tag Gottes hineinsingt. »Singt dem Herrn und preist seinen Namen, verkündet sein Heil von Tag zu Tag!« (Ps 96,2)
So hoffen wir und wünschen Euch, dem Brautpaar, daß diese Melodie der Liebe Gottes im Alltag Eurer Liebe sich bewährt und daß Ihr immer wieder, auch durch die Musik, zu diesem Lied Eures Lebens finden könnt, ein Leben lang: »Wie schön ist es, dem Herrn zu danken, deinem Namen, du Höchster, zu singen. Denn du hast uns durch deine Taten froh gemacht; Herr, wir wollen jubeln über die Werke deiner Hände« (Ps 92,2.5).

Dieter Müller

Stark wie der Tod ist die Liebe (Hld 8,6–14)

Braut und Bräutigam kommen aus katholischen Familien, die dem Prediger schon länger bekannt sind. Beide haben sich bewußt für die kirchliche Trauung entschieden und sie intensiv vorbereitet.

»Wie stark ist die Kraft unserer Liebe?
Wird sie uns niemals verlassen
im Lauf der Jahre?
Gab es nicht vor uns schon Paare,
die sich viel versprachen
und dann bald sah'n
wie die Träume
mit der Zeit zerbrachen!?

Wie stark ist die Kraft uns'rer Liebe?
Läßt sich auf Dauer bewahren,
was wir empfinden?
Die Harmonie und die Nähe,
werden sie uns bleiben?
Wird uns die Macht
der Gewohnheit auseinandertreiben?«

In dieser festlichen Stunde geben sich N. N. und N. N. vor Gott und uns allen die Antwort auf ihre Liebe, die seit langem gewachsen ist. Sie sagen feierlich Ja zueinander.
Trotzdem möchte ich Sie alle bitten, vor dem Ja ein wenig inne zu halten, vor dem Ja ein paar Fragen zuzulassen.
Gemeinsam mit dem Brautpaar habe ich ein Lied von Milva angehört. In diesem Lied singt sie die eingangs gehörten Verse, die so weitergehen:

»Keiner kann von uns
in die Zukunft sehen –
es kommt sicher viel auf uns zu!
Woher nehm' ich nur meine Zuversicht?«

Ja, es ist wahr: Keiner kann von uns in die Zukunft sehen . . .
Deshalb halte ich das Versprechen, das Ihr Euch gleich gebt, für

wunderbar – aber auch für ungeheuer mutig: »Ich nehme dich an und verspreche dir die Treue in guten und in bösen Tagen, in Gesundheit und Krankheit. Ich will dich lieben, achten und ehren – solange ich lebe.«

Mit diesem Versprechen sagt Ihr: Ich nehme dich jetzt schon an, wie du morgen sein wirst! Mit all' deinen guten Seiten – aber auch mit all' deinen Fehlern und Schwächen; mit allem was kommt, Freud und Leid, in Krankheit und Gebrechen!

Wenn wir jemanden mögen, sagen wir: Ich kann dich leiden. Oder umgekehrt: Den kann ich nicht leiden. »Ich kann dich leiden« – wie kann man etwas Liebevolles sagen und von »Leid« und »Leiden« reden? Nun, es heißt nichts anderes, als daß ich bereit bin, das Leid des anderen mitzutragen, sein Leid auf mich zu nehmen.Die Geschichte von Ivan und seinem Freund macht das deutlich:

> Ein Freund fragt Ivan: »Ivan, magst du mich?« »Na klar, du bist doch mein Freund!« »Weißt du denn auch, was mir wehtut?« fragt der andere. »Wie soll ich wissen, was dir wehtut?« entgegnete Ivan. Darauf der andere: »Wie kannst du sagen, du seist mein Freund, wenn du nicht weißt, was mir wehtut!«

Die eheliche Liebe will das noch mehr als eine Freundschaft: das, was dem anderen wehtut, kennen und es mittragen; darin zeigt sich die Kraft der Liebe! »Einer trage des anderen Last« – auch wenn sie manchmal un-erträglich erscheint!

Wie stark ist die Kraft Eurer Liebe? Woher nehmt Ihr Eure Zuversicht für das Versprechen in eine ungewisse Zukunft hinein? Für Liebe und Treue bis zum Tod? Woher kommt Eure Zuversicht, heute zu geloben: Ich will mit dir alt werden. Auch wenn ich selbst nicht verheiratet bin, so ist mir durch das Beispiel vieler Eheleute – auch durch Beispiele in Eurer Familie, die ich seit 20 Jahren kenne – klar geworden, was in einer gelungenen Ehe neben der körperlichen Liebe wichtig ist. Ein paar Gedanken dazu! Wichtig ist:

Den andern *klagen hören*! Wann klagt ein Mensch? Wenn das Leben schwer wird, wenn er leidet, wenn er sich unverstanden fühlt und nach Sinn sucht. Den anderen klagen hören heißt: ihm

Stütze sein, ihm Zuversicht geben, in ihn hineinhören (es gibt auch lautloses Klagen) und ihn nicht alleine lassen.

Den anderen *loben können*. Jeder von uns möchte in seinem Leben, in seinem Beruf und in seinen positiven Eigenschaften Lob und Bestätigung erfahren. Lob ist für den Menschen das, was für den Fisch das Wasser ist; ein Fisch kann ohne Wasser nicht leben. Ein Mensch kann ohne Lob nicht leben! Achtet darauf, daß Eure Ehe nicht unter einem Vitaminmangel an Lob und Bestätigung leidet.

Dem anderen *verzeihen*. Es ist eine Lüge zu sagen, es gäbe den »Traum-Mann«; es ist gelogen, zu sagen, es gäbe die »Traum-Frau«. Jeder Mann, jede Frau ist ein Mensch mit Ecken und Kanten, mit Fehlern und Schwächen. Das müßt Ihr Euch klar machen und Euch annehmen, wie Ihr wirklich seid – nicht wie Ihr Euch träumt. Daher ist für eine gelungene Ehe notwendig, daß Ihr immer wieder neu miteinander anfangt, daß es bei Euch Vergebung gibt, daß ihr fähig seid zu verzeihen, wenn einer dem anderen schuldig geworden ist.

Klagen hören, loben können, Vergebung schenken – das stärkt die Kraft Eurer Liebe! Euer heutiges Versprechen gebt Ihr aber nicht nur vor uns Menschen ab. Wir haben uns hier vor Gott versammelt. Er ist verborgen – für unser menschliches Auge unsichtbar – und doch zugegen, wo Menschen einander in Liebe helfen. In der Liebe, in einer gelungenen menschlichen Liebe, ist Gott selbst am Werk. Das haben wir eben wieder in Lesung und Evangelium gehört. Gott selbst ist am Werk, wenn Menschen miteinander Brot und Wein, Sorgen und Freuden des Lebens teilen. Die Gegenwart Gottes wird dort besonders erfahrbar, wo Mann und Frau unbeirrbar in ehelicher Treue zusammenstehen, wo einer dem anderen ein Stück von sich selbst schenkt.
Deshalb nennen wir eine so gelebte Ehe »Sakrament« – das heißt auf deutsch: »Heiliges Zeichen«, Zeichen für die Nähe Gottes unter uns Menschen. Gott gibt jeder menschlichen Liebe ihre tiefste Kraft und Stärke. Daher bringt Ihr gleich selbst Brot und Wein zum Altar. Ihr wollt damit sagen: Es gibt nicht nur den Tisch zu Hause – es gibt in unserem Leben auch den Tisch des Altares, den Tisch des Herrn. Gott gehört zu unserer Liebe dazu;

er gibt auch dann noch Kraft, wenn wir, menschlich gesprochen, am Ende sind.
Die Kraft der Liebe Gottes macht unsere menschliche Liebe stark. Gott selbst hat einen tiefen Respekt vor der menschlichen Liebe; er sagt, sie sei stärker als der Tod.
Deshalb ist mein Hochzeitswunsch an Euch, daß Eure Liebe wie eine Pflanze – von Euch beiden gehegt und gepflegt – immer mehr wächst, immer reifer wird! »Dann reicht die Kraft Eurer Liebe für ein ganzes Leben!« (Milva)
Lieber N. N., fang nie damit an, aufzuhören, N. N. zu lieben!
Hör nie damit auf, anzufangen, N. N. zu lieben!
Liebe N. N., fange nie damit an, aufzuhören, N. N. zu lieben!
Höre nie damit auf, anzufangen, N. N. zu lieben!
Das ist mein Wunsch, das ist meine Bitte
Für uns alle gilt ein Wort Albert Schweitzers. Es gilt für jeden Tag, bis zur Stunde unseres Todes: »Das einzig Wichtige im Leben sind die Spuren von Liebe, die wir hinterlassen, wenn wir weggehen!« Amen.

Peter Bleeser

Effata – Tu dich auf (Mk 7,31–37)

Bei dem Brautpaar handelt es sich um zwei Theologen, die beide im kirchlichen Dienst arbeiten. Sie sind mit der Predigerin befreundet und haben sie gebeten, die Trauungsansprache zu halten.

Das Evangelium, das Ihr für diesen Trauungsgottesdienst ausgesucht habt, mutet auf den ersten Blick etwas ungewöhnlich an für diesen Anlaß. Es erzählt uns eine Wundergeschichte: das Wunder von der Heilung eines taubstummen Menschen.
Betrachten wir einmal die beiden Hauptpersonen der Erzählung genauer:

Da ist zunächst der Taubstumme.
Als ein Mensch, der nicht hören und nicht sprechen kann, ist er nicht nur von irgendeiner Behinderung betroffen. Er ist vielmehr eingeschränkt in den elementarsten menschlichen Fähigkeiten. Er ist eingeschränkt in seiner Wahrnehmung und eingeschränkt in der Möglichkeit, sich mitzuteilen.
Taub ist er – kein Ton von außen dringt an sein Ohr und in sein Herz. Er hört nicht die Stimmen anderer Menschen, er hört keine Musik, keinen Lärm, kein Vogelgezwitscher, kein Kindergeschrei . . . In seiner Taubheit ist er völlig auf sich zurückgeworfen. Deshalb begegnet er auch immer nur sich selbst, hört er nur sich selbst. Auch stumm ist er, dieser Mensch. Er kann nicht mitteilen, was ihn bewegt, er kann nicht antworten, wenn er gefragt wird, er kann sich an keinem Gespräch beteiligen, er kann sich nicht wehren, wenn er angegriffen wird. Wie durch die Taubheit ist er auch durch das Stummsein völlig in sich verschlossen, auf sich zurückgeworfen, mit sich allein.
So gesehen wird der Taubstumme des Evangeliums zu einem Symbol für beschädigtes Menschsein schlechthin. Ein Symbol für den Menschen, der sein innerstes Wesen verfehlt, der in diesem Wesen verstümmelt ist. So war der Mensch wohl nicht gedacht: beziehungslos, einsam, gefangen in sich selbst.

Ein solcher Mensch nun wird zu Jesus gebracht und damit kommt die zweite Hauptperson in den Blick.

Jesus nimmt den Taubstummen beiseite. Er verläßt mit ihm die Menge und ist nun ganz allein mit diesem armseligen Menschen. Und was tut er nun mit ihm? Er muß ja über die Taubheit des anderen einen Weg finden, um ihm seine Zuwendung auszudrücken: Er legt ihm den Finger in die Ohren und berührt seine Zunge mit Speichel. Jesus berührt den Mann, er faßt ihn an, er stellt eine körperlich wahrnehmbare Verbindung zwischen sich und dem Taubstummen her. Dann hebt er den Blick zum Himmel, versenkt sich in die Einheit mit Gott und spricht aus ihr heraus das erlösende: Effata – tu dich auf.
Der Taubstumme wird herausgeholt aus seiner Gefangenschaft in sich selbst. Seine Ohren öffnen sich, seine Zunge löst sich. Er wird der Gemeinschaft wiedergegeben, der Gemeinschaft der Menschen, aber auch der Gemeinschaft mit Gott. Das »Effata« Jesu reißt ihn heraus aus seiner armseligen Selbstherrlichkeit. Es zeigt ihm den Weg zum Menschsein. An dieser Stelle der ständigen Begegnung mit dem eigenen Ich tritt der lebendige Bezug zu Gott und den Menschen.

Ich denke, nun dürfte es nicht mehr schwerfallen, in diesem Evangelium vieles zu entdecken, was sich in menschlichen Beziehungen abspielt.
Gerade in einer Ehe, in der zwei Menschen so aufeinander angewiesen und verwiesen sind, ist die Fähigkeit, aufeinander zu hören und sich einander mitzuteilen, ganz wichtig. Wo sie stirbt, stirbt die Beziehung. Wo sie geübt und gepflegt wird, kann sich die Beziehung entwickeln, können Menschen an- und miteinander wachsen und reifen.
Oft genug gibt es im Alltag einer Ehe Situationen, in denen eine Verständigung schwer wird, ja manchmal sogar unmöglich zu sein scheint. Da wird dann das Beharren auf dem eigenen Standpunkt, der Wille, nicht nachzugeben und das Gesicht zu wahren, Recht zu haben, über alles gestellt. Jeder ist nur noch auf sich bezogen, hört nur die eigene Stimme, ist nicht mehr fähig, eine Brücke zum anderen zu bauen.
Aber auch das gibt es in einer Ehe und das muß immer das Übergewicht behalten: das selbstverständliche Füreinander-da-Sein, ohne es sich gegenseitig aufzurechnen. Es gibt das Interesse für das Leben des anderen und die Teilnahme daran. Es gibt die gemeinsam erlebten Freuden und die gemeinsam durchlittenen

Sorgen und Nöte, die Versöhnung nach einem Streit, die Kraft des Neuanfangs, wenn einer zum anderen trotz aller Gegensätze sagen kann: Ich mag dich, wir gehören zusammen. All das kann zu dem erlösenden »Effata« werden.
Das Evangelium führt uns allerdings noch einen Schritt weiter, denn es führt uns nicht nur zwischenmenschliches Geschehen vor Augen. Im »Effata« Jesu ergeht der Ruf Gottes an den Menschen. Ihm soll er sich öffnen, an ihn soll er sich halten und ihm folgen.
In der christlichen Ehe stellen zwei Menschen ihr gemeinsames Leben unter das Wort Gottes, sie öffnen es für seinen Anruf, lassen ihn zur bestimmenden Macht ihres Lebens werden. In dem, was sie sich gegenseitig an Liebe, Glück und Verstehen schenken, wird Gottes Liebe lebendig. In dem, was sie sich Gutes tun, was sie gemeinsam erleben und erleiden, können sie ein Stück vom Reich Gottes lebendig werden lassen.
»Effata« - tu dich auf.
Der Ruf des Evangeliums ergeht heute in besonderem Maß an die Brautleute, die sich entschieden haben, ihren weiteren Lebensweg zu einem gemeinsamen Weg zu machen.
Ihr habt diesen gemeinsamen Weg unter den Schutz und den Segen Gottes gestellt. Er wird euch »tragen und schleppen bis ihr grau seid«, wie es in der Lesung geheißen hat. Er gibt euch den Mut, zueinander zu sagen: Ich will Dich lieben, achten und ehren in guten und bösen Tagen, bis der Tod uns trennt.
Er möge Euch auch die Kraft dazu geben, dies in Eurer Ehe zu verwirklichen.

Mechthild Berchtold

Liebe, Glück und Befreiung als Geschenk und Geheimnis (Joh 15,9–13)

Der Bräutigam, katholisch, aus einer praktizierenden Familie, ist mit dem Traupfarrer in die Schule gegangen und arbeitet jetzt als Abteilungsleiter in einem großen Betrieb. Die Braut, evangelisch, distanziert zur Kirche, ist Angestellte in demselben Betrieb, in dem sie sich auch kennenlernten. Das Paar lebt bereits seit zwei Jahren in einer gemeinsamen Wohnung und möchte nun die Lebengemeinschaft durch die Eheschließung festigen. Die Trauung wird nach katholischer Eheschließungsform gefeiert.

»Könnt ihr beiden jetzt bitte wieder aufhören miteinander zu reden!« – Ob es in der zehnten, elften oder zwölften Klasse war, das weiß ich nicht mehr – wahrscheinlich in allen dreien und noch darüber hinaus. Diesen Satz haben Lehrer und Lehrerinnen wohl des öfteren zu uns sagen müssen, saßen N. N. und ich doch viele Jahre in der Schule nebeneinander. So wichtig es vielleicht war, was da vorne gesprochen wurde, noch wichtiger waren die Dinge, die wir zu bereden hatten. Und wir hatten vieles zu bereden. Und es waren viele persönliche Dinge, wie ich mich noch gut erinnern kann.

Als ich Euch kürzlich besuchte, kamst Du, N. N., etwas später von der Arbeit nach Hause. Eure Begrüßung dauerte nicht lange, aber beachtenswert schien sie mir doch. Als eine Kleinigkeit oder Nebensächlichkeit könnte man es von außen betrachtet ansehen, aber es drückt sich für mich darin doch mehr aus: Du, N. N., erzähltest kurz von Deiner Arbeit und vom Weg im Schnee nach Hause. N. N. hörte zu. – Da kann also ein Mensch etwas von sich erzählen, etwas mitteilen, und ein anderer hat für ihn und für das, was ihn gerade bewegt, Interesse. Eine Alltäglichkeit und eben doch mehr. So etwas ist etwas sehr Wichtiges im Leben eines Menschen: Ich muß die Chance haben, daß ich mich mitteilen kann, daß ich von mir erzählen kann, was ich erlebt habe, was mich bewegt, was mich plagt, was mir Sorgen macht und was mich bedrückt – genauso wie das, was mir Freude macht und wo ich Erfolg hatte. Wenn ich mich nicht mitteilen kann, wenn ich also mein Leben nicht mit anderen, nicht mit jemandem anderen teilen kann, so ist das Schwere noch schwerer und das Schöne nicht so schön. Das Leben miteinander teilen setzt freilich voraus, daß ich bereit bin, das Stück vom anderen, das er mir sagt, auch anzuhören, mitzutragen, Antwort zu geben und es vielleicht sogar zu einem Teil von mir selber werden zu lassen.

Daß so etwas geschehen kann, dazu braucht es die Sympathie für einen Menschen; »sym-pathein« auf Griechisch heißt wörtlich übersetzt: mit-leiden. Sympathie braucht es also. Das heißt nicht nur, daß ich jemanden nett finde, sondern, daß ich mittragen will, einfühlsam bin und mich einlassen kann auf den anderen. Ihr habt eine große Sympathie füreinander, sonst wärt Ihr nun nicht hier. Es ist die Sympathie, die nicht nur mal dies oder jenes vom anderen mitbekommen will, sondern die das Leben einander mitteilen will. Und das ist Liebe, Eure Liebe. Das Mitteilen und das Annehmen, das Erzählen und das Hinhören, das Geben und Nehmen – das wollt Ihr. Das ist etwas Großes und etwas Wunderschönes. Aber es ist nicht nur etwas für Festtage und besondere Stunden. Es ist vor allem etwas für den gewöhnlichen Tag, etwas, was das ganze Umgehen miteinander durchzieht. Es geht vom »Guten Morgen, Schatz« bis zum Anliegen, das einer mit sich herumträgt und der andere merkt: Sie oder er hat etwas, und es wagt anzusprechen.
Mir hat es auch gefallen, als N. N. nach Bildern von N. N. aus der Schulzeit fragte, als ich davon erzählte, was wir früher so gemacht haben. Ja, jeder von Euch hat ein Stück Lebensgeschichte hinter sich, das ihn prägt und bestimmt. Manchmal verstehe ich bei einem Menschen vieles besser, warum er jetzt so oder so reagiert, wenn ich von seiner Lebensgeschichte weiß. Vielleicht ist es am Beginn einer Beziehung auch besonders interessant und spannend, einander kennenzulernen. Es wäre sicherlich ein Fehlschluß zu meinen, nach einer gewissen Zeit den anderen ganz zu kennen. Ein Mensch ist für einen anderen nie ganz auslotbar. Ich bin nie damit fertig mitzuteilen. Und es beginnt eine neue, gemeinsame Geschichte, die das Mitteilen ebensosehr braucht. Wir feiern ja heute Euer begonnenes Mit-teilen. Ihr habt für diesen Tag und für Eure Eheschließung diesen Abschnitt aus dem Johannes-Evangelium gewählt. Darin heißt es: Ich habe euch alles mitgeteilt, was ich von meinem Vater gehört habe.

Jesus hat Gott mitgeteilt und damit sich selber ganz und gar. Er schafft Beziehung, weil er sich selbst mitteilt. Er zeigt, daß es anders gar keine Beziehung geben kann. Und er nimmt jeden Menschen da hinein – will jeden Menschen hineinnehmen.
Aus dieser Verbundenheit heraus – das sagt Jesus Euch heute zu – ist es Euch möglich, daß auch Ihr einander mitteilt und annehmt ein ganzes Leben lang.
»Könnt ihr beiden jetzt bitte wieder einmal aufhören miteinander zu reden!« Diesen Satz, den man zu N. N. und mir in den Schuljahren sagte, den möchte ich Euch und für Euch so weitersagen: »Könnt Ihr beiden bitte nie aufhören miteinander zu reden, das Leben miteinander zu teilen, Euch selber mitzuteilen!« Die Beziehung zu Gott, die Jesus – auch für Euch – eröffnet hat, soll Euch dafür der verläßliche Rückhalt sein. Amen.

Erhard Bechtold

O Herr, mach uns zum Werkzeug deiner Liebe und deines Friedens (Joh 15,9–13)

Heirat einer langjährigen Ministrantin und Mitspielerin in der Jugendband mit einem am Ort hochgeschätzten Masseur. Bei zahlreichen Jugendgottesdiensten war und ist es uns immer ein Anliegen, mit Symbolen und Kurzgeschichten Brücken zu schlagen zwischen Leben und Glauben. Diesem Anliegen sollte auch bei der Hochzeit Rechnung getragen werden. Der Schrifttext wurde vom Brautpaar herausgesucht.

Noch vor einiger Zeit hast Du, N. N., bei Hochzeiten entweder ministriert oder mit der Querflöte die Brautmessen musikalisch bereichert.

Vielleicht hast Du gerade dabei dann fast neidisch auf die Bräute geschaut, die eben glücklich neben ihren Traummännern, aufgeregt, aber bestimmt, ihr Ja-Wort zur Ehe und Familie sagten. Nun, »Gut Ding braucht Weile«, oder wie es wir Schwaben ausdrücken: »Drum prüfe, wer sich ewig bindet, ob sich nicht noch was Besseres findet«. Heute stehst Du mit Deinem Mann hier am Altar, heute können andere Dir vielleicht leicht neidisch sein, wenn Du glücklich zu ihm und er nicht weniger glücklich zu Dir sein Ja-Wort auf ewige Freundschaft, Partnerschaft und Liebe deutlich sagt.

Wie wichtig Freundschaften sind, wie lebensbeglückend und lebensnotwendig, zeigt uns auch folgende Geschichte, die einmal in einer Zeitung abgedruckt war:

> Der holländische Frachter Toloa fand im Pazifischen Ozean ein kleines Schlauchboot, das steuerlos im Meer trieb. Darin lag bewußtlos ein achtzehnjähriger australischer Matrose. Der junge Mann hatte sich zunächst freiwillig zur Marine gemeldet, war aber von seinem Dienst auf dem Flugzeugträger Sidney bald enttäuscht und beschloß eines Tages, zu desertieren. In einer Nacht ließ er ein kleines Schlauchboot auf See nieder und verließ heimlich den Flugzeugträger. Im Glauben, er befinde sich noch nahe an der Küste von Kalifornien, ruderte er los. Tatsächlich war das Schiff aber schon vierhundert Seemeilen von der Küste entfernt. So trieb der

> Junge neunzehn Tage im Meer. »Es war schrecklich«, berichtete er nachher über seine fast dreiwöchige Odyssee im Pazifik. Er hatte weder Wasser noch Lebensmittel bei sich. »Das Schlimmste aber«, sagte er, »war die Langeweile. Ich hatte ja nichts zu tun. Quälend langsam vergingen die Tage, die ich allein auf der See so dahintrieb. Am meisten dachte ich an meine Freundin und daran, daß ich sie unbedingt wiedersehen wollte.« – Immer wieder sagte er das zu allen Leuten, die ihn nachher im Krankenhaus besuchten: »Ich habe nur überlebt, weil ich an meine Freundin dachte!«*

»Ich habe nur überlebt, weil ich an meine Freundin dachte.« Auch Ihr habt sicherlich schon ähnliche Erfahrungen miteinander gemacht, habt aneinander erfahren, daß Eure Freundschaft, Eure Partnerschaft, Eure Liebe zueinander Euch zum Überleben hilft, ja, daß Eure Liebe, Eure Freundschaft, Eure Partnerschaft erst Euer Leben lebenswerter und lebensbeglückender machte.
Freundschaften sind lebensbeglückend und lebensnotwendig. Auch ich persönlich lebe sehr stark von mir wichtigen Freundschaften. Besonders in Zeiten, in denen es mir weniger gut geht, habe ich schon oft erfahren dürfen, wie wichtig mir gerade ein Freund oder eine Freundin ist, der oder die mich zu verstehen versucht, der oder dem ich mich anvertrauen darf, der oder die zuhört und Zeit für mich hat, der oder die mich in Liebe leitet und einfach für mich da ist. Ich spüre auch umgekehrt, wie ich oft als Freund für andere wichtig bin. Gerade im Leid ist es schön und lebenswichtig, Freunde und Freundinnen zu haben und auch Freund für andere zu sein.
Schön und lebenswichtig, aber oft auch recht schwierig, wie es uns ein afrikanisches Sprichwort sagt: »Man kann Weinenden nicht die Tränen abwischen, ohne sich die Hände naß zu machen.« Was für Freunde und Freundinnen gilt und hilfreich ist, gilt in der Ehe, gilt für Euch beide erst recht. Eure Ehe hat nur Sinn, wenn sie Euch beide zum Überleben hilft, wenn sie nicht nur lebensnotwendig, sondern vielmehr auch lebensbeglückend ist.
Zur Freundschaft wie zu Eurer Ehe gehören Bedingungen. Jeder von Euch muß Werkzeug des Friedens und der Liebe sein. Ihr

* Willi Hoffsümmer, Kurzgeschichten 2, Mainz 1983, S. 25.

selbst müßt Handwerker Eurer Ehe werden. Und schön ist es, wenn wir dann einmal über Euch sagen können – wie ich es öfters über Dich, N. N., in Beziehung auf Deine Arbeit als Masseur gehört habe, der versteht sein Handwerk –, die beiden verstehen ihr Handwerk als Eheleute. Nun, von diesen Bedingungen lebt jede Freundschaft, sie gelten noch mehr für Eure Ehe. Was in der Freundschaft und in der Ehe im Alltag gefordert wird, ist auch bei Jesus gefordert.

In Eurem Trautext nennt Christus Euch, wie uns alle, auch seine Freunde und Freundinnen: »Ihr seid meine Freunde.« Ich bin froh darüber, daß Jesus Euch und uns allen dieses wichtige Freundschaftsangebot macht. Bedingungslos ist aber dieses Angebot nicht. »Ihr seid meine Freunde, *wenn* ihr tut, was ich euch auftrage.« Wenn Ihr diese Bedingungen nicht einhaltet, wenn Ihr füreinander und miteinander nicht Werkzeuge der Liebe und des Friedens sein wollt, braucht Ihr Euch nicht zu wundern, wenn auch Eure Ehe nicht zum Glücksabonnement wird. Im Brautgespräch habe ich Euch verdeutlicht, daß Christus unser Maßstab der Liebe ist und wir eben nicht mehr als eine »Kopie«. Wie sehr uns Jesus liebt, wie sehr Jesus seine Freundschaft uns gegenüber ernstnimmt, zeigt uns sein Leben, das geprägt war vom Dienen, das geprägt war vom Geben, ja sogar vom Geben des Wertvollsten, was Menschen geben können – seinem Leben. Es gibt für eine Freundschaft – mehr noch für Eure Ehe – nichts Größeres, als wenn Ihr ganz füreinander da seid. Das ist oft schwer, das fordert oft das ganze Menschsein. Nicht von ungefähr ist das Kreuz für uns alle die Dokumentation der Liebe Christi. An diesem Kreuz müßt Ihr beide Euch festhalten – am Leben Jesu müßt Ihr Euch orientieren. »Wie mich der Vater geliebt hat, so habe ich euch geliebt, bleibt in meiner Liebe.« »Bleibt in meiner Liebe« – bleibt in der Liebe –, eine überflüssige Ermahnung an einem Festtag wie heute, könntet Ihr jetzt zu Recht sagen. Was anderes könntet Ihr denn wollen, als in der Liebe zu bleiben, die Euch zusammengeführt hat? Gäbe es da nichts Besseres zu wünschen? Vielleicht Gesundheit, ein langes Leben, genügend Geld? Trotzdem – was würde Euch das alles nützen, wenn Ihr die Liebe verloren hättet?

»Bleibt in meiner Liebe.« Dies ist ein anspruchsvoller Wunsch. Es ist auch der letzte Wunsch, den Jesus den Jüngern damals vor seinem Leiden äußerte, ein Testament, das Jesus Euch mit auf den Weg gibt: »Bleibt in meiner Liebe«, und: »Liebt einander.« Wieviel Jesus daran liegt, daß Ihr in seiner Liebe bleibt, daß Ihr Euch von Herzen liebt, daß Eure Ehe ein Spiegelbild der Liebe zwischen ihm und seinem Vater ist, spüren wir alle. »Bleibt in meiner Liebe«, »Liebt einander, wie ich euch geliebt habe.« Mag auch heute für Euch beide dieser Satz einer fast überflüssigen Ermahnung gleichkommen, so ist Euch beiden trotzdem bewußt, daß gerade dieser Wunsch Euch in Eurer Ehe von heute an voll und ganz beansprucht, dieser Wunsch verlangt von Euch alles – aber auch gar alles. Dieser Wunsch hat nämlich das Leben eines jeden von Euch zum Preis. So schön auch heute die mögliche Romanze in Weiß ist, so schön die romantischen Stunden der Verliebtheit Euch in den Schoß fielen – Ihr wißt sehr wohl: Gefühle vergehen, Leidenschaften werden zahm, und auch die Schönheit des Menschen gehört nicht zum Ewigen, zum Bleibenden. Nicht heute, sondern im Ehealltag zeigt es sich, ob Ihr den letzten Wunsch Jesu erfüllt, deshalb lohnt es sich genau zu fragen, was eigentlich ganz konkret mit dieser Ermahnung gemeint ist, wie Ihr diese Ermahnung umsetzen könnt. Ich bin sicher, daß der Herr Euch zu Werkzeugen des Friedens, ja der Liebe macht.

Ein solches Werkzeug der Liebe und des Friedens ist symbolisch dieses Pelzchen. Es ist zwar unscheinbar, aber sehr wichtig für Eure Ehe, denn ich bin mir sicher, daß nicht immer nur Treulosigkeit, das liebe Geld und die unterschiedlichen Meinungen zu Erziehungsfragen Probleme machen, die Eheleute heutzutage auseinandertreiben, sondern vielmehr die kleinen Ereignisse den Sand ins Getriebe der Ehe bringen: die nicht zugeschraubte Zahnpastatube, das nicht abgewaschene Geschirr, die Haare im Kamm oder »der Routinekuß zum täglichen Abschied, der nur als leere Hülse einer lebendigen Liebe übriggeblieben ist«.* Darum schenke ich Euch diese fast unscheinbaren Werkzeuge der Liebe und des Friedens – diese Pelzchen. Ihr könnt sie gut aufbewahren und in der Wohnung allen sichtbar ausstellen, damit Ihr Euch immer an die bekannte Geschichte von Swabeedo erinnert. Sie erzählt von dem gleichnamigen Dorf, in dem die Menschen sich untereinander immer ein kleines, warmes, weiches Pelzchen schenkten. Symbolisch wollten sie sich so ihre

* Willi Hoffsümmer, Vom Wein in den Krügen, Freiburg 1990, S. 83.

Freundlichkeit, ein liebes Wort, die Aufmerksamkeit, ein frohes Lächeln, ein zärtliches Streicheln, ein Trösten und in den Arm nehmen, eine liebenswürdige Zuwendung zeigen – kurz die Aufschlüsselung, was Werkzeug der Liebe und des Friedens auch für Euch sicherlich heißt. Immer, wenn sich die Bewohner begegneten, wurden die Pelzchen ausgetauscht, und der Vorrat an Pelzchen ging niemals aus. Bis zu dem Tag, als ein mißmutiger Mensch auftrat, waren alle Einwohner in Liebe und Frieden freundschaftlich verbunden. Aber dieser mißmutige Mensch gab ihnen den Rat: »Nun seid mit euren Pelzchen nicht so großzügig, schließlich könnten sie ja euch ausgehen.« Dieser Rat, dem die Leute in Swabeedo folgten, machte alles kaputt. So schlossen viele die Pelzchen ein, und eines Tages erinnerten sich kaum mehr welche an das Geheimnis, das Freundlichkeit, Herzlichkeit und gute Worte im Austausch immer verdoppelt und verdreifacht. Erst nach langer Zeit begannen die Bewohner von Swabeedo wieder wie früher die Pelzchen auszutauschen. Sie merkten auch, daß so gerade nicht die Pelzchen ausgingen und in ihren Herzen wurde es wieder warm und sie konnten wieder lächeln – ja in Friede und Liebe waren sie wieder miteinander verbunden.*

Diese unscheinbaren Pelzchen sind wirklich in Eurer Hand Werkzeuge der Liebe und des Friedens – mit ihnen werdet Ihr selbst zum Werkzeug der Liebe und des Friedens. Oft sind es die kleinen Worte und Taten, wie danken, den anderen loben, den anderen anlachen, mit ihm weinen, singen, still sein, ihm verzeihen und sich entschuldigen, ihn streicheln und wärmen, ihn trösten und ihn von ganzem Herzen umarmen, mit ihm schmusen und ihn herzen und küssen. So wird die Ermahnung Jesu von Euch befolgt. Nur so könnt Ihr Euch dann gegenseitig tragen und füreinander dasein – nur so könnt Ihr in Eurer Ehe genauso glücklich bleiben wie Ihr es heute seid, ja so wird Eure Ehe lebensbeglückend in Hoch- wie in Tiefzeiten.

Ich wünsche Euch, daß Ihr auf großzügige Art und Weise Euch gegenseitig immer solche Pelzchen zukommen laßt, ich wünsche Euch, daß Ihr nach Euren Möglichkeiten die Liebe Christi zu seinem Vater in Eurer Ehe versucht zu kopieren. Jede Kopie bleibt

* vgl. Willi Hoffsümmer, Kurzgeschichten 2, Mainz 1983, S. 89.

zum Original hin zwar nur Stückwerk. Es ist Euch klar, daß Ihr den Anforderungen des Evangeliums wohl im ehelichen Alltag nur annähernd nachkommen könnt. Ihr wollt Euch aber bemühen, den eingeschlagenen Liebesweg durch Euer ganzes Leben weiterzugehen, Eure Freundschaft bewahren und so das große Ziel – die ewige Freundschaft mit Christus – erreichen. In der eingangs erzählten Geschichte sagte der 18jährige Mann: »Ich hab nur überlebt, weil ich an meine Freundin dachte.« Ihr beide und wir alle können auch nur überleben, wenn wir ja sagen zum Angebot der Freundschaft Jesu. Euer Ja zu ihm ist die Garantie, daß Eure Ehe in guten und in schweren Tagen hält. Dieses Ja zu ihm macht Euch zum Werkzeug der Liebe und des Friedens und sichert Euch eine bleibende lebenswichtige und lebensbeglückende Freundschaft und Ehe. Amen.

Franz Keil

Alles Gute! (Röm 8,14–16.28–29)

Glückwünsche in verschiedenster Gestaltung und das nicht nur für Mesner zur Unsitte gewordene Reisstreuen beschließen oft eine kirchliche Traufeier. Daß in all dem »Weltlichen« auch der geistliche Segen zu entdecken ist, könnte schließlich für die Traufeier vieler Paare gelten. In diesem Fall war in der Vorbereitung der Trauung eine erschreckende Distanz zu jedwedem Wort und zum inneren Sinn der kirchlichen Trauung, durchaus aber eine unvoreingenommene Offenheit für alle Deutungen und Hinführung zur kirchlichen Feier, zu spüren.

Liebe – Grundthema des Lebens

Alles Gute! wünschen die Hochzeitsgäste. Alles Gute für Euer gemeinsames Leben! ist ein Wunsch, in dem alle Zuneigung zu diesen beiden Menschen und natürlich zu ihnen als einem Paar mitschwingt, aber auch eine gewisse Besorgnis über die Zukunft des Paares. Sie soll von den beiden, so der Wunsch, (mit tapferem Mut) in Zuversicht verwandelt werden. Alle Hochzeitsgäste und das Paar selbst sind bereit, den Satz des Apostels Paulus aus der Hochzeitslesung in dieser Weise zu kürzen und zu verallgemeinern. Der Wunsch »Alles Gute!« gründet aber für Christen in dem Wissen, daß Gott bei denen, die ihn lieben, alles zum Guten führt. Und noch eine Kürzung könnte sich nahelegen, nämlich zu hoffen, daß denen, die lieben, alles zum Guten gereicht. Da liegt es nahe, die Liebe zu Gott und die Liebe zwischen Menschen in eins zu setzen, zumal es doch gut biblisch heißt: Gott sei die Liebe (1 Joh 4). Wenn ich recht sehe, meint der Apostel allerdings, daß man Gott schon sehr lieben müsse, um zu erkennen, wie er nach dem ewigen Plan seiner Liebe auch das Unebene und Schwierige unseres Lebens zum Guten führen werde. Immerhin, die Liebe ist nicht nur das Grundthema des Hochzeitstages, sondern hoffentlich das Grundthema Eures ganzen Lebens, was sage ich, unseres ganzen Lebens. Wie aber kann sie das werden, wie kann Liebe gerettet, bewahrt, vielleicht sogar vertieft werden, wie also können zwei Menschen sich nicht nur an diesem Tag, sondern für ihr ganzes Leben das Ja-Wort geben?

Weit mehr als das Ereignis der Verliebtheit ist Ehe das Wagnis der Dauer. In der Dauer aber wird Abnutzung befürchtet, besteht das aus der Mechanik der Maschinen kommende Vorurteil der Langeweile und Monotonie. Was also könnte der Liebe und dem Verliebtsein mehr abträglich sein, als die Dauer und Alltäglichkeit der Ehe?

In die Liebe hineinwachsen

Nun gilt es also, auf dieses Hochzeitspaar zu schauen. In ihrer Liebe und hochzeitlichen Freude an diesem Tag widerstehen sie der Landläufigkeit des Urteils. Dabei ist diese Vorverurteilung, in der gängigerweise jeder dritten Ehe die Scheidung zugesprochen wird, zur statistischen Tatsache gestempelt. Ist die Liebe zu schwach, um in einer Ehe standzuhalten? Ist sie zu wenig strapazierfähig im Anspruch des persönlichen Glücks und in der Belastung der alltäglichen Routine?

Nein, anders als Maschinen, kann der Mensch, gerade auch in seiner inneren Entwicklung, wachsen. Die Liebe ist nicht fertig, sie ist ein Ereignis des Wachsens. Nur in ihrer werdenden Gestalt ist ihr innerer Bauplan, ihre Gestalt, zu erkennen. Sie wird ihr Wachsen nicht ohne Kerben und Risse erleben. Sie ist vielleicht wie ein Baum in wechselnden Jahreszeiten, sie ist vielleicht ein Haus, an dem gebaut wird, vergrößert, dann wieder ausgebessert, umgebaut und neukonstruiert wird. Hochzeit ist ein Fest der Liebenden, aber nicht der Endpunkt der Liebe. Liebe kann werden. Erich Fromm, der große Analytiker unserer Zeit, formuliert das so: Es ist ein Irrtum zu meinen, man könne Liebe haben. Er bewirkt, daß Verliebte aufhören, sich zu lieben.

Wer geliebt ist, dem gelingt die Liebe. Aber er muß selber lieben, um an das Hoffnungsziel, die große Utopie der Liebe zu glauben. Ernst Bloch, der Hoffnungsfanatiker, sieht es so: Die Liebe ist ein Haus, ein Entwicklungsraum.* In diesem Haus ist nicht nur ein Rückzug von den Anstrengungen des Berufslebens und den Auseinandersetzungen in der Außenwelt möglich, sondern ist der Raum für eine wachsende Gemeinschaft. Dabei ist dieses Haus keine Festung und kein Gefängnis. Der Partner ist ein ständiger Gast im eigenen Haus, das Fenster hat und Türen zum Herein-

* Ernst Bloch, Das Prinzip Hoffnung, 1. Band, Frankfurt 1968, S. 379 ff.

und Hinausgehen. So entsteht ein Bund von Vertrautheit in der Verschiedenheit. Ehe ist eine Freundschaft der Liebe, eine Feuerprobe der Wahrheit im Leben der Gatten (a. a. O.)

Im Haus der Liebe

Ehe gewährt also dem Werden des Einzelnen und der neuen Gemeinschaft einen Raum des Schutzes, aber auch zugleich einen Raum der Entfaltung. Darum ist Ehe immer offen, ist ein Haus mit mehreren Zimmern, offen für Freunde, weitmehr aber auch offen für das Werden einer eigenen Familie in den Kindern und in den neuen Beziehungen zu den Eltern und zu der übrigen Familie der eigenen Herkunft. Entlassen aus der alten Herkunft, seiner eigenen Familie, entsteht das Lebendige und Neue einer eigenen Familie. Die uralten Worte aus den ersten Seiten der Bibel klingen herein in diesen Tag: »Darum wird der Mann Vater und Mutter verlassen und sich an seine Frau binden und sie werden ein Fleisch« (Gen 2). Diese neue und natürliche Gemeinschaft wird aber zugleich in die Wirklichkeit und die Geschichte der Menschen gestellt. Darum ist sie gefährdet und wie alles Menschliche bedroht. Darum muß sie aber auch teilnehmen an den Auseinandersetzungen, an dem Ringen um eine neue Zukunft, um Pläne und Ziele. Nichts geht, wenn es nur automatisch oder biologisch gehen soll. Ehe ist auf Treu und Glaube aufgebaut und geschieht, ja kann nur geschehen, in gegenseitiger Liebe und in der Erfahrung, selbst geliebt zu sein.
Darum ist Ehe und Familie heute wie ein Haus in einer Stadt. Die Gemeinschaft von zwei Menschen ist all den Gesetzen unseres heutigen Lebens unterworfen, der Hektik, den spannungsreichen Anforderungen in Arbeit und Beruf und den Angeboten von Freizeit, die sich immer wieder gegen Streß und Routine stemmen wollen und doch selbst in der Gefahr sind, den Menschen zu versklaven in der Flucht der Meinungsmacher und in den Programmen, die Mode und Öffentlichkeit diktieren.
Wir Menschen der Hoffnung und des Glaubens aber sind, wie der Apostel sagt, niemals Sklaven, sondern wie Söhne und Töchter im Vaterhaus unseres Gottes. Wir besitzen dabei einen Geist der Geschwisterlichkeit zueinander und zu allen Geschöpfen. Diese Haltung haben wir von Jesus selbst, der als Bruder zu den Menschen kommt, ganz dieser Welt und diesem Leben, das Ster-

ben eingeschlossen, sich aussetzt und doch den neuen Geist des Vertrauens und des Zutrauens zu einer großen Hoffnung in die Welt bringt, einer Hoffnung auf Friede und Gerechtigkeit im Reich Gottes. So sind wir Kinder Gottes und aus diesem Geist, aus dem wir Abba, Vater, sagen, das Vaterunser beten, sind wir in der Lage, einander anzunehmen. Ganz tief und innig gelingt das in der Gemeinschaft von Mann und Frau. Hier kann die Liebe bis ins Einssein des Fleisches, wie die Bibel sagt, und bis in die letzte Faser des Herzens gelebt werden.

Alles Gute!

Das Gute, das wir dem Hochzeitspaar wünschen, und von dem unser heutiger Hochzeitstext so zuversichtlich weiß, daß sich alles zum Guten wendet, ist also nicht nur bloßer Glückwunsch. Wer dieser Liebe traut, die von Gott ausgeht, und die Gott das eigene Leben anvertraut, und sich von ihr leiten läßt, der traut nicht nur einem euphorischen Gefühl am Hochzeitstag, sondern hat ein reales Zutrauen in die Zukunft, deren hoffnungsvollen Beginn er jetzt schon als Wirklichkeit erlebt hat. Das Gute ist das höchste Gut, die Liebe zwischen den beiden. Das Gut ist das Kind und das ist alles, was aus dieser Gemeinschaft hervorkommt an Zuversicht und Neuem und dann schließlich und endlich eben jenes ungeheuer Großartige, ein neuer Mensch, ein Kind von beiden und doch etwas Neues in die Welt gesetzt, getragen und gehalten, so lang als nötig von den beiden, die seine Eltern sind. Das Gut ist schließlich und endlich jenes heilige Sakrament der Zuversicht in Gottes Liebe, an den wir glauben, von dem wir für uns alles, was geschieht, an weltlichen Dingen ein ewiges Ja der Liebe erkennen. Wie sollten da diese beiden nicht zuversichtlich und fröhlich ihr Ja zueinander sprechen und sich alles Gute wünschen, alles Gute schenken? Alles Gute also Euch beiden an diesem Tag und für's ganze Leben!

Dieter Müller

Liebe ist mehr als nur ein Wort (1 Kor 13)

Viele Brautpaare wünschen sich gerade diesen Schrifttext für die Trauungsansprache. Der folgende Predigttext – der auf die jeweilige persönliche Situation hin modifiziert wird – will die mit dem Wort »Liebe« gemeinte Lebenswirklichkeit in vertiefter Weise erschließen.

»Ich zeige euch jetzt«, so beginnt der Apostel Paulus sein Lied auf die Liebe, »noch einen anderen Weg, einen, der alles übersteigt.« Und er schließt: »Für jetzt bleiben Glaube, Hoffnung, Liebe, diese drei . . .« Das größte aber ist die Liebe. Warum? Der Glaube, die Hoffnung, die Liebe – das sind Wegbegleiter des Lebens. Wenn sich einmal unser Leben bei Gott vollendet, wird es den Glauben und die Hoffnung nicht mehr brauchen: Der Glaube wird zum Schauen von Gottes Herrlichkeit. Die Hoffnung findet Erfüllung und endgültige Klarheit. Nur die Liebe bleibt. Sie geht mit in die Ewigkeit, wie sie aus ihr kommt. Gott ist Liebe. Und jede menschliche Liebe hat daran Anteil. Die von Ewigkeit her und in die Ewigkeit hinein wirkende Liebe gilt es hier auf Erden zu verwirklichen, im menschlichen Dasein sichtbar, glaubhaft zu machen. – Vielleicht denken Sie jetzt: hohe und erhabene Worte für festliche Stunden. Hoffentlich kommt der Pfarrer wieder auf den Boden der Wirklichkeit. – Das tue ich gerne, indem ich versuche, dieses altbekannte Wort Liebe in unseren Alltag hineinzuübersetzen.

Liebe ist mehr als nur ein Wort

Liebe: ein überbeanspruchtes Wort. Ein schillerndes Wort – uralt und doch stets neu. Ein großes und zugleich verbrauchtes, mißbrauchtes und besudeltes Wort. Wieviele Erwartungen, Sehnsüchte, Hoffnungen verbinden wir mit ihm! Wieviel Enttäuschung und Verzweiflung knüpfen sich daran. Doch ohne Liebe stirbt Leben ab. Mit Liebe blüht Leben auf. Lassen Sie mich dies verdeutlichen:

Ordnung ohne Liebe macht kleinlich –
Ordnung mit Liebe großzügig.

Wohlstand ohne Liebe macht geizig –
Wohlstand mit Liebe freigebig.

Ehre ohne Liebe macht stolz –
Ehre mit Liebe bescheiden.

Freundlichkeit ohne Liebe macht heuchlerisch –
Freundlichkeit mit Liebe gütig.

Klugheit ohne Liebe macht gerissen –
Klugheit mit Liebe verständnisvoll.

Verantwortung ohne Liebe macht rücksichtslos –
Verantwortung mit Liebe fürsorglich.

Erziehung ohne Liebe macht widerspruchsvoll –
Erziehung mit Liebe lern- und liebesfähig.

Macht ohne Liebe macht gewalttätig –
Macht mit Liebe hilfsbereit.

Gerechtigkeit ohne Liebe macht hart –
Gerechtigkeit mit Liebe verläßlich.

Glaube ohne Liebe macht fanatisch –
Glaube mit Liebe stark.

Freiheit ohne Liebe macht egoistisch –
Freiheit mit Liebe verantwortungsbewußt.

Liebe ist eben mehr als nur ein Wort!

Ein Mehr an Liebe

Dieses Mehr an Liebe soll bei Ihnen beiden beginnen und sich fortsetzen in der Atmosphäre, die Sie Ihren Kindern für ein menschenwürdiges Heranwachsen schenken. Eine Atmosphäre, die ausstrahlt auf die Mitmenschen. Dieses Mehr an Liebe sprengt Grenzen, schüttet Gräben zu und findet so zu echter Freiheit. Das könnte für eine christlich begründete Ehe heißen:

Einander anziehen ohne festzuhalten.

Einander loslassen ohne wegzustoßen.

Beieinander sein wollen, aber auch allein sein können.

Einander annehmen und nicht fallenlassen.

Einander freundlich begegnen und dabei ehrlich sein.

Einander hochschätzen und nicht entwürdigen.

Einander Geborgenheit schenken und nicht aussetzen.

Miteinander sprechen und nicht verschlossen werden.

Einander vergeben und nicht zerstören.

Füreinander dasein und nicht übereinander herrschen.

Einander vertrauen und nicht besitzen wollen.

Einander treu sein und nicht sklavisch abhängig machen.

Liebe ist Leben. Wir lieben, und wir werden geliebt, also leben wir. Eine große, tiefe, schöne Bestimmung des Menschen. Daß sie auch Ihr gemeinsames Leben bestimmt, durchdringt, lebendig, phantasievoll hält, das wünsche ich Ihnen von Herzen.
Wenn wir von Nachfolge Christi sprechen, dann könnte das für uns heißen: im Glauben an den menschenfreundlichen Gott und Vater Jesu Christi aus seinem immer größeren Mehr an Liebe leben und selbst um dieses Mehr an Liebe bemüht sein, Zeichen der Zuversicht, der Hoffnung und der Freude am Leben setzen – zumal in einer Gesellschaft, die oft eher von Angst und Orientierungslosigkeit gekennzeichnet ist als von Lebenssinn und Zukunftsperspektiven. Daß dies unter Christen möglich ist, davon sollten wir eigentlich überzeugt sein.

Seine Lebensgeschichte bejahen

Immer wieder holen uns die eigenen Veranlagungen, die seelischen Befindlichkeiten, die Erziehung, die familiären, persönlichen und sozialen Bindungen ein. Da ist es ganz wichtig, sich geduldig einzugestehen: Keiner von uns hat einfach nur irgendeine dunkle oder helle *Vergangenheit,* sondern eine *Lebensgeschichte* mit Höhen und Tiefen, mit Freud und Leid, mit Glück und Unglück, mit schönen Seiten, vertanen Chancen, schlimmen Stunden. Wir sollten dazu stehen. Zu echter Liebe gehört es, die eigene Lebensgeschichte und auch die des Partners zu bejahen und sich mit ihr zu versöhnen.

Das kann ein mühseliger Weg sein. Aber auch ein Weg, auf dem wir menschlich wachsen und reifer werden. Ein Weg liebender Empfindsamkeit füreinander, auf dem wir uns gegenseitig ein Mehr an Leben schenken. –
Zum Schluß ein »Hochzeitsspruch« von Klemens Jockwig:

> »Wer auf dem Wege ist, hat auch ein Ziel. Wer nicht alleine geht, ist dem Ziel schon viel näher; denn einmal wird es nur noch die Liebe geben – Ist doch die Liebe allein endloses Leben.«*

Michael Broch

*Klemens Jockwig, Am Tagstrand der Träume – Gedichte, Limburg 1986, S. 47.

Sich leiten lassen aus dem Geist der Liebe

(Gal 5,16–18.22–23; 6,2)

Das Paar hatte sich mit der Einladung und der Gestaltung von Hochzeitsfeier und Gottesdienst große Mühe gegeben. Hierin zeigt sich ein persönlicher Gestaltungswille, der durchaus dem Suchen eines eigenen Lebensstils entspricht. Natürlich ist vieles dann doch – oft unbewußt – auch von Umwelt und Brauch diktiert. Auch in diesem Fall war es so, denn die verschlungenen Herzen auf der Einladung sind ja nicht gerade neueste Erfindung. Sie sind ein Symbol überzeitlich und über den Einzelfall hinaus, wie vieles in der Liturgie und ihrer Sprache auch!

Das Herz als Symbol der Liebe

Das Herz ist ein allgegenwärtiges Symbol der Liebe. Sie zieren auch die Einladungen zu dieser Hochzeit und Trauung – zwei ineinander verschlungene Herzen. Liebe verbindet die Herzen – und, wenn sie es tut, hat sie das Verlangen nach Dauer.
Ehe soll ein Liebesbund sein. Das ist unsere Forderung, auch wenn sie noch andere Komponenten hat, etwa ihre Öffentlichkeit vor der Familie und dem Standesbeamten, und wenn sie in vergangener Zeit in der materiellen Absicherung einen anderen Rückhalt für ihren Bestand hatte als heute.
Die Forderung nach der persönlichen Liebesbeziehung eines Paares gibt aber heute den alles entscheidenden Ausschlag für eine Bindung aneinander. So ist es auch verständlich, daß es heute Liebesbeziehungen gibt, die gelebt werden und auch eine Dauer haben, ohne daß sie von vorneherein sich als Ehe bekennen. Aber auch vor dem Traualtar gilt diese Forderung nach der Liebe in den Herzen. Und vom religiösen Standpunkt aus können wir durchaus zustimmend bekennen: Es ist Gottes Liebe und Gottes Geist, der Liebe ist, der die Herzen in der Liebe miteinander verbindet und trägt. Nichts bindet mehr als dieses innere Gesetz der Liebe. Und darum sind alle anderen Gründe, wirtschaftliche Überlegungen, die Erwartung der Familie, die positive Erfahrung, daß man zusammenpaßt und in den persönlichen Wünschen und Bedürfnissen eine gewisse Harmonie erreicht bis hin zur Sexualität, dies alles sind Argumente für die Ehe und können auch ein Paar

zur Ehe drängen; letztendlich aber bleibt nur eines als letztes Kriterium übrig: Lieben wir einander?
Der Apostel würde sagen, ihr seid frei und zur Freiheit berufen und es gibt nur ein Gesetz – das der Liebe, und seine Empfehlung lautet: Laßt euch vom Geist (dieser Liebe) leiten! Und dieser Geist, so können wir mit Fug und Recht ergänzen, ist nicht ein Programm in den Köpfen, sondern eine lebendige Macht in den Herzen, sonst würde er nicht an anderer Stelle sagen: »Die Liebe Gottes ist ausgegossen in unseren Herzen durch den Heiligen Geist« (Röm 5,5). Es ist die Liebe als das Innerste Gottes selbst. Er wirkt die Liebe, und wer sich der Liebe öffnet und sich ihr verschreibt, in dem ist Gott selbst am Werk.

Lebensgestaltung aus dem Geist der Liebe

Nun gibt es bei einer Hochzeit viele gute Wünsche, weniger Empfehlungen und Verhaltensmaßregeln, die man einem jungen Paar mit auf den Weg gibt. Sie müßten, sagen die Hochzeitsgäste, schon selber sehen, wie sie miteinander und mit ihrem gemeinsamen Leben zurecht kommen. Wenn aber alles an der persönlichen Liebe des einen zum anderen hängt, ist dann eine Ehe in ihrem Bestand nicht außerordentlich angreifbar und gefährdet? Angesichts dieses, man könnte fast sagen, seidenen Fadens, wagt kaum jemand mehr, dem Paar gute Ratschläge zu geben. So kommen uns auch die Ratschläge der Bibel, die Liebe solle sich bewähren in Güte, Langmut, Sanftmut, Freundlichkeit, Friede, Freude, Selbstbeherrschung eher als etwas Altertümliches vor. Diese Empfehlungen sind eher belastend, wie etwas, das man hinnimmt wie ein zu reichliches Hochzeitsessen. Und das ganze Hehre und Hohe von Friede und Liebe und Freude reizt geradezu zur ironischen Bemerkung, das rieche ganz nach einer Gefühlsduselei von Friede, Freude, Eierkuchen, die mit dem Alltag nichts zu tun habe.
Unsere Hochzeitstafel scheint schlichter, kalorienbewußter gedeckt zu sein. Ehe ist Partnerschaft, die sich in Toleranz zum anderen und im Streben nach Selbstverwirklichung einzupendeln hat. Ehe ist weniger ein hehrer Treueschwur denn eine Solidarität, die sich zu einer gegenseitigen Gemeinschaft und, ohne den anderen zu bevormunden, aber angesichts der Anforderungen in Beruf und Gesellschaft zu einer gegenseitigen Unterstützung verpflichtet weiß. Ehe ist kaum erlebbar als das Sakrament gött-

licher und menschlicher Verknüpfung in der einen Liebe, sondern ist sich verpflichtet, dem anderen und sich selbst zum Glück zu sein, ein Versuch, die Anstrengung zu wagen, gut miteinander auszukommen.
Das hindert aber nicht daran, zugleich mit hohen Erwartungen an die Partnerschaft und an die Erfüllung eigener Sehnsüchte und Wünsche in eine Gemeinsamkeit der Ehe zu gehen. Gerade die Liebe darf dies träumen. Ehe wird geschlossen, besser müßten wir sagen, eröffnet, wenn sich diese Liebe als Vertrauen in die Zukunft dem anderen zu erkennen gibt. Das ist tatsächlich keine Gewißheit, sondern ein Versprechen, und darin sind Träume. »Desto mehr wird geträumt, je weniger bereits erlebt ist. Vor allem Liebe malt das ihre stets früher, als sie es hat«, sagt der Tübinger Philosoph Ernst Bloch. Aber diese Träume sind nicht Schäume, sondern sind Phantasien, die aufs Ganze gehen; Bilder und Hoffnungen, die nicht erzwungen werden können und die nicht mit der Begrenztheit menschlicher Kraft und menschlicher Liebe rechnen.

Phantasie gegen geisttötende Routine

Das aber hat der Apostel in scharfem Gegensatz herausgestellt. Menschlich ist das Scheitern in Eigennutz, Streit und Eifersucht. Geistlich im Sinne einer wirkenden Liebe aber ist die Hoffnung und das Verlangen, Liebe zu erfahren und schenken zu können, Freude zu wirken, und menschlich zu reifen in Partnerschaft und Selbstverwirklichung. Wenn der Apostel da alte Ideale aufzählt, die uns eher an Beschneidung des eigenen Glücks erinnern: Langmut, Güte, Selbstbeherrschung, dann stammt das aus seiner Welt, aber es entbindet uns nicht, die eigenen Vorstellungen von Glück und Gemeinsamkeit zu entwickeln, die Toleranz, den beharrlichen Kampf gegen Mittelmäßigkeit und Routine, die Phantasie gegen den tödlichen Trott, das Wagnis zum Ungewöhnlichen und Ungewohnten, um der eisernen Kralle des Gängigen und des Zwangs zu entgehen. Aber auch die Bitte um das tägliche Brot der Liebe im Alltag, das nötig ist, wenn man die Hochzeitstafel verläßt und zum Alltag übergeht, der niemals gelebt werden kann ohne Fest, ohne Phantasie des Ganzen, ohne Glücksgefühl der Erfüllung, die wirklich jetzt schon erlebt werden kann.

Dieter Müller

Das Wunder der Liebe erfahren (Kol 3,12–17)

Das Brautpaar kennt sich schon lange. Obwohl es schon einige Zeit vom Heimatort weggezogen ist, findet die Hochzeit dort statt, weil beide Partner in der Heimat stark verwurzelt sind. Sie wollen bewußt kirchlich heiraten; beide gehören zum inneren Kern der Gemeinde.

Wir feiern Hochzeit! Da fällt es den meisten von uns nicht schwer, in froher Stimmung zu sein, und in dieser Freude hören sich die Sätze des Apostels Paulus gut an; sie passen so richtig zum Fest und klingen gut in unseren Ohren. Aber treffen sie auch unseren Alltag? Da bin ich nicht so sicher; deshalb möchte ich versuchen, diese Gedanken in unser ganz normales Leben herüberzuholen.
Schon die Anrede: »Erwählte, Heilige und Geliebte«! Im jetzigen Augenblick fällt es wohl nicht nur unserem Brautpaar leicht, sich so zu fühlen. Sind sie doch jetzt an einem Ziel angekommen, auf das hin sie sich lange gesehnt haben, und wir alle haben an dieser Freude teil. Aber im Alltag? Fühlen wir uns da auch von Gott erwählt und geliebt? Oder nicht oft mehr von ihm verlassen? So steht gleich am Anfang die Frage vor uns: Was bedeutet uns Glaube und Taufe? Christ sein und Leben aus dem Glauben?

»Bekleidet euch mit innigem Erbarmen, Freundlichkeit, Niedrigkeit, Milde und Langmut!«

Das Bild vom Kleid spricht uns heute besonders an; jeder und jede von uns hat sich überlegt, was er oder sie wohl zu diesem Fest anzieht, und wahrscheinlich hat sich nicht nur die Braut dafür ein neues Kleid gekauft. Wir sollten also diese Tugenden anziehen wie ein Kleid: Erbarmen und Freundlichkeit, statt Demut sage ich lieber (mit Fridolin Stier) Niedrigkeit! Milde und Geduld (Lang-Mut sagt vielleicht noch mehr als Geduld!)*
Diese Tugenden gelten in unserem Alltag nicht viel! Da ist Lei-

* Das Neue Testament übersetzt von Fridolin Stier. Aus dem Nachlaß herausgegeben von Eleonore Beck/Gabriele Miller/Eugen Sitarz, München 1989.

stung und Härte gefordert! Wenn man vorwärtskommen will, muß man sich durchsetzen können. Statt Milde und Güte brauchen wir Ellenbogen. Das erleben schon unsere Kinder in der Schule und die Erwachsenen im Beruf.
Können wir eigentlich in der Ehe und in der Familie andere Menschen sein als draußen im Beruf, in Politik und Gesellschaft? Werden wir da nicht schizophren, psychisch aufgespalten und krank? Oder können wir uns diese Tugenden auch »draußen« leisten?
Was uns möglich und wichtig ist, möchte ich so benennen: die Bereitschaft haben, sich einzufühlen in den anderen. Gewöhnlich gehen wir von unseren Erlebnissen und Bedürfnissen aus. Ganz konkret: Nach einem Arbeitstag kommt jeder müde und angefüllt nach Hause. Kann dann einer auf den anderen sich einstellen? Reden und Schweigen, Erzählen und Zuhören, Arbeiten und Ausruhen, Fragen und Antworten. Zulassen und Auffangen? Vorbehaltlos Annehmen und Austauschen?

»Ertragt einander und vergebt einander!«

Vergeben und Verzeihen? Das ist eher selten in unserer Welt heute! Denken wir nur an all das Kleingedruckte auf den vielen Formularen und Rechnungen! Jeder, ob Handwerker, Arzt, Autofahrer oder auch bloß Nachbar, muß sich absichern, daß ein Fehler ihn nicht brotlos macht. Wir verlangen überall Perfektion, und wenn Fehler passieren, Schadenersatz! Ist es da ein Wunder, daß viele Menschen resignieren, weil diese Erwartungen nicht erfüllt werden können? In der Ehe heißt das: »Ich sag schon lang nichts mehr, es nützt ja doch nichts!« »Es hat keinen Wert, ich muß mich damit abfinden – oder scheiden lassen.«
Dagegen ist Ertragen und Vergeben etwas Aktives: Fridolin Stier übersetzt »Vergeben« mit »Gnade schenken«!, weil das Wort »Charis« im griechischen Zeitwort steckt: Dem Partner »Gnade« schenken, heißt ihm eine neue Lebensmöglichkeit geben, weil Gott mich selbst mit meinen Fehlern annimmt und leben läßt!

»Über all dem aber ist die Liebe; sie ist das Band der Vollkommenheit!«

Die Liebe hält alles zusammen! Paulus denkt dabei wohl an das damalige Kleid, das bis zum Boden reichende lange Hemd, das

mit dem Gürtel geschürzt werden muß, wenn man auf die Straße oder zur Arbeit geht. So hält die Liebe alle die Kontakte und Beziehungen zusammen, die da um unsere Person herumflattern. Es ist ja nicht so, daß da nur zwei Menschen einander in der Ehe begegnen; vielmehr steht jeder von beiden in einem Beziehungsgeflecht von Familie, Verwandtschaft, Freunden und Freundinnen, Berufskollegen usw. Es ist etwas Schönes und Bereicherndes, in das Beziehungsgeflecht des Ehepartners mit aufgenommen zu werden; manchmal ist es aber auch sehr schwierig und gelingt in Jahren nicht.
Dann wiederum steht das Lebensgefühl des normalen Menschen heute dagegen: Er rechnet und zählt! »Im Leben wird einem nichts geschenkt«, ist doch ein geflügeltes Wort. »Was bringst du mit?« »Bist du ebenbürtig? Oder zu arm oder zu reich? Zu dumm oder zu gescheit?«
Liebe rechnet nicht! Liebe ist etwas anderes, sie kann man nicht kaufen! In der Liebe zählt der Mensch, so wie er ist. Darum versteht oft ein Außenstehender nicht, warum gerade die beiden sich gern haben. Dieses Geheimnis sollten wir stehen lassen. Was einer dem anderen bedeutet, weiß eigentlich nur der andere; der oder die andere aber sollte es dem oder der einen sagen, immer wieder von neuem. Und so das Wunder der Liebe erfahren. Dabei ist es gut, dies nicht nur in Worten, sondern auch in konkreten Handlungen auszudrücken: Ein ganz kleines Zeichen im Alltag sagt oft besser: »Ich mag dich!«, als große Geschenke! So »herrscht« (oder besser noch mit Stier: »entscheidet«) der Friede des Messias in euren Herzen!

Zum Schluß ruft uns der Apostel zweimal zum Danken auf: »Sagt Gott dem Vater Dank – durch den Christus!« Das ist der Grund, warum Eure Eheschließung eingebettet ist in die Feier der Eucharistie! Eucharistie heißt ja Danksagung! Laßt uns durch den in Eurer Liebe sichtbaren Christus Gott danken, der eben auch hier in Brot und Wein da ist. Dank für seine Menschwerdung und Erlösungstat, Dank für das Sichtbarwerden seiner Liebe in Eurem gemeinsamen Leben.

Anton Durner

»Ein Segen sollst du sein«

Das Ja zueinander als Sakrament des Lebens

Ein Segen sollt ihr einander sein (Gen 12,1–3)

Beide sind in der Gemeinde »groß« geworden. Über Erstkommunion und Firmung stießen sie verantwortlich zur Jugend- und Ministrantenarbeit. Auch während des gemeinsamen Studiums pflegten sie den Kontakt zu »ihrer« Kirchengemeinde, wo sie im großen Rahmen die Hochzeit feierten.

Heute es es also soweit: Ihr sprecht Euer gegenseitiges Ja in der Kirche, in der Ihr getauft wurdet, die Erstkommunion gefeiert und die Firmung empfangen habt. Als Ministranten habt Ihr die Sonn- und Feiertage mitgestaltet. Ihr erklärt heute Eure Liebe öffentlich vor den Menschen, die mit Euch ihre Jugendzeit hier verbracht haben und mit denen Ihr weiterhin freundschaftlich verbunden seid.
Nun verlaßt Ihr Degerloch und zieht nach Freiburg, das Euch durch das Studium zur zweiten Heimat geworden ist. Ihr verlaßt Euer Eltern- und Familiendomizil. Ich verstehe, liebe Eltern, daß zum lachenden Auge heute auch das weinende gehört. Ihr verlaßt Eure Heimatpfarrei, um in der neuen Kirchengemeinde Euch entsprechend einzubringen. Zum Leben gehört der Aufbruch. Wer zu neuen Ufern zieht, muß Abschied nehmen können. Vertrautes hinter sich lassen. Wie oft Ihr in Eurem gemeinsamen Leben umziehen werdet?

Zu Eurem Selbstverständnis paßt die Abrahamsgeschichte Gen 12,1–3.
»Zieh weg aus deinem Land, von deiner Verwandtschaft und aus deinem Vaterhaus.« Gott verlangt von Abraham diesen Schritt, weil er mit diesem Stammvater die Geschichte Gottes mit den Menschen beginnen soll. Aus Abraham soll das Gottesvolk des altbundlichen Israel und der neubundlichen Kirche hervorgehen. Inzwischen ist daraus das große Volk der Glaubenden aus vielen Nationen und Sprachen geworden. Die Universalität dieses Gottesglauben habt Ihr durch Euren Aufenthalt in Peru etwas kennengelernt. Ihr schließt heute den Bund der Ehe. Paulus meint, dieser Bund soll ein Zeichen der unwiderruflichen Verbundenheit Gottes mit den Menschen sein. Die Treue in der Ehe ist also mehr als eine bloße ethische Norm.

Abraham wußte nicht, was Gott mit ihm vor hat. Lapidar erzählt die Bibel: »Da zog Abraham weg, wie der Herr ihm gesagt hatte. Er nahm seine Frau Sarah mit.« Was sich in und zwischen den beiden zugetragen hat? Ihr könnt die Tragweite des gehorsamen Glaubens dieser unserer Stammeltern am ehesten nachempfinden. »Sie wanderten nach Kanaan aus und kamen dort an.« Wo Ihr immer ankommen werdet – persönlich, beruflich, geschichtlich, weiß Gott allein.
Dies jedenfalls ist nötig: daß Ihr Glauben habt; Glauben in der Gestalt des Vertrauens. Vertrauen »hat« man nicht – sowenig wie das Leben. Wir müssen vielmehr das Vertrauen füreinander und zu den Lebenssituationen täglich neu setzen. Ich wünsche Euch dazu den Mut und die Verwegenheit Abrahams und Sarahs.

Vertrauen hat mit Gott zu tun. Wir dürfen auf den Gott Israels und den Vater Jesu Christi setzen, weil er sich für uns erklärt hat. Für dieses Mit-sein Gottes in unserem Leben hat die Bibel ein besonderes Wort. Sie spricht vom »Segen«. Zu Abraham spricht Gott: »Ich werde dich segnen und deinen Namen groß machen. Ein Segen sollst du sein. Ich will segnen, die dich segnen. Durch dich sollen alle Geschlechter der Erde Segen erlangen.« Das ist eine große Zusage. Sie gilt Euch und denen, die mit Euch durchs Leben gehen.
Manchmal meine ich, Gott ist ein Freund des Risikos. Unbekannte Wege sind ihm sympathisch. Außergewöhnliches liebt er. Sackgassen fürchtet er nicht. Abgründen stellt er sich. Verkorkstes stiftet seine Phantasie an. Und wir? – pochen auf Sicherheit. Wer auf Nummer sicher gehen will, bedarf nicht den Segens Gottes. Wer angekommen ist, noch ehe er aufgebrochen ist, verzichtet auf die Zusage Gottes, weist seinen Segen zurück. Abraham und Sarah verhielten sich nicht so. Zurecht sagt deshalb der Hebräerbrief: »Aufgrund des Glaubens gehorchte Abraham dem Ruf, wegzuziehen in ein Land; und er zog weg, ohne zu wissen, wohin er kommen würde. Aufgrund des Glaubens empfing selbst Sarah die Kraft, trotz ihres Alters noch Mutter zu werden; denn sie hielt den für treu, der die Verheißung gegeben hatte« (Hebr 11,8.11). Ich glaube, diese Ermahnung, die eine Einladung ist, es Abraham und Sarah gleichzutun, spricht für sich selbst. Ihr seid auf dem Weg zueinander. Noch viel Neuland habt

Ihr gegenseitig auszukundschaften. Wohlwollen begleite Euch bei der Aneignung des in manchen Bereichen noch Fremden in Euch. Bedenkt, daß Gottes ganze Symphatie auf einem jeden von Euch ruht.
Gottes Wohlgefallen an uns will, daß wir den anderen Menschen wohlgesonnen sind. Ihr sollt nicht nur Euch ein Segen sein. Durch Euch sollen die Menschen, die Euch begegnen und die Ihr trefft, gesegnet sein. Gott will durch uns segensreich in dieser Welt wirken. Die Menschen sollen wissen, daß sie nicht blind dem Leben ausgeliefert sind. Unsere Gemeinde und ich wünschen und beten, daß Ihr immer Gottes rettendes Wirken im Segen erfahrt. Gebt seinen Segen weiter, wo immer Menschen nach dem Heilenden Ausschau halten.

Heribert Feifel

Seid gesegnet und werdet zum Segen! (Num 6,24–27)

Das Paar ist Mitte 20; er: Handwerker; sie: Kaufm. Angestellte; nach einigen Jahren gemeinsamen Lebens entschließen sie sich zur Heirat. Sie sind mit der örtlichen Kirchengemeinde verbunden, freilich ohne ständige kirchliche Praxis; die Teilnehmer an der kirchlichen Traufeier sind eher gemeindefern.

Sie beide haben sich als Geleitwort für die heutige Trauung den großen Segenstext des Alten Testaments ausgesucht. Sie bringen damit zum Ausdruck, daß Sie sich den heutigen, entscheidenden Schritt Ihres Lebens nicht ohne Gottes Segen und Geleit vorstellen können.
Sie legen Wert darauf, von Gott »gesehen« zu werden, »freundlich angesehen« zu werden, wie es dieses Segenswort ausdrückt. In der Zeit der Wüstenwanderung des Volkes Israel hat dieses Segenswort seinen ursprünglichen Platz. Von 40 langen Jahren der Wegsuche spricht dort die Heilige Schrift, vom Überlebenskampf, vom Hunger und Durst, von den Ängsten und vom Murren des Volkes, von der überraschenden Nahrung in der Wüste, vom geschenkten Lebenstrunk aus dem toten Felsen.
Ein solches Unterwegssein mit all seinem Auf und Ab, mit all seinen Unwägbarkeiten und Überraschungen, mit Not und Glück wartet auch auf Sie in Ihrem ehelichen Miteinander. Und auch darüber steht das Segenswort: Der Herr segne dich und behüte dich . . .
Natürlich: Sie selbst können vieles dazu beitragen, daß Ihr gemeinsames Leben gelingt. Aber das, was Sie in eigener Kraft »machen« und »schaffen« können, hat seine Grenzen. Sie wissen das. Sie haben das ja auch schon erleben müssen. Das Segenswort, das ich Ihnen heute mitgeben darf, spricht Ihnen zu: Auf allen Wegen, im Glück des erfüllten Lebens und an den Grenzen, wo Sie Ihre Armut spüren, dürfen Sie die Hände aufhalten und Gottes Nähe und Kraft empfangen: Der Herr segne dich und behüte dich . . .

Ich möchte Sie ermutigen, dem Segen Gottes viel zuzutrauen. Denn: Hat der Herr Sie nicht schon bisher begleitet? Sie sind doch längst von ihm gesegnet. Sie haben bis zur Stunde Men-

schen finden dürfen, die Sie an der Hand genommen, die Ihnen Wege geebnet, die Ihnen Verstehen und liebevolle Sorge geschenkt haben: Die Eltern, die Angehörigen, die Freunde. Es waren immer wieder Menschen da, auf deren Freundschaft und Treue Sie setzen konnten. Was wären Sie ohne all diese Wegbegleitung! Darin erwies sich Gottes Segen in Ihrem Leben – seither schon.
Und Sie sind jetzt schon seit einigen Jahren gesegnet, da Sie einander gefunden haben: als Partner. Sie haben einander liebgewonnen. Sie konnten sich aufeinander einstellen. Sie haben davon berichtet, daß das für Sie sehr schön, aber manchmal auch schmerzhaft war; daß Sie sich ergänzt, aber auch aneinander gerieben haben. Bisweilen wären Sie einander am liebsten auch davongelaufen. Aber Sie hatten die Kraft, sich zusammenzuraufen. Ist das nicht Geschenk und Gnade? Hat sich nicht in dem gelungenen Lernprozeß und dem treuen Durchhalten, in der Geduld Ihres Suchens nacheinander Gottes Segen gezeigt?
Was Sie bisher auf diesem Weg empfangen durften – Gottes Segen –, das wird Ihnen auch morgen auf Ihrem Weg angeboten sein. Gottes Segen ist freilich nicht immer so greifbar. Bisweilen bleibt er verborgen, wird vermittelt durch Menschen, durch Freunde, Kollegen und Verwandte; bisweilen liegt er einfach in den Geschehnissen und Erfahrungen des Lebens. Sie werden es lernen müssen, zwischen den Zeilen Ihres Lebens zu lesen. Es ist gar nicht immer so leicht, dafür ein Ohr zu haben, wo Gott uns anspricht. Da braucht es auch die Zeiten der Stille, des Innehaltens, des Nachdenkens und des besinnlichen Gesprächs. Da hat nicht zuletzt auch das gemeinsame Hören auf Gottes Wort – in der Gemeinschaft der Mitchristen – seinen guten Sinn. Werden Sie sich für all das Zeit nehmen?

Was den Gott des Volkes Israel, den segnenden Gott, besonders kennzeichnet: Er ist ein Gott, der sich mit seinem Volk auf den Weg macht. Immer wieder befiehlt er dem Volk, aufzubrechen, unterwegs zu sein, Gefangenschaft und Enge, Behäbigkeit und Sattheit hinter sich zu lassen. Er sagt Ja zum Aufbrechen, zum Unterwegssein, zum Werden und Wachsen.
Und das gilt bis heute. Das gilt auch für seinen Weg mit Ihnen. Er heißt auch Sie aufzubrechen, sich stets neu auf den Weg zu machen miteinander, die Gewohnheiten und Traditionen in

Frage zu stellen, wo sie das Leben beengen und behindern; er heißt Sie Ja zu sagen zum Werden und Wachsen in der Partnerschaft, in der Liebe, in der Herzlichkeit, in der Zärtlichkeit, in der Geduld. Gott verheißt Ihnen seinen Segen dazu, mit Mut und Ausdauer all ihre Werde- und Wachstumsprozesse zu bestehen.
Gottes Segen ist keine Versicherung gegen Unerquickliches. Er ist keine magische Formel, die vor Enttäuschungen bewahrt.
Gottes Segen kommt uns nicht nur im Leichten und Angenehmen zu; bisweilen empfangen wir ihn auch inmitten der Herausforderungen, inmitten der schmerzlichen Enttäuschungen.
Vielleicht hören wir das nicht so gern, aber es ist so: Durch schmerzliche Erfahrungen, durch Auseinandersetzungen hindurch gewinnt unser Leben bisweilen noch viel mehr Reife, Tiefgang, Weite und Segen.

Ich darf Ihnen in dieser Stunde Gottes Segen zusprechen. Und Sie werden gesandt, Segen weiterzuschenken. Denn alle, die Gott mit seinem Segen beschenkt, macht er auch zu seinen Sendboten. Er will, daß Sie für andere zum Segen werden. Sie empfangen Gabe und Aufgabe zugleich. Sie dürfen zum Segen werden für Ihre Kinder und Enkelkinder, wenn sie Ihnen einmal geschenkt sind. Sie dürfen zum Segen werden für Ihre Angehörigen und Freunde, für Ihre Nachbarn und Kollegen. Sie dürfen zur Gestaltung der Lebensatmosphäre in Ihrer Nähe und nächsten Umgebung beitragen. Die Welt, in der oft Härte und Kälte die Oberhand gewinnen, hungert nach segnenden Menschen. Schauen Sie also auch über Ihren engen Kreis hinaus!
Jeden Morgen neu aber wird es Ihr Auftrag sein, einander den Segen Gottes auszuteilen. Ihr Miteinander ist ja mit dem heutigen Tag nicht fertig. Es bleibt ein ständiger Austausch, ein Geben und Nehmen. Sie werden einander weiterformen. Sie werden sich gegenseitig helfen können, wach und lebendig, Mensch zu sein: So dürfen Sie einander segnen – in Gottes Namen und Auftrag.
Gott hat seinen Segen auf jeden einzelnen von Ihnen gelegt, auf Ihr Angesicht, in Ihr Herz. Der Segen ist wie ein Samenkorn, das Samenkorn der Liebe.
Ich wünsche Ihnen, daß dieses Samenkorn reich aufgeht.
Ich wünsche Ihnen Segen und Heil.

Wolfgang Schrenk

Der Herr ist mein Hirt (Ps 23)

Sogenannte »ökumenische Trauung«, wobei die evangelische Braut vom Glauben her federführend und der katholische Bräutigam eher passiv war. Immerhin haben beide den Psalm 23 bewußt ausgewählt, weil er auf dem bisherigen Lebensweg (besonders der Braut) schon schwere Situationen bestehen half und von Kindheit an zum »religiösen Urbestand« gehört hat.

Kaum ein Psalm ist uns so vertraut wie dieser. Ob wir katholisch oder evangelisch sind, dieser Psalm von der Hirtensorge Gottes hat sich uns eingeprägt. Sie haben ihn als Trau-Text ausgewählt, weil er mit Ihren Erfahrungen und Ihrer persönlichen Lebensgeschichte zusammenhängt – mit Menschen, die Ihnen auf Ihrem Weg wichtig geworden sind. Und sie möchten jetzt diesen Psalm zum Leitwort für das Kommende – für Ihre Ehe – nehmen.

»Der Herr ist mein Hirt«

In diesem Bild ist besonders lebendig gefaßt, wer Gott für uns ist, für Sie beide ist: nicht die Oberinstanz, die in der Chefetage regiert; nicht der Herrscher, der Ansprüche an uns stellt und uns seinem Willen gefügig machen will, sondern der Hirt. Der Hirt (im Sinn des Alten Testaments) lebt mitten unter seinen Tieren und kümmert sich um sie. Gott ist es nicht gleichgültig, wie es uns geht – was aus Ihrer Ehe wird. Er will, daß wir das Leben haben, »und es in Fülle haben«.

»Nichts wird mir fehlen« . . .

freilich nicht in dem Sinn, als ob Gott uns immer und sofort alle Bedürfnisse stillt und alle Steine aus dem Weg räumt. Aber wie der Hirt auch durch Durststrecken hindurch bei seiner Herde bleibt und mit ihr geht, so sorgt Gott für unser Leben. Gott ist nicht die stille Reserve, die man am Anfang seiner Ehe (bei der kirchlichen Trauung) zur Sicherheit einbaut; eine Art Versicherung, daß nichts passiert. Sondern er ist der Wegbegleiter, besser: der Bergführer, dem wir uns anvertrauen können; der die Schwierigkeiten nicht wegräumt, aber sie mit uns besteht.

»Und muß ich auch wandern in finsterer Schlucht, ich fürchte kein Unheil; du bist bei mir«

Not im Leben ist ja letztlich nicht, wenn mir etwas fehlt, wenn der Erfolg ausbleibt, wenn ich Schmerzen aushalten muß. Not wird alles erst, wenn ich niemanden habe, der das mit mir trägt, mir die Treue hält. Wer sich Gott als dem Hirten seines Lebens anvertraut, dem wird im Letzten nichts fehlen. Das ist die Erfahrung des Psalmbeters. Und für diese Erfahrung stehen auch Menschen, die aus diesem Vertrauen gelebt haben (Ihre Eltern . . .) und für Sie prägend geworden sind.

»Du deckst mir den Tisch vor den Augen meiner Feinde«

Vielleicht befremdet uns dieser Gedanke an einem solchen Tag wie heute, der ja Harmonie ausstrahlt. Feinde im bösen Sinn haben Sie wahrscheinlich gar nicht. Und doch wäre es eine Illusion, wenn wir nicht wahrhaben wollten, daß es das gibt: Feinde im abgewandelten Sinn; Eindringlinge von außen und innen, die mich abziehen wollen von dem Weg, von dem ich überzeugt bin; Anfechtungen, die unsere Gemeinschaft untergraben wollen, die Routine, der Trend – was »man« so sagt und denkt . . . Der häusliche Tisch ist Schutzburg: eine Quelle der Widerstandskraft. Wo wir einander den Tisch decken, wo wir daheim sind, da wachsen uns die Kräfte zu, Widerständen die Stirn zu bieten – *und* Gegner nicht zu verdammen (»Segnet, die euch verfolgen«!). Und erst recht gilt das vom Tisch der Eucharistie, der uns nachher gedeckt wird.

»Er führt mich zum Ruheplatz am Wasser«

Die Ehe ist gewiß keine Durststrecke, im Gegenteil: sie ist ja selber schon ein Stück der grünen Weide am Wasser. Aber auch in einer Ehe kann man unter Druck kommen und meinen, man müsse einander etwas beweisen, der immer Starke, Frohe, Interessante sein . . .
Wo wir uns Gott anvertrauen, finden wir immer Plätze zum Aushalten, Luft zum Atmen. Bei ihm weiß ich: ich darf der sein, der ich bin.
Und von ihm geht die notwendige Orientierung aus. Der Hirt

bleibt mit seinen Schafen ja nicht stehen am gleichen Fleck – er führt die richtigen Wege. Ich brauche nicht mißtrauisch bei jedem Schritt, den ich geführt werde, bezweifeln, ob ich auch gut beraten war. Ich brauche nicht bohren, ob wir wirklich die Richtigen füreinander sind. Ich darf vertrauen, daß Gott uns zueinander gerufen hat. Ich kann das »hätt ich . . .«, »hätte ich nicht . . .«, sein lassen und mich beherzt dem Weg anvertrauen. Gott geht mit. Ich vertraue mich seiner Führung an.
Bei allem, was wir nun bedacht haben, schwang immer schon ein Gedanke mit: Sie selber sind ja füreinander Hirten! Sie selber werden einander Ruheplatz am Wasser, Stab und Stütze sein – und so die Hirtensorge Gottes füreinander transparent machen (so wie Ihnen ja auch die Wahrheit des Psalm 23 durch andere Menschen aufgeleuchtet ist!).

Thomas Keller

Jesu dreifaches Liebesgebot in der Ehe (Mt 22,35–40)

Sie ist Studentin im höheren Semester, er gerade fertig als Mediziner; er ist katholisch, sie evangelisch. Beide eher skeptisch gegenüber der Kirche – die kirchliche Trauung war nicht von Anfang an selbstverständlich –, aber ehrlich suchend, fragend, er von einem eher rationalen Ansatz aus.

Wenn man diesen Schrifttext hört, den Sie sich ausgewählt haben zu ihrer Trauung, weil er Ihnen doch wohl etwas sagt für Ihren gemeinsamen Lebensweg, dann könnte man zunächst erstaunt sein: Es ist ein so allgemeiner Text, da steht ja gar nichts Besonderes über die Ehe, über ihre Bedeutung und Würde und Schönheit, oder auch über ihre Probleme und Aufgaben. Es ist nur die Rede von Liebe.

Nur? Nur von der Liebe?! Ja, von was sollte denn noch die Rede sein!? Die Liebe umfaßt eben alles; auf ihr beruht – das ist die Aussage unseres Evangelientextes – alles, »das ganze Gesetz samt den Propheten« in der Sprache Jesu; wir würden vielleicht sagen: auf ihr beruht unser ganzer Glaube (statt Gesetz: weil ja für das Alte Testament Gesetz nicht die Ansammlung einzelner Gesetze bedeutet, sondern die Grundoffenbarung Gottes) und unsere ganze Hoffnung (dargestellt im Alten Testament durch die Propheten). Oder mit anderen Worten: Die Liebe steht in der Spannung von Vergangenheit – was uns trägt –, und Zukunft – was uns zieht, worauf wir hingehen.

Die Liebe ist die letzte Grundlage und die höchste Ausfaltung jeder menschlichen Beziehung und jedes menschlichen Tuns. Ich meine das so: Je mehr etwas von Liebe getragen ist, nicht: je effektiver oder nützlicher oder gescheiter oder schöner etwas ist, nein: je mehr etwas von Liebe getragen ist, desto menschlicher im vollen Sinn des Wortes ist es. Liebe also als Synonym für Menschlichkeit.

Liebe ist aber auch ein Synonym für Gott: »Gott *ist* die Liebe«, sagt der Apostel Johannes. Jesu Verkündigung und Wirken war eine einzige, sehr konkrete und erfahrbare Offenbarung dieser Wahrheit, daß Gott die Liebe ist.

Unsere Fähigkeit zur Liebe ist es also, die uns Menschen grundlegend mit Gott verbindet, die uns zum Bilde Gottes macht, wie es schon auf den ersten Seiten der Bibel im sogenannten Schöpfungsbericht besungen wird. Und diese Ebenbildlichkeit des Menschen, mit Gott, dem grundlos liebenden, ist die seinsmäßige Voraussetzung für die unauflösliche Verkoppelung der Nächsten- und der Gottesliebe, wie sie im Hauptgebot der Liebe unseres heutigen Textes von Jesus behauptet wird. Nächstenliebe, also Liebe zum anderen Menschen, ist Gottesliebe, Gottesliebe ist Nächstenliebe, nicht, weil Jesus ein solches Gebot erlassen hat, sondern, viel grundlegender, weil Gott uns nach seinem Bild geschaffen hat.

In jeder Liebe zwischen Menschen ist Gott, der Liebende, *da;* je inniger, echter, voller, den ganzen Menschen umfassend diese menschliche Liebe ist, desto mehr ist sie Bekenntnis und Offenbarung des liebenden Gottes, desto mehr ist Gott gegenwärtig. Deshalb ist die Ehe, die ja die denkbar innigste und die unbedingte Liebesgemeinschaft sein will, nach der Überzeugung der katholischen Kirche Sakrament, d. h. Ort der bejahenden Liebe Gottes (Gnade genannt) diesen beiden Menschen gegenüber.

Die großen Worte, die ich nun gemacht habe und die letztlich sicher stimmen – davon bin ich jedenfalls überzeugt, sonst hätte ich sie nicht gebraucht –, sie klingen uns doch etwas oder auch sehr hohl, wenn wir die Wirklichkeit in uns und um uns betrachten, konkreter: in den Ehen, die wir kennen und leben.

Auch Sie beide sind nüchtern genug, diese festliche und schöne Trauungsfeier als Beginn eines – auch mühsamen – Weges durch den Alltag zu verstehen.

Mühsam nicht nur wegen aller möglichen äußeren Umstände und Belastungen beruflicher, gesellschaftlicher, vielleicht auch politischer Art, sondern doch vor allem, weil wir uns selbst immer mitnehmen (müssen und dürfen) auf diesem Weg: mich selbst und den anderen. Also doppeltes Gewicht!

Allzu oft übersehen wir – wir Pfarrer bei unseren Predigten über die Liebe, aber auch liebende Menschen im Überschwang ihrer Liebe und ihrer Begeisterung füreinander – diesen realistischen, nüchternen, ja ernüchternden Satzteil in Jesu Wort: »wie dich selbst«. Hier ist uns ja ein Maß gegeben, das klar zu sein scheint: wie mich selbst. Und mich kenne ich doch.

Allerdings habe ich manchmal den Eindruck – bei mir selbst, wie aus vielen Gesprächen mit jungen Menschen –, daß gerade diese grundlegende Annahme meiner selbst, die gar nichts zu tun hat mit Selbstzufriedenheit und naiver Selbstsicherheit, doch viel schwieriger ist als die Annahme und Bejahung des anderen. Ist es nicht so, daß ich mich letztlich nur selbst annehmen kann, wenn und weil ich mich vom anderen angenommen erfahre – angenommen als der, der ich bin, mit all meinen Grenzen, Schwächen, Fehlern, Versagen, Hoffnungen und Enttäuschungen?

Dies wiederum befähigt mich, den anderen in eben seinen Grenzen, Schwächen, Fehlern, Versagen, Hoffnungen und Enttäuschungen anzunehmen . . . wie mich selbst, der ich angenommen bin.

Dies ist die große Not und Chance zugleich der ehelichen Gemeinschaft. Denn wo werden Grenzen, Schwächen und Fehler des anderen wie die eigenen deutlicher, greifbarer und entsprechend schmerzlicher bewußt als dort, wo zwei Menschen sich ganz füreinander öffnen wollen, ungeschützt und unbedingt, d. h. ohne Bedingungen, hinter die man sich schnell verstecken kann. Aber wo kann auch die Annahme dieser Grenzen, Schwächen und Fehler beglückender erfahren werden als hier, wo zwei Menschen sich »erkennen« (wie die Bibel die innigste Begegnung von Mann und Frau nennt) und in diesem »Erkennen« wissen: *Ich,* so wie ich wirklich bin und sein will, bin *bei dir* geborgen; und *du,* so wie du bist und sein willst, bist *bei mir* geborgen.

In diesem Sinn möchte ich auch den kurzen Text von Dietrich Bonhoeffer, diesen schlichten Reim, verstehen, der Ihnen so viel sagt: »Von guten Mächten wunderbar geborgen, erwarten wir getrost, was kommen mag. Gott ist mit uns am Abend und am Morgen, und ganz gewiß an jedem neuen Tag.«

Die guten Mächte: Bonhoeffer denkt da sicher nicht an irgendwelche überirdischen Mächte und Gewalten – nein: das sind wir uns gegenseitig, das sind Sie beide sich gegenseitig in neuer Weise von heute an und alle Tage Ihres Lebens. Aber wir können diese große, zugleich erschreckende wie beglückende Verantwortung füreinander nur übernehmen und durchtragen, weil in unserer gegenseitigen Liebe eben Gott mit uns ist »am Abend und am Morgen, und ganz gewiß an jedem neuen Tag«.

Ja, ob Morgen oder Abend, also Tag für Tag und alltäglich, in all den Banalitäten, Widerwärtigkeiten und kleinen Freuden: Darin geschieht das. Und an jedem neuen Tag: Es gibt immer wieder

einen neuen Anfang zwischen zwei Menschen, die sich – ich darf es einmal gewagt so sagen – »göttlich« lieben.
Hier möchte ich noch einmal zum Anfang meiner Ansprache zurückkehren, wo ich gesagt hatte, dies sei ein so allgemeiner Text, da stehe nichts Besonderes über die Ehe drin.
Das ist ja das Besondere an der Ehe, daß sie nichts Besonderes ist, daß dies seit Menschengedenken und tagtäglich auf dem weiten Erdenrund geschieht, und daß doch im gegenseitigen Ja dieser zwei Menschen etwas ganz Neues zwischen ihnen wächst, und in diesem Neuen das Ganze der menschlichen Erfahrung durch die Jahrhunderte da ist und neu lebendig wird.
So ist die Ehe alles andere als ein Egoismus zu zweit (oder zu dritt: mit dem Kind). Sie ist im Gegenteil die je neue Darstellung und Verkörperung menschlicher Liebe überhaupt. Sie ist deshalb Einübung der Liebe zu den Menschen und zu Gott, zugleich auch Zeugnis und Beweis für die anderen Menschen, daß so etwas wie Liebe möglich ist. Und täuschen wir uns nicht: Viele Menschen, mehr als wir meinen, alte wie junge, sehnen sich nach diesem durchaus nüchternen Zeugnis der Liebe, auch und gerade heute. Dies gehört zu Ihrem gemeinsamen Weg, und deshalb stellen Sie sich heute der Öffentlichkeit, der kirchlichen Gemeinde: daß sie Zeugen der Liebe, der menschlichen wie der göttlichen Liebe werden.
Wie Sie dieses Zeugnis verwirklichen, welche Formen Sie finden, dies ist letztlich nicht voraussehbar und auch nicht planbar. Dies ist Ihre ureigenste gemeinsame Aufgabe. Aber daß Sie diesen Weg beschreiten und ihn gemeinsam beschreiten und ihn durchhalten im Blick auf Jesus Christus, den Anführer unseres Glaubens, in dem »das Gesetz und die Propheten« erfüllt sind, dazu wollte ich Sie mit meinen Worten ermutigen. Dazu wünsche ich Ihnen den Segen unseres Gottes, der die Liebe ist.

P. Helmut Schmitt SJ

Konfessionsverschiedene Ehe – Mut zur Ökumene

(Eph 4,1–6)

Unsere Kirchengemeinde zählt 5500 Mitglieder. Der gewachsene Kontakt, die vielfältige Zusammenarbeit mit den neun evangelischen Nachbargemeinden sowie das gute Verhältnis zu ihnen tragen bei zu einem guten ökumenischen Klima innerhalb der Bevölkerung. Knapp die Hälfte der Ehen sind konfessionsverschieden. Sieben von zehn Trauungen in unserer Kirchengemeinde werden als Gemeinsame Kirchliche Trauungen – »Ökumenische Trauungen« – unter Beteiligung der Pfarrer beider Kirchen gehalten. Hier ein grundsätzliches Wort der Ermutigung.

Lassen Sie mich in ein paar Gedanken auf die ökumenische Bedeutung dieser Feier eingehen. Sie sollte nicht bloß dazu dienen, mehr oder weniger größere Familienkräche zu verhindern, weil durch die Anwesenheit beider Pfarrer der Proporz gewahrt ist. Sie kann und will Ausdruck der Verbundenheit mit der eigenen Kirche sein.

Wenn heute nicht nur ökumenische Trauungen, sondern – was noch viel wichtiger ist – ökumenisches Leben und Zusammenleben möglich sind, dann sollten wir uns darüber freuen. Die Kirchen haben es gelernt, tiefer in Gottes Wort hineinzuhören, sich deutlicher dem Anruf des Geistes Gottes zu stellen. Das hat zur Folge, daß die Kirchen mehr aufeinander zugehen. Und das in einer Zeit, in der – bei aller notwendigen Vielfalt – nur noch ein Mehr an sichtbarer Einheit überzeugend und glaubhaft sein kann. Wir nennen diese Bewegung: Ökumene. Lassen Sie mich dieses Wort und was sich dahinter verbirgt, ein wenig durchbuchstabieren.

Ökumene –

ein Fremdwort – für die Gleichgültigen

ein Reizwort – für die Festgelegten

ein Hauptwort – für die Begeisterten

ein Zukunftswort – für die noch nicht Resignierten

ein Fragewort	–	das auch kirchliche Strukturen erschüttert
ein Füllwort	–	das auch als Alibi mißbraucht wird
ein Trostwort	–	für die vielen durch die kirchlichen Spaltungen Verletzten
ein Leitwort	–	für die Suchenden

und vor allem eines der letzten Worte unseres Herrn Jesus Christus, auch wenn er den Begriff »Ökumene« wohl nicht gebraucht hat: *Seid eins!*

Sie leben in einer konfessionsverschiedenen Ehe. Und dies in einer gewiß besseren Zeit als noch vor einigen Jahrzehnten, wo die sogenannte »Mischehe« oft in unchristlicher Weise zum Spielball nicht nur der Kirchen, sondern auch der eigenen Verwandten wurde. Nicht selten bis zur Unerträglichkeit für die Betroffenen selbst. Das ist heute – Gott sei es gedankt! – weithin anders. Zwar nehmen Sie das Kreuz der immer noch gespaltenen Christenheit mit hinein in Ihre persönlichen Lebensbereiche. Sie werden dies, wenn Sie überzeugte Christen sein wollen, auch spüren, bisweilen sogar darunter leiden. Aber Sie haben gleichzeitig die große Chance, diesen Riß im persönlichen Leben zu heilen. Sie können »im kleinen« vorleben, wozu die Kirchen »im großen« heute aufgerufen sind: daß wir uns über eine unverbindliche ökumenische Artigkeit und Wohlanständigkeit hinaus noch deutlicher und sichtbarer aneinander freuen; daß wir leidenschaftlicher hineinwachsen in den gemeinsamen Glauben, in die gemeinsame Hoffnung und Liebe; daß wir in gemeinsamer Verantwortung für eine humane Welt eintreten. Die anfangs gehörten Worte aus dem Epheserbrief ermutigen dazu: ». . . ertragt einander in Liebe, und bemüht euch, die Einheit des Geistes zu wahren durch den Frieden, der euch zusammenhält. Ein Leib und ein Geist, wie euch durch eure Berufung auch eine gemeinsame Hoffnung gegeben ist; ein Herr, ein Glaube, eine Taufe, ein Gott und Vater aller . . .«

Es ist der *eine* Gott, der in Jesus Christus sein endgültiges und unumstößliches Ja zu uns Menschen gesprochen hat. Und so geht es nun »im großen« der Kirche wie »im kleinen« der ehelichen und familiären Atmosphäre darum, die befreiende und

frohmachende Botschaft Jesu möglichst glaubwürdig zu leben. Aus konfessionsverschiedenen Ehen können konfessionsverbindende Ehen werden. Dann vollzieht die konfessionsverschiedene Ehe nicht Kirchen-Spaltung, sondern Kirchen-Einheit.
Dabei setzen wir unser gläubiges Vertrauen nicht in Gesetze, auch nicht in kirchliche Gesetze, sondern allein in die helfende, heilende, heilmachende Kraft und Güte des dreieinigen Gottes.
Konfessionsverschiedene Ehe in unserer Zeit – das wage ich so zu sehen und zu sagen – *kann* Christentum in einer besonderen und begnadeten existentiellen Form sein. Sie verlangt allerdings offene und starke Christen. Dies zu sein wünsche ich Ihnen auf Ihrem gemeinsamen Lebensweg. Haben Sie Mut zur Ökumene! Aus Liebe zu Gott, aus Freude am Glauben, aus Treue zum eigenen Mensch- und Christsein!
Die Kraft dazu erbitten wir im gemeinsamen Glauben von dem einen, unteilbaren Gott.
Zu einer konsequent ersehnten und gelebten Ökumene in allen Bereichen unseres Christseins sagt der evangelische Mönch Roger Schutz aus Taizé in Frankreich: »Was wir brauchen, ist ein Herz, das weit genug; eine Phantasie, die offen genug; und eine Liebe, die brennend genug ist, um die Wege zu finden, auf denen wir, wenn wir einmal zur sichtbaren Gemeinschaft aller Christen zurückgefunden haben, fähig werden, der Welt unseren Glauben mitzuteilen.«

Michael Broch

Liebt einander, wie Christus euch geliebt hat
(Eph 5,1–2.25–33)

Konfessionsverschiedenes Paar, das die Trauung zunächst möglichst »ungestreift« hinter sich bringen wollte, aber dann doch anhand der Schriftstelle aus dem Epheserbrief anfing, Fragen und Gedanken zu formulieren, was für die beiden Partner »kirchlich heiraten« bedeutet.

»Ihr Männer, liebt eure Frauen« – und umgekehrt – wird uns da ans Herz gelegt im Brief an die Epheser. Eigentlich ein wenig fehl am Platz, diese Aufforderung, hier bei einer Trauung. Denn Sie heiraten ja, weil Sie einander lieben – man braucht Sie nicht erst dazu aufzufordern. Sonst wären Sie nicht hier.
Trotzdem haben Sie sich diese Stelle aus der Heiligen Schrift ausgewählt, weil da nicht nur allgemein zur Liebe gemahnt, sondern auch von der Quelle der Liebe gesprochen wird. Liebe ist ja ein sehr verletzliches Gut: Sie kann wachsen, reifen – aber auch verwelken und verdorren. Und so mancher, der heute bei Ihrer Trauung dabei ist, wird sich stillschweigend fragen, was inzwischen aus der Liebe geworden ist, die am Anfang des gemeinsamen Ehe-Weges stand.
»Bleibt in der Liebe – wandelt in der Liebe«, heißt es wörtlich im Brief an die Epheser. Das ist der Nerv: Wie geht es, daß unsere Liebe bleibt – und tiefer wird? Was ist wichtig, damit Partnerschaft, Ehe gelingt? Nicht bloß so, daß man beieinander aushält, sondern so, daß man einander zur Erfüllung des Lebens hilft?
Der Epheserbrief sagt: »Bleibt in der Liebe, wie auch Christus euch geliebt hat.« »Liebt einander so, wie Christus die Kirche geliebt und sich für sie hingegeben hat!« Was ist damit gemeint?

Sehr viel – zuviel! – in unserem Leben ist auf Verbrauch angelegt: Etwas davon haben, sich etwas leisten können ist wichtig. Ich möchte etwas *haben* von meinem Leben – gut! Ich möchte etwas von dir haben – gut! Aber es kann nicht alles sein. Auch in unsere menschlichen Beziehungen schleicht sich leicht die Konsum-Mentalität ein: Einander gebrauchen, solange es »mir etwas bringt«. Aber das ist eine Ebene, auf der wir nicht zueinander finden. Wir suchen dann nur etwas, aber nicht den andern selbst. Wahre Liebe will nicht etwas, sondern sucht den andern, indem sie sich öffnet, herschenkt, »hingibt«. Das ist es – sagt der Epheserbrief – was wir an Gottes Liebe erfahren: Der Gott, den uns das Evangelium verkündet und der uns ins Leben gerufen hat, verfügt nicht über uns – nach Art der griechischen Götter, die den Menschen für sich arbeiten lassen und sich im Olymp noch über sie lustig machen; es ist der Gott, der Partnerschaft und Liebe sucht und anbietet. Ja, er liefert sich in Jesus Christus an uns aus und sucht unsere Antwort der Liebe.

An Jesus Christus ist zu begreifen, was die Liebe Gottes ist: Sie geht aufs Ganze. Christus gibt sich hin für uns Menschen – bis zum Letzten.

An diesem – sehr hohen! – Maßstab wollt Ihr Euch ausrichten. Ihr wollt in Eurer Liebe »aufs Ganze gehen«, Euch einander ganz geben! Darum geht eine Ehe auf ein Leben hin – nicht weil es in einem Gesetz so steht, daß eine Ehe unauflöslich ist, sondern weil wahre Liebe aufs Ganze geht. Und wenn sie den anderen Menschen ganz meint, dann kommt sie nie an ein Ende, dann umschließt sie Jugend und Alter, Gesundheit und Krankheit, Schwächen und Stärken, Auf und Ab. Sie ist ein ständiger Prozeß – ein Weg, der ein Leben lang dauert.

Kirchlich heiraten heißt jetzt aber nicht bloß: Einander eine solche Liebe versprechen. Wer kann das schon, ohne zu zittern? Nimmt man nicht den Mund zu voll, wenn man das verspricht? Wenn Christen heiraten, nehmen sie sich nicht »mehr vor«, sondern sie bauen auf die Verheißung Gottes. Christus ist ja nicht nur ein Modell zum Anschauen, sondern seine Kraft kann übergehen auf uns, wo wir uns einlassen auf seinen Weg. Nicht indem wir große fromme Worte im Mund führen – das würde Ihnen ohnehin nicht liegen – wohl aber, indem wir einander verzeihen im Glauben, daß auch uns im Namen Christi verziehen wurde (Eph 4,32); indem wir einander als Geschenk und nicht als Besitz betrachten; indem wir Freud und Leid teilen, und doch auch einander Freiheit lassen, und indem wir in Gebet und Gottesdienst einander auch an dem Anteil geben, was uns zuinnerst trägt.

Wo Ehepartner sich dem Einfluß der Liebe Gottes öffnen, die aufs Ganze geht und uns im Leben und Sterben umfaßt – dort werden sie auch immer neu die tragende Kraft ihres Ehebundes

erfahren und überströmen lassen können auf ihre Kinder, auf andere Menschen.
Und dann ist Ihre Ehe jetzt vor dem Altar nicht einfach »geschlossen«, sondern vielmehr Ausgangspunkt für eine gemeinsame Ausfahrt zu immer neuen Ufern und Erfahrungen: zu einer Liebe, die bleibt.

Thomas Keller

Bewahre, was dir anvertraut ist (1 Tim 6,20a)

Es handelt sich um ein gemischtkonfessionelles Paar, das eine »konfessionsverbindende« Ehe schließen wollte. Als literarischen Text schlug das Brautpaar einen Abschnitt aus Antoine de Saint-Exupéry, Der Kleine Prinz (s. S. 140), vor. Am Symbol der Rose sollte das, was Ehe infolge von »Vertraut-machen« heißt, verdeutlicht werden. Ein Abschnitt aus dem 1. Timotheus-Brief bot sich von daher als biblischer Bezug an.

»Abwechslung erfreut, jeden Morgen neben dem gleichen Typ aufzuwachen, das ist ja echt langweilig, immer die gleiche Frau oder den gleichen Mann um mich herum, das ödet mich vielleicht was an!« Solche Sprüche habe ich schon öfters gehört und Ihr wahrscheinlich auch – und manche sagen dann, das sei wie mit einem Blumenstrauß, den kann man eine Zeitlang sehen und dann wird er unansehnlich, man wirft ihn weg und kauft sich halt einen neuen.
Warum macht Ihr es eigentlich nicht genauso – so feste Bindungen . . . – ist so was wie Hochzeit eigentlich noch »in«? Wär's nicht besser für Dich, N. N., wenn Du wie eine Biene von Blume zu Blume von einer Frau zur anderen fliegen würdest? Und N. N., das gleiche gilt auch für Dich. Geht es Euch nicht so wie dem kleinen Prinzen, der gedacht hatte, seine Rose wäre etwas Einzigartiges, etwas Einmaliges, ganz Wunderbares, und dann kommt er auf die Erde und sieht gleich 5000 wunderschöne rote Rosen. Sie sind alle gleich schön, alle so schön wie seine Rose. Da denkt er wahrscheinlich, was hat da meine Rose noch für einen Wert, was ist meine Rose da noch Besonderes – wenn es 5000 in einem Garten gibt? – Was hat da N. N. für mich noch Besonderes, wenn es 5000 andere wahnsinnig tolle Männer gibt – könntest Du jetzt vielleicht denken. Und was hat N. N. für mich noch Besonderes, wenn es neben ihr 5000 andere nette Frauen gibt, könnte der andere jetzt sagen.
Da könnte man nur noch wie der kleine Prinz ins Gras fallen und aus lauter Enttäuschung weinen. Und es stimmt ja auch, wenn man sich die Blumen in der Kirche ansieht: eine so schön

wie die andere. Aber das ist nur der erste Eindruck; sie sind zwar schön, aber sie bedeuten nichts, sie hinterlassen einen flüchtigen Eindruck von Farbe und Schönheit und sind dann wieder vergessen. Solchen Menschen seid Ihr sicher auch schon begegnet. Sie haben Euch schnell begeistert. Ihr dachtet, das wäre ein toller Mann oder eine tolle Frau, aber die Begeisterung war so schnell vorbei, wie sie kam. Ein hohler Schein von Schönheit ohne Bedeutung.

Aber jetzt lassen wir all diese Blumen einfach mal beiseite, wir konzentrieren uns nur auf diese eine Rose in meiner Hand. Das ist meine Rose, würde der kleine Prinz sagen, nicht irgendeine – meine. Für diese Rose habe ich gesorgt, diese Rose habe ich mir vertraut gemacht, und darum ist es meine Rose geworden. Wir merken, es kommt darauf an, mit welchen Augen man diese Rose ansieht. Rein äußerlich betrachtet ist sie eine von vielen, von 5000 vielleicht – aber Antoine de Saint-Exupéry schreibt: Man sieht nur mit dem Herzen gut, das Eigentliche ist für die Augen verborgen. Wenn man nur von außen hinsieht, dann könnte man N. N. mit irgendeiner anderen verwechseln, aber wenn man mit dem Herzen hinschaut, sind Verwechslungen nicht möglich. Und genau darum geht es, glaube ich, auch bei Liebe und Ehe. Es ist zunächst ein Weg des Sich-Kennenlernens und Sich-Vertrautwerdens. Denn du bist zeitlebens für das verantwortlich, was du dir vertraut gemacht hast – so sagt Saint-Exupéry. »Bewahre, was dir anvertraut ist« – so schreibt auch die Bibel. Trauung hat also mit Verantwortung und mit Bewahrung der Blüte der Rose zu tun. Wenn Ihr Euch nachher vor Gott und den Menschen das Ja-Wort gebt, dann signalisiert Ihr damit: Jeder von Euch will seine Rose weiterpflegen.

Viele von Ihnen, liebe Hochzeitsgäste, denken heute vielleicht an den Tag Ihrer eigenen Hochzeit. Da wird Ihnen sicher eine Menge guter Ratschläge mit auf den Weg gegeben worden sein, wie man es machen müsse, daß die Rose ewig blüht. Gutgemeinte Ratschläge gewiß – nur Patentrezepte, die helfen hier nicht: Die zwei müssen sich schon allein zusammenraufen, sie dürfen sich gemeinsam an der Blüte ihrer Rose freuen, sie müssen aber auch gemeinsam den Winter überleben, wo die Rose der Liebe verblüht. Sie müssen gemeinsam mit den Dornen des anderen fertig werden, denn Rosen ohne Dornen sind witzlos. Sie dürfen gemeinsam ihre Sorgen und Freuden teilen.

Aber dabei bleibt Ihr nicht allein. Ihr seid hierher in die Kirche gekommen, um Jesus mit auf Euren Eheweg zu nehmen. Er zwingt sich Euch nicht auf, aber wenn Ihr ihn als Dritten mit hineinnehmt in Euren Bund, dann könnt Ihr sicher sein, einen besseren Gärtner für Eure Rose gibt es nicht. Denn ER bewahrt, was Ihr ihm anvertraut habt.

Hubert Wolf

Der Kleine Prinz

Auf seinem Planeten hatte der kleine Prinz eine wunderschöne Rose, die er liebevoll pflegte und über alles liebte. Da trifft er auf der Erde auf einen Garten mit 5000 wunderschönen Rosen. Er ist sehr unglücklich, denn seine Rose hatte ihm erzählt, sie sei auf der ganzen Welt einzigartig, und siehe, da waren gleich 5000 davon in einem einzigen Garten. Er sagte zu sich: »Ich glaubte ich sei reich durch eine einzigartige Blume und besitze doch nur eine ganz gewöhnliche Rose.« Er warf sich ins Gras und weinte.

In diesem Augenblick erschien der Fuchs und der kleine Prinz wollte mit ihm spielen. »Du kannst nicht mit mir spielen«, sagte der Fuchs, »ich bin noch nicht gezähmt.« »Was bedeutet zähmen?« fragte der kleine Prinz. »Das ist eine in Vergessenheit geratene Sache und bedeutet sich vertraut machen«, sagte der Fuchs. »Vertraut machen?«

»Gewiß«, sagte der Fuchs. »Du bist für mich doch nichts als irgendein kleiner Junge, der hunderttausend Knaben genau gleicht. Ich brauche dich nicht, und du brauchst mich ebensowenig. Aber wenn du mich zähmst, mich dir vertraut machst, werden wir einander brauchen. Du wirst für mich einzig sein auf der Welt. Und ich werde für dich einzig sein auf der Welt.«

Der kleine Prinz dachte an seine Rose und ging, um die 5000 Rosen wieder zu sehen. »Ihr gleicht meiner Rose gar nicht, ihr seid nichts. Niemand hat sich euch vertraut gemacht und ihr habt euch niemandem vertraut gemacht. Ihr seid schön aber leer. Ich habe meine Rose gegossen, sie gepflegt, ich habe mich ihr vertraut gemacht, deshalb ist es meine Rose. Ich bin für meine Rose verantwortlich.«

aus: Antoine de Saint-Exupéry, Der Kleine Prinz

»Laßt beides wachsen bis zur Ernte«

Wachsen in der Beziehung und
Ehe als Weggemeinschaft

»Man lebt nur einmal« (Ps 16)

Ansprache für ein junges Paar: Er erlebte eine »lockere«, sorglose Kinder- und Jugendzeit; sie hatte äußerst schwierige Jahre durchzustehen. Seit der Schule kannten sie sich. Immer wieder ging die spannungsgeladene Beziehung auseinander. Nach langen mühsamen Jahren wollen sie nun in der Ehe beieinander bleiben. Es waren für beide auch Jahre menschlichen Reifens. Ihre Beziehung zur Kirche ist nicht sehr eng, aber durchaus aufgeschlossen. »Was heißt leben?«, diese Frage trieb sie immer wieder um. Darüber sollte ich bei ihrer Trauung sprechen.

»Laßt uns leben . . .« Mit diesem für Euch so wichtigen Lied haben wir den Gottesdienst zu Eurer Trauung begonnen. Ihr habt Euch eine Betrachtung über das Leben gewünscht.

»Man lebt nur einmal« – oft gesagt und oft gehört. Eine Binsenweisheit. Dennoch verbergen sich hinter diesem Spruch recht unterschiedliche Gefühle.

Das kann die verborgene Angst sein, im Leben ja nichts zu versäumen. Eben weil es nur einmal gelebt wird und dann vorbei ist. Daher möglichst alles mitnehmen, ausprobieren, nichts auslassen, was sich an Gelegenheiten bietet; dem Leben alle nur erdenklichen Amusements abluchsen, die zu haben sind. Unersättlich neugierig sein, hungrig nach Abenteuern.

Das führt jedoch nicht selten zu einer Art Torschlußpanik, ja zur Zukunftsangst. Kopflose Reaktionen können die Folge sein – vor allem im fortgeschrittenen Alter.

»Man lebt nur einmal« – mit diesem Spruch kann man auch Bedenken überspielen: Soll ich mich auf eine zweifelhafte Verlockung einlassen oder nicht? »Man ist nur einmal jung« – damit läßt sich leicht das unsichere Gewissen beruhigen. »Man muß die Feste feiern, wie sie fallen« – »Ein Tag, so wunderschön wie heute« –: Solche Sprüche bekräftigen manche Bedenkenlosigkeit. Unbestritten: Man ist nur einmal jung. Und jedem ist einsichtig, daß man eben nur einmal lebt. Doch wie läßt sich damit umgehen?

Nicht nur das Leben, jeder Tag ist »einmalig«. Was gestern war, ist morgen schon Geschichte. Ich kann nichts ungeschehen machen. Ich lebe damit: mit den Fehlern und der guten Tat, mit den frohen Stunden und den vertanen Chancen. Jeder Lebensabschnitt, jeder Augenblick ist eine einmalige Gelegenheit, eine unwiederbringliche Chance. Ich kann sie sinnvoll nutzen oder verstreichen lassen, vielleicht auch mißbrauchen. Bundespräsident Richard von Weizsäcker sagte zum 40. Geburtstag der Bundesrepublik und im Blick auf das friedliche Miteinander der Völker: »Die Geschichte pflegt ihre Angebote nicht zu wiederholen.« Diese Einsicht läßt sich auf jedes Leben übertragen. Angebote wahrnehmen, Gelegenheiten erkennen, Chancen nützen: Wozu? Wofür? –

»Man lebt nur einmal« – das heißt, einmalig leben, einmalig sein. Ihr seid einmalig, jeder Mensch ist einmalig. Das ist ein Geschenk und ein Auftrag. Und dem Gestalt zu geben, dazu mag uns ein Wort des Schriftstellers Ulrich Schaffer ermutigen:

»Glaub,
daß du einen Beitrag zu geben hast.
Du wirst wahrscheinlich
den Kurs der Welt nicht verändern,
kein Held auf internationaler Szene sein.
Aber da, wo du bist,
wirst du als du gebraucht.

Es entsteht ein Loch,
wenn du weg bist.
Aber du mußt es glauben
und dich auch so bewegen:
Nur wenn du du bist,
leistest du einen wichtigen Beitrag.

Wenn du Rollen spielst
und tust, was alle tun
oder was man von dir verlangt,
dann fehlt niemand,
wenn du weg bist,
weil ein anderer die Rolle übernimmt.

Du bist mehr als deine Rolle.
Wer bist du?«*

* Ulrich Schaffer, . . .weil du einmalig bist, Lahr [14]1991, S.5.

Wer bist Du, N.N., und Du, N.N.? Wer sind Sie? Wer bin ich? Jemand, der nur einmal jung ist, der nur einmal lebt, ein einmaliger Mensch. Mitverantwortlich für das Glück anderer Menschen, für das eigene und das gemeinsame Glück, für mehr Glück auf dieser Welt.
»Man lebt nur einmal.« Darüber ist ausführlich nachzudenken. Und weil diese Erkenntnis durchaus etwas Ängstigendes haben kann, braucht man zu diesem Nachdenken auch Offenheit und Mut. Vielleicht erwächst Euch solche Offenheit und solcher Mut aus dem Grundvertrauen: »*Du* zeigst mir den Pfad zum Leben!« (Ps 16,11)
Ich wünsche es Euch.

Michael Broch

Sorgen (Mt 6,24–34)

Die Braut und ihre Schwester sind bei der früh verwitweten Mutter groß geworden, der Bräutigam stammt aus einer katholischen Großfamilie und ist seit dem Abitur Organist und Chorleiter in der Gemeinde. Die Trauung – ein großes Fest – fand innerhalb einer Brautmesse statt.

Das Evangelium, das Ihr beide für uns heute zu diesem festlichen Gottesdienst ausgewählt habt, mag für den einen oder anderen Eurer Gäste zu diesem Anlaß gar nicht passen. Mancher möchte bei einem solchen Fest einfach sagen: Es ist schön, daß Ihr Euch gefunden habt und daß es Leute gibt, die Euch bis zum heutigen Tag begleitet und umsorgt haben.
Sicher sind wir uns heute bewußt, daß Euch da eine Mutter allein und ein Elternpaar miteinander bis zum heutigen Tage in Sorge und Fürsorge begleitet haben. Trotzdem habt Ihr für diesen Tag einen Abschnitt aus der Predigt Jesu ausgewählt, in dem empfohlen wird, sich an den Vögeln des Himmels und an den Lilien auf dem Feld zu orientieren.
Darin steckt eine große Ermutigung für uns. Auch die Grenze von Sorge und Fürsorge sollen wir erkennen. Eine ganz allgemeine Erfahrung spielt herein, die zweifellos nicht der Kern des Ganzen ist, aber immerhin ein gutes Stück davon, nämlich: Man kann auch übersorgen. Man kann auch mit Sorgen einen anderen ersticken.
Seitdem ich Euren Weg verfolgen kann, beobachte ich auch, wie Eure Eltern sich in der Kunst geübt haben, das Übersorgen aufzugeben. Der Weg zur eigenen Identität führt über die Fürsorge der Eltern hinaus. Der Weg zu dem je eigenen »ich bin das« zum einmaligen, von Gott so gewollten Original, muß in die Freiheit führen. In dieser Freiheit konntet Ihr Euch finden. Ein ermutigendes Wort also für uns alle.
Es können mir zwar jetzt Bibelkundige entgegenhalten, ich hätte mir das alles sparen können, denn die Empfehlung, sich an den Vögeln des Himmels und an den Lilien des Feldes zu orientieren, gelte ja gar nicht für uns. Es sei nur – so meinen manche – eine Ermahnung für Jünger, für die Zeit des Messias. Auf diesem Wege möchten wir uns nicht aus diesem Evangelium hinaus-

schleichen. Denn dann könnte man ja auch sagen, die sehr strengen Maßstäbe, die Jesus für das Zusammenleben von Mann und Frau genannt hat, – bei aller Barmherzigkeit – könnten auf solchen Schleichwegen hinausgeschafft werden.
So möchte ich also dieses Wort vom Sorgen jetzt noch einmal auf einer anderen Ebene anschauen. Dort entdecke ich etwas, was wir in unserer Sprache so nennen: Prioritäten. Es steht im Text: »Euch aber muß es *zuerst* um sein Reich und um seine Gerechtigkeit gehen, dann wird euch alles andere dazugegeben.« Es geht also um das Zuerst und um das Danach, um Prioritäten, die wir setzen müssen. Da muß jeder seinen Geschmack und seinen Stil finden. Wer versucht, die befreiende Botschaft Jesu zu hören und bis in sein eigenes Leben hinein spürbar werden zu lassen, der wird ahnen, was die Priorität eins bedeutet: Das Reich Gottes und seine Gerechtigkeit. Mit beiden Begriffen ist das Ganze gemeint. Hören auf die Wegweisung Jesu, die auf Liebe, Hoffnung und Vertrauen basiert, und dies auch realisieren. Und mit Gerechtigkeit ist ebenso das ganze Bündel der Lebensweisungen Jesu gemeint, wie es uns im Evangelium aufgetragen und manchmal auch verschlossen bleibt: Prioritäten.
Prioritäten, die wohl – um es mit einem etwas unmodernen theologischen Begriff zu umschreiben – etwas mit Transzendenz zu tun haben. Wir gehen davon aus, daß hinter den Dingen Wertvolleres und Wichtigeres zu erkennen ist; wertvoller und wichtiger als nur das, um was man sich vordergründig kümmern kann, was man vordergründig planen und besonnen ins Werk setzen kann.

An diesem Punkt kommt mir hilfreich eine Briefsammlung in die Hand, die zwar nicht ganz in der Sprache der Bibel, aber dennoch verständlich das zeigt, was ich Euch heute an dieser Stelle vermitteln wollte.
Sie stammt von dem tschechischen Staatspräsidenten und Schriftsteller Vaclav Havel. Es sind Briefe, die er in der Zeit seiner Inhaftierung und des damit verbundenen Schreibverbots seiner Frau geschrieben hat. Darin hat er sein ganzes theologisches und philosophisches Denken offenbart. In einem Brief vom 4. September 1982 finde ich folgende Sätze: »Relativ erträgliches Leben auf dieser Welt kann nur ein Menschsein bieten, welches hinter diese Welt orientiert ist; ein Menschsein, welches sich mit

jedem seinen Hier und mit jedem seinen Jetzt aufs Unendliche, Absolute und Ewige bezieht. Eine vorbehaltlose Orientierung auf Jetzt und Hier verwandelt jedes erträgliche Jetzt und Hier in Öde und Wüste und verfärbt sie zuletzt mit Blut.« Solche Worte scheinen aufs erste wiederum kaum in eine Brautmesse zu passen. Aber sie legen für mich einen Punkt des bloßgelegten Nervs unserer Tage frei. Wir beobachten, wie in dieser Welt – unter uns – jeder sein Auskommen hat und dennoch so viele unzufrieden sind. Trotz der vielen Sicherungen, die wir aufbauen, gibt es Angst. Obwohl uns viele Mittel zur Verfügung stehen, sieht es oft öd und wüst um uns aus. Bedrohlich öd und wüst.
Offensichtlich sind viele Menschen unter uns nur auf das Jetzt und Gerade und Hier ausgerichtet und suchen – freilich vergeblich – im Jetzt und im Hier Orientierung und Sinn.

Sie wissen nicht mehr viel oder gar nichts mehr von dem, was dahinter steht, wo alles herkommt, wo alles hinführen soll. Wenn man den von Vaclav Havel genannten Horizont realisiert, dann kann man sich getrost dem Augenblick hingeben, ganz wie es in der ersten Lesung aus dem Prediger Kohelet hieß: »Alles hat seine Zeit und alles hat seine Stunde . . .« Man verliert sich dann aber nicht in diese Stunde, weil man eine Orientierung hat, über die man zwar nicht jeden Tag redet, die aber unserem Leben Sinn und Perspektive bringt. Auf diesem Hintergrund können wir uns getrost dem Jetzt und Heute zuwenden, Aufgaben annehmen, Pläne schmieden und Pläne verwirklichen, die dann der Öde und der Wüste keinen Platz mehr lassen.

In einem anderen Brief von Vaclav Havel vom März 1982 entdecke ich noch einen weiteren Akzent: »Hielte ich mich für das, was diese Welt aus mir macht, nämlich das Schräubchen des gigantischen Maschinensatzes, der menschlichen Identität beraubt – da kann ich nicht viel tun . . .Wenn ich jedoch daran denke, daß jeder von uns ursprünglich ist, beziehungsweise was er – unabhängig von der Weltlage – in seiner wesentlichen Möglichkeit werden könnte, nämlich ein mündiges menschliches Wesen, verantwortungsfähig der Welt und für die Welt, dann kann ich selbstverständlich viel tun. Zum Beispiel versuchen, mich so zu verhalten, wie es mir richtig erscheint, wie man meiner tiefsten Überzeugung sich alle verhalten sollten – nämlich verantwor-

tungsvoll. Auf den Einwand, daß es keinen Sinn hat, antworte ich ganz einfach: Doch es hat einen Sinn!«
Das sind Erfahrungen, die unter denkenden Menschen die Glauben wagen möchten, Gewicht haben. Das sind Erfahrungen, die ich nennen wollte, weil sie für Euch beide – so hoffe ich – hilfreich sind. Sie erinnern uns daran, daß wir trotz der vielen alltäglichen Pflichten, in die wir eingespannt sind und die unseren Kalender bestimmen, das Bild vom Schräubchen im gigantischen Maschinensatz widerlegen können. Meine Identität wird mir gestohlen, wenn ich mich so hineinwerfe, im Getriebe verliere, daß ich mich nicht mehr an dem anderen orientiere, was ich vorher Transzendenz nannte. Nun haben wir den theologischen Begriff Transzendenz in der Zwischenzeit überholt. Wir haben gemerkt, daß es nicht ein Begriff ist, sondern ein Du, ein persönlicher Gott, der einen Namen hat und der uns durch einen Propheten sagen läßt, daß er unsere Namen in seine Hand geschrieben habe.
Das kleine Schräubchen Mensch in die Hand des Gottes geschrieben, »damit ich dich nicht vergesse«. Ein bewegendes Bild dafür, daß Sinn nicht vermittelt wird durch einen Begriff, sondern durch die tragende Hand einer Person, die sich in Jesus als Mensch uns so gezeigt hat, daß man sie nicht als ein Korsett oder Gefängnisgitter, sondern als eine Einladung erleben kann, eine Einladung zu einem Weg in freiem Verantwortungbewußtsein. Auf seinen Wink hin können wir geordnete Lebensbahnen in den Blick bekommen. Das bedeutet für Euch beide, daß Ihr ahnt, wo dieses alles seinen Grund hat, seinen letzten Grund. Dieser muß jetzt gar nicht mehr ausführlich beschrieben werden.

Wenn der eine oder die andere aus Eurer Hochzeitsgesellschaft nun doch das bei einem solchen Anlaß viel strapazierte Wörtlein »Liebe« vermissen würde, dann mag es dies ein andermal hier abholen. Ich meine nämlich, ich hätte die ganze Zeit davon gesprochen, von dem was Liebe eigentlich meint. Nämlich: das Geschenk Gottes, daß wir durch andere angenommen, diesen Weg gehen können. Sich selbst loslassen und dabei sich selbst finden. Den andern suchen und dabei den unbegreiflichen Gott finden. Überschrieben könnte dies im Grunde mit dem Text der 2. Lesung aus dem Johannesbrief sein, den Ihr Euch für diese Feier ausgewählt habt.

Ich wünsche Euch und Euren Festgästen, daß Ihr auf diesem Weg ermutigt immer wieder neu Überraschungen erfahren könnt, daß Ihr gelegentlich erschreckt über das, was uns anvertraut ist an guten Gaben, die wir zur Entfaltung bringen können, daß Ihr manchmal auch überrascht seid und staunend feststellt, was es bedeutet, daß wir in dieser Welt eben nicht nur das vergängliche Rädchen sind, das sich mühsam an Hoffnungen hochschraubt, um dann wieder mit Enttäuschungen zurückzufallen.
Uns ist ein Weg gegeben: Um sein Reich und seine Gerechtigkeit soll es uns gehen – zuerst. Alles andere wird euch dazugegeben.
Das andere ist zunächst für Euch all das, was wir sonst noch brauchen: tägliches Brot und Wohnung, Arbeitsplatz und Anerkennung, oder all das viele, was wir gar nicht auszusprechen wagen und zu erbitten uns nicht getrauen: Hoffnung und Vertrauen, Mut zu neuem Anfang und starke Schultern bei Belastungsproben.
Nicht jeden Tag werdet Ihr wie Lilien auf dem Feld und wie Vögel am Himmel leben können. Ihr müßt bald Eure Wohnung einräumen. Ihr müßt schauen, daß das mit dem Arbeitsplatz gut geht . Ihr müßt Euch um die notwendigen Lebensvoraussetzungen kümmern. Das habt Ihr auch bei Euren Eltern gelernt. Aber gerade dann heißt es wiederum: Zuerst. Dieses »Zuerst« soll dann keine Norm, kein Gesetz sein, sondern der lebendige Gott, der uns in Jesus Christus seine uns zugewandte menschliche, menschenfreundliche, ermutigende und befreiende Seite, sein menschliches Gesicht zugewandt hat. Amen.

Anton Bauer

Umsonst (Mk 4,1–9)

Die Braut ist Tochter eines guten Freundes des Predigers, der Bräutigam kommt aus der evangelischen Tradition; beide aufgeschlossen und weltoffen. Nach Abschluß des Studiums arbeiten beide im landwirtschaftlichen Bereich. Lieder, Predigt und Hochzeitsfeier waren vom beruflichen Umfeld geprägt, deshalb auch das Gleichnis von der Saat und der Ernte. Ökumenische Trauung.

Ihr habt in Eure Hochzeitseinladung nett und doppelsinnig geschrieben: Wir trauen uns. Dem möchten wir uns gerne anschließen. Wir trauen Euch. Wir trauen Euch auch und trauen Euch zu, daß Ihr guten Willen und viel Engagement auf Euren gemeinsamen Weg einbringen wollt. Wahrscheinlich wißt Ihr, daß dieses Wort trauen, vertrauen in der lateinischen Sprache einen tiefsinnigen Zusammenhang aufzeigt, nämlich so, daß in dem Wort *credere* das Wort *cor* und das Wort *dare* verborgen sind. Vertrauen heißt also, ein Herz auf ein anderes Herz bauen. Die Verläßlichkeit des einen als Basis und Grund für ein gemeinsames Leben dankbar animmt.

So habt Ihr mir für die Predigt eine Vorgabe gemacht. Ihr habt gewünscht, daß ich einen Text wähle, der mit Eurem Beruf zu tun hat. Da kommen Kenner der Bibel nicht in Verlegenheit. Sie entdecken die Früchte, die man bringen soll, sie finden Gedanken zur Ernte, von der letzten Ernte, wo die Gabe unseres Lebens dann dem übergeben wird, der allein wägen und wiegen kann, was wert und unwert bleibt.

Ich habe einen Text ausgewählt aus dem Evangelium nach Markus. Ihr habt ihn eben gehört. Jesus rechnet damit, daß alles, was wir tun – nicht nur das Verkünden des Gotteswortes oder gute Ermahnungen von Eltern, Erziehern – manchmal auf unfruchtbaren, manchmal aber auch auf fruchtbaren Boden fallen kann. Da spiegeln sich Erfahrungen eines Mannes wieder, der sich freut, wenn seine Aussaat aufgeht. Der sich aber ärgert, wenn ihm alles verhagelt wird oder Disteln ihm alles zerstören. Ein schlichter Erfahrungsbericht. Das ist eine ganz allgemeine Erfahrung, wenn wir in unserem Dialekt sagen, es ist vieles umsonst, dann meinen wir, es ist vieles vergebens. Viel Mühe geht ins Leere. Da kommt mir mein Großvater in den Sinn, der als

Bauer eine Reihe von Weinbergen hatte. Von ihm weiß ich, was es bedeutet, wenn man fast ein ganzes Jahr im Weinberg sich geplagt und abgerackert hat und am Ende dann alles doch umsonst war. Auf diesem Hintergrund habe ich auch als Bub schon verstanden, warum die Weinlese ein so lustiges Fest wird.
Mein anderer Großvater war Lehrer. Von ihm weiß ich, und das hat sich bei mir auch immer wieder bestätigt, daß man viele Worte und Impulse in die Klasse hineingibt. Man weiß aber auch, wie wenig dort wirklich landet, wo man es eigentlich wünscht.
Nach dem Wortlaut des Evangeliums kennt Jesus solche Erfahrungen auch: Viel Mühe, viel guter Wille, viel Einsatz fruchtet nicht. Sicher werdet Ihr Euch daran erinnern, wenn nicht jeden Tag die Früchte Eures guten Willens auf der Hand liegen. Manches wirklich vergebens, vergeblich, umsonst bleiben muß.
Dann aber hat Jesus die Geschichte auf ein bestimmtes Thema hin angewendet, so daß das Wort, das er austeilt, durch Wurzellosigkeit, Drangsal und Ärgernis, Sorgen und Oberflächlichkeit am Fruchtbringen gehindert werden kann. Die das Wort hören, aufnehmen und Frucht tragen, das sind nach Jesu Wort die, die 30fach, 60fach, 100fach Frucht bringen. So sagt uns Jesus, daß alle, die den Weg mit Jesus Christus wagen und auf sich nehmen, auf einer guten Spur sind. Am Horizont ihres Lebens tauchen Hoffnungsbilder auf, die mit Glück und Menschwerdung etwas zu tun haben.
So laßt mich jetzt einige Stichworte nennen, wie das für Euch und für uns alle aussehen kann, wenn wir das Wort Jesu, die Wegweisungen, die Verheißungen, die er uns schenkt, in uns aufgehen lassen. Ich wähle dabei unsere Sprache, orientiere mich aber ganz an Wort und Wegweisung, wie sie uns im Buch der Bücher aufgeschrieben sind:
Eine Spur heißt: sich gegenseitig ein gewisses Maß an Freiheit einräumen, daß ein immer neues Suchen und Sichfinden möglich wird. Auf dieser Spur entdecke ich das Stichwort Partnerschaft, die befreit, in der der eine den anderen leben läßt und sein läßt, was er werden kann, und sein Anderssein nicht nur entschuldigt. Auf dieser Spur ist auch die Schule des Hinhörens angesiedelt. Hinhören, was der andere meint, denkt, ohne immer gleich schon zu wissen, was der andere wohl sagen wird. Auf dieser Spur entdecke ich auch das Stichwort Rücksicht, daß man

lernen will, dem anderen seine Ruhe und seine Freude zu lassen, gebundene Freiheit und freie Gebundenheit zu akzeptieren. Auf dieser Spur entdecke ich auch Engpässe, die nur durchzustehen sind, wenn die Wurzeln tief in fruchtbaren Boden gesenkt sind. Zwei Familientraditionen, zwei Glaubensgeschichten fließen hier und heute sichtbar ineinander. Auch das ist sicher eine Herausforderung und ein Reichtum. Beide Familien haben ihre Prägung. Die Einebnung all dieser Prägungen würde Verarmung bedeuten. Daß zwei Wege ineinandergehen darf nicht bedeuten, daß man am Ende nur den kleinsten gemeinsamen Nenner sucht. Im Ganzen ist es nicht Glück oder Pech, wenn das eine Mal der Same aufgeht, das andere Mal nicht. Auch wenn wir das Rätsel der Freiheit des Menschen und der Fruchtlosigkeit vieler Mühen nicht aufschlüsseln können, sicher bleibt das, was wir Glück nennen. Gabe Gottes, Geschenk und unverdient. Auf der anderen Seite aber ist menschliches Mühen, sich engagieren, sich einbringen, sich zurücknehmen und doch ganz da sein. Viel wird von uns, von unserem guten Willen, von einem offenen Verstand und einem liebenden Herzen abverlangt.
Ihr habt geschrieben, wir trauen uns. Dieser Mut zum Vertrauen für die lange Wegstrecke eines Lebens. Auch das ist nicht nur Geschenk und Gabe Gottes, auch eine ständig neue Forderung an unseren guten Willen. Aber es auch Gabe Gottes, die uns dankbar stimmt. Gabe Gottes ist es, daß Ihr Euch gefunden habt, daß Ihr den Mut aufbringen könnt, Euch zu trauen, daß Ihr die Begeisterung, die Hoffnung, die Liebe in Euch lebendig spürt. Bleibt auf der anderen Seite für mich der gutgemeinte Appell, mit gutem Willen und ständiger Bereitschaft sich korrigieren und korrigieren zu lassen.
So wünsche ich Euch, so paradox es klingen mag, daß Ihr dort, wo alles gelingt, nicht vergeßt, daß es Geschenk Gottes ist und daß Ihr dann, wenn das Leben schwer wird, wenn die Engpässe Angst und Enge spüren lassen, vertrauen könnt, daß ein anderer mit im Spiel ist, der dem Samen die Kraft schenkt, Frucht zu bringen.
Alles in einem: Ich wünsche Euch, daß die Freude und Dankbarkeit ob der aufgegangenen Früchte alle Ansätze von Resignation, Hoffnungslosigkeit, Vergeblichkeit überstrahlen.

Anton Bauer

Ein Gleichnis als Lebensbild (Mk 4,30–32)

Die große Naturverbundenheit des Brautpaares war ausschlaggebend für die Wahl des Senfkorngleichnisses als Trautext. Beide stammen aus katholischen Familien, die Braut war lange Jahre in der Klosterschule Siessen (daher der Hinweis auf den Holzschnitt von Schwester Sigmunda May zu Mk 4,30–32).

»Ein junger Mann hatte einen Traum. Er betrat einen Laden. Hinter der Ladentheke sah er einen Engel stehen. Hastig fragte er den Engel: ›Was verkaufen Sie, mein Herr?‹ Der Engel gab freundlich zur Antwort : ›Alles, was Sie wollen.‹ Da fing der junge Mann sofort an zu bestellen: ›Dann hätte ich gern das Ende aller Kriege auf der ganzen Welt, bessere Bedingungen für die Randgruppen der Gesellschaft, Beseitigung der Elendsviertel in Lateinamerika, ein Zuhause für alle Flüchtlinge und . . .‹
Da fiel ihm der Engel ins Wort und sagte: ›Entschuldigen Sie, junger Mann. Sie haben mich verkehrt verstanden. Wir verkaufen hier keine Früchte, wir verkaufen nur den Samen.‹«*

Traupredigt – eine gefährliche Sache

»Es ist etwas Wunderbares, wenn zwei Menschen, die sich vorher nicht gekannt haben, zueinander finden und fortan den Weg ihres Lebens gemeinsam gehen wollen. Liebende schenken sich einander, ihre Liebe ist ein beglückender Tausch, ist das, was das Leben lebenswert und schön macht . . .«
Es soll Traupredigten geben, die so beginnen und auch so weitergehen, und am Ende wird ein Teil der Zuhörer mit einer Träne im Auge sagen: »Schön war's!«, und der andere Teil mit einem milden Lächeln: »Schön wär's!«
Predigen bei einer Hochzeit ist eine gefährliche Sache:
– Gefährlich, weil man sehr schnell in Allgemeinplätze und gute Ratschläge abgleiten kann nach dem Motto: »Seid nett zueinander!«

*Diese Geschichte wurde vor dem Evangelium gelesen.

– Gefährlich, weil man sehr leicht bei einer Moralpredigt landet und den Brautleuten aufzählt, was sie alles beachten und tun müssen, wenn ihre Ehe gelingen soll.
– Und schließlich gefährlich, weil man sehr gern in ein romantisches Schwärmen über die Liebe hineingerät und mancher sich dann fragt, woher der Prediger das alles weiß.
Wenn wir uns aber zu einem Gottesdienst treffen und hier in der Kirche miteinander den Beginn Eurer Ehe feiern, dann kann es nur um die Fragen gehen:
Welche Bedeutung kann der Glaube in Eurer Beziehung gewinnen? Wie kann Gott bei Euch ins Spiel kommen? Welche Dimensionen Eurer Ehe kann Euch das Evangelium erschließen?

Gleichnisse reizen zum Assoziieren

Da könnte es heute allerdings auch gefährlich werden: Ihr habt Euch als Trautext ein Reich-Gottes-Gleichnis gewählt – und das könnte dazu verleiten, die Gleichung aufzustellen: Reich-Gottes-Gleichnis am Hochzeitstag, das heißt: Liebe ist der Himmel auf Erden. Aber so geht's auch nicht. Das würde dem Gleichnis und allen Gleichnissen Jesu widersprechen:
– Gleichnisse lassen sich nicht einfach in Gleichungen umsetzen.
– Gleichnisse reizen zum Ausmalen, zum Weiterspinnen, regen unsere Phantasie an.
– Gleichnisse sind mehrdeutig und wollen immer wieder neu ausgelegt werden.
– Die ersten Christen z. B. haben in diesem Senfkorngleichnis, das Ihr gewählt habt, ein Bild für die Kirche gesehen: Durch die Verkündigung des Evangeliums wächst aus den kleinen Gemeinden eine große Kirche, die alle Völker umfaßt.
– Schwester Sigmunda May aus dem Kloster Siessen hat das Gleichnis ganz auf Christus hin gedeutet und in einem Holzschnitt so dargestellt: Christus ist der Stamm, das Herz und das Mark des Senfkornstrauches; die Äste, die Zweige und Blätter sind die Menschen, die ganz aus seiner Kraft leben, diese Kraft weitergeben und so Reich Gottes verwirklichen.
– Und Euch selbst – so denke ich – hat dieses Gleichnis angezogen, weil von der Natur und vom Leben, vom Pflanzen und vom Wachsen die Rede ist. Die schöne blumige und farbenfrohe

Einladung zu Eurem Fest ist ja auch ein Zeichen dafür, daß Eure Beziehung zur Flora über eine berufsmäßige Beschäftigung mit Pflanzen hinausgeht, daß also so ein Gleichnis für Euch noch einen tieferen Sinn enthält, daß Ihr Wachsen und Blühen mit Euch, mit Eurer Ehe in Verbindung bringen wollt.
Und genau darum geht es bei den Gleichnissen Jesu: Sie erfüllen ihre Aufgabe erst dann,
– wenn sie in verschiedenen Situationen zum Bild des eigenen Lebens werden;
– wenn sie an manchen Stationen einer Lebensgeschichte auftauchen;
– wenn sie den Alltag aufbrechen und uns für eine neue Dimension öffnen können.

Assoziationen zum Senfkorn-Gleichnis

So sind die folgenden Gedanken zum Senfkorn-Gleichnis einfach Assoziationen, für Euch vielleicht Hilfen, wenn Ihr nach Möglichkeiten sucht, diese Sätze aus dem Evangelium mit Euch in Verbindung zu bringen.
Das Gleichnis vom Senfkorn hilft – so meine ich – zunächst einmal zur *Nüchternheit*: Es lenkt den Blick auf das Kleine und Unscheinbare; es hilft, das Schwierige, Mühsame, das Kleinliche und auch manches Kleinkarierte zu akzeptieren, ohne allerdings die großen Pläne und Erwartungen, die Wünsche und Hoffnungen aus den Augen zu verlieren. Dieses Gleichnis holt uns auf den Boden der Tatsachen. Ich denke, vieles, was etwa im Vorfeld Eurer Hochzeit geschehen ist, hat etwas zu tun mit dieser Nüchternheit, vielleicht auch mit Ernüchterung: Stellenwechsel, Umzug, Einstellen auf neue und ungewohnte Situationen.
Diese Nüchternheit ist sicher ein Aspekt dieses Gleichnisses, aber eben nur einer, denn:
Der Anfang hat's in sich – das Reich Gottes und damit unser ganzes Leben aus dem Glauben wird in diesem Gleichnis unter das Kriterium des *Wachstums*, der Entwicklung gestellt. Und wenn wir das mit dem heutigen Tag in Verbindung bringen, dann bedeutet Euer »Ja« zueinander eben nicht: »Ich sage »Ja« zu dir, wenn du so bleibst, wie du bist«, sondern: »Ich sage Ja, wenn wir miteinander und aneinander wachsen«.
– Euer »Ja« ist dann eine Zustimmung zum Freiraum für den

anderen, zu seiner originellen Lebensgestaltung und seiner Entfaltung, zu seinem Fortschritt und Erfolg.
– Euer »Ja« ist damit aber auch ein Stehen zum Versagen des anderen, Respekt davor, daß der andere Zeit braucht, Geduld, wenn ihm manche Dinge vielleicht schwer fallen.
– Euer »Ja« ist so auch ein Akzeptieren, daß das Leben nicht aus schönen Erinnerungen besteht, sondern im Blick auf die Zukunft gestaltet werden muß.
– Euer »Ja« zueinander ist schließlich ein »Ja« dazu, daß vieles der Machbarkeit des Menschen entzogen ist, daß die Kraft zu einem gemeinsamen Leben letztlich nicht aus Euch selbst kommt.
Und damit ist das Fest, das wir heute feiern, Ausdruck eines Urvertrauens, eines Grund-vertrauens, daß auch Gott sein »Ja« sagt, daß Euer gemeinsames Leben auch ein Geschenk ist.
Wenn ich jetzt dieses Gleichnis vom Senfkorn mit der Geschichte vom Samen zusammensehe, die wir vorher gehört haben, dann fällt mir noch ein letztes Stichwort ein – es heißt *»engagierte Gelassenheit«*. Das wäre – meine ich – die Grundhaltung, die dem Gleichnis, die dem Reich Gottes entspricht:
– Weil uns etwas geschenkt wird, dürfen wir gelassen sein.
– Weil aber dieses Geschenk nur Same ist, weil dieser Same wachsen muß, weil der Lebensraum Pflege, Schutz und Nahrung braucht, deshalb ist unser Engagement notwendig.

Wünsche

Nüchternheit und engagierte Gelassenheit – das könnten Haltungen in Eurem Leben werden, die nach außen hin sichtbar machen, daß Ihr zusammenwachsen und zusammen wachsen wollt und daß in Eurer Ehe und in Eurer Familie ein Stück Reich Gottes wachsen kann.
Und so wünsche ich Euch,
– daß Euer ganzes Leben zu einer phantasievollen Auslegung des Senfkorn-Gleichnisses wird;
– daß Ihr im Sinn dieses Gleichnisses auf viele grüne Zweige kommt,
– und daß Ihr so offen bleibt, daß – wie im Gleichnis – die verschiedensten Arten von Vögeln bei Euch einen Platz haben.

Wolfgang Raible

Wir wachsen – also sind wir (Lk 13,18–19)

Beide haben lange Jahre in einem Jugendchor gesungen. Das Lied: »Kleines Senfkorn Hoffnung« ist ihr Lieblingslied. Es sollte im Mittelpunkt des Trauungsgottesdienstes stehen. Auf dem Gottesdienstblatt war der Holzschnitt von Schwester Sigmunda May abgebildet: »Senfkorn Hoffnung«. Die beiden wählten den Schrifttext für die Ansprache aus.

Ein ganz einfaches, aber grundlegendes Gesetz des Lebens besagt, daß alles, was ist und werden will, Zeit zum Wachsen und Reifen braucht, sich entfalten können muß und Möglichkeiten zur Entfaltung braucht. Alles, was groß ist und werden will, hat klein angefangen. Das gilt in Besonderheit auch für das menschliche Leben und die menschliche Person. »Gut Ding will Weile haben« – das alte Sprichwort ist eine Grundweisheit menschlichen Lebens und menschlicher Geschichte. »Ich wachse – also bin ich« – so könnte man eine alte philosophische Weisheit umschreiben. Oder mit einem anderen Bild: Das Wachsen selber ist das Ziel menschlichen Lebens, nicht sein Er-wachsen- oder Ausgewachsensein. Die Erfahrungen, die wir im beruflichen, gesellschaftlichen, politischen, familiären, ja selbst kirchlichen Leben machen, scheinen diesem Gesetz des Wachsens zu widersprechen. Was gilt und zählt ist das, was groß und fertig, mächtig und gewaltig ist. Überzeugend scheint nur der rasche Erfolg, der schnelle Aufstieg, die geradlinige Perfektion zu sein. Deshalb wird schon so früh wie möglich in das natürliche Wachstum all dessen eingegriffen, was wachsen will und muß – beim Menschen, in der Natur und bei natürlichen gesellschaftlichen Wachstumsprozessen, die reifen müssen. Das Lebensgesetz heißt nicht: Wachsen lassen!, sondern: Es ist für dich bestimmt, wo es lang geht, wohin dein Wachstum zu streben hat; es ist festgelegt, was wachsen darf und was nicht, was nützt und was unnütz ist, was lebenswert und was lebensunwert ist. Und die Mittel stehen bereit, die das Wachstum beschleunigen und die »Unarten« ausrotten sollen. Ungeduld, Streß, Hektik und Überforderung treiben viele in den Zusammenbruch, weil sie sich und anderen zu wenig Zeit lassen zum Wachsen und Reifen.

Mit dem, was Sie heute feiern, legen Sie Zeugnis ab für Ihre Lebensdeutung, für das, was Sie als Leitlinie und Wachstumsgesetz Ihres Lebens gewählt haben und wonach Sie leben und Ihre Liebe gestalten wollen. Sie bezeugen mit dem offen und öffentlich ausgesprochenen »Ja« zueinander, daß sie anderem und anders einander trauen wollen, als nur dem Vorzeichen: Es zählt, was Du mir vorzuweisen hast. Mit dem Gleichnis vom kleinsten der zur Zeit Jesu bekannten Samenkörnern deuten Sie Ihr Leben, Ihre Liebe und Ihren Glauben in dem Sinne, wie Jesus selber menschliches Leben gedeutet und als lebenswert den Menschen vorgestellt hat. Er, der Deuter der Absicht Gottes mit den Menschen, er sagt es so: »Mit dem Himmelreich ist es wie mit einem Senfkorn . . .« Als Menschen, die sich und ihr Leben als unter Gottes Himmel und seiner Verheißung gestellt verstehen, dürfen Sie sagen: Mit unserer Liebe, unserer Hoffnung und unserem Vertrauen ist es wie mit einem Senfkorn . . . Es hat klein angefangen, in ersten Blicken und ersten Worten, in ersten Zeichen der Zuneigung und des Verstehens. Es ist etwas gewachsen zwischen und unter Ihnen und Sie bekennen sich dazu, daß Sie dem anderen und Ihnen beiden zugestehen, daß noch manches wachsen will und muß, und Sie versprechen sich, einander dafür Zeit und Raum zu gewähren und die nötige Geduld zu investieren. Deshalb haben Sie sich auch noch diesen Spruch für den heutigen Tag gewählt: »Wer den anderen liebt, der läßt ihn gelten, so wie er ist, wie er gewesen ist und wie er sein wird.«
Das ist ein Versprechen, das nur dann gegeben und gewagt werden, dem ich nur dann trauen kann, wenn ich der Liebe, dem Leben und seinen Wachstumsmöglichkeiten glaube. Denn dieses Vertrauen sprengt die engen Grenzen des Machbaren, Gemachten und zu Machenden. Das ist mehr als alles Vorzeigbare, Beweis- und Berechenbare, als alles Gesicherte und Gespeicherte. Es ist eine in liebender Hoffnung geschenkte Bejahung des anderen als eines Menschen, der seine Wachstumsgeschichte hinter und immer noch vor sich, weil in sich hat. Es ist das Ja zu Vergangenheit, Gegenwart und Zukunft des und der anderen und zu seiner eigenen. Sie bejahen sich mit dem, was an und im anderen gewachsen ist an Stärken und Schwächen, und Sie trauen sich und einander zu, daß Sie in eine Zukunft hineinwachsen werden, die Ihre gemeinsame ist, weil Sie gemeinsame Wurzeln entdeckt und erkannt haben, auf deren lebensspendenden Kräfte

Sie setzen: Ihren Glaube und Ihre Treue. Damit wird Ihre Liebe, die Sie heute in diesem großen Fest feiern, zur Antwort auf diese menschliche Ursehnsucht, die in uns allen steckt: In der Suche nach Geborgenheit und Angenommensein sagen Sie: Du, ich mag Dich. Und Sie haben erfahren, daß diese Zusage den anderen wachsen läßt. In der Suche nach Stand und Bestand, nach Ansehen, das mehr ist als Ruhm und Erfolg, in der Sehnsucht nach Unverwechselbarkeit und Unaustauschbarkeit schenken Sie einander diese Gewißheit: Ich nehme Dich an. Im Wunsch, geduldig getragen und ertragen zu werden auch dort, wo nicht alles auf das erste Mal gelingt, wo manches noch nicht entfaltet und aufgeblüht ist, zeigen Sie einander: Ich lasse Dir Zeit und Entfaltungsräume.

Viele zweifeln heute daran, ob eine auf einer solchen Basis gegründete Beziehung gelingen kann, weil sie übermenschliche Kräfte erfordere und deshalb vor allem vom anderen nicht gefordert werden könne. Viele sagen, daß eine solche Utopie keinen Topos, keinen Ort habe, und wenn überhaupt, dann nur begrenzt, gerade auch zeitlich begrenzt möglich sei.

Sie bekennen heute: Ja, es übersteigt uns und unsere Fähigkeiten und Möglichkeiten, wenn wir nur auf das setzen, was uns möglich ist. Es übersteigt uns – das ist heute Ihr Glaubensbekenntnis – und verweist uns in einem gläubigen Lebensentwurf auf den hin, der als der menschgewordene Gott uns Zeit gewährt und uns die Zusage schenkt, daß er zu uns steht und uns bejaht, der unser Menschsein und Menschwerden als Prozeß dauernden Wachsens annimmt und in ihm aufgehoben sein läßt.

Dieser Gott segnet Sie heute und er bestärke Ihr Vertrauen auf die kleinen Anfänge, auf das Erstarken aus dem Verborgenen. Wenn Sie sich so, wie heute, gegenseitig ein Leben lang trauen und auf das Wachsen dessen hoffen, was Gott in Sie gelegt und gepflanzt hat mit allen Anlagen zur Entfaltung, dann werden Sie, wie das Senfkorn, dem Licht zuwachsen, das die Liebe, Gott selber ist. So werden Sie Menschen werden und bleiben, die Raum und Zeit haben, damit sich auch andere bei Ihnen »einnisten« und anklopfen können auf ihrer Suche nach Menschen, die offen sind für die Nöte und Sorgen der anderen. Gottes Segen bestärke Sie in diesem Wachsen.

Wolfgang Tripp

Zwei gehen miteinander (Lk 24,13–35)

Die Hochzeit fand auf Wunsch des Brautpaares in einem Sonntagsgottesdienst der Gemeinde statt. In dieser Gemeinde hatte der Bräutigam einige Jahre vorher als Pastoralreferent gearbeitet. Beide Brautleute sind Theologen.

In Rom ist ein katholischer Weltkatechismus erarbeitet. In ihm soll zusammengefaßt vorgelegt werden, was als verbindliches Glaubensgut der Kirche zu gelten hat. Dieser Katechismus soll – in verschiedenen Sprachen übersetzt – eine einheitliche und verbindliche Zusammenfassung des Glaubensgutes bewahren helfen.

Über den Sinn und Nutzen eines solchen Unternehmens kann man verschiedener Meinung sein. Vielleicht kann so etwas notwendig sein. Ich verspreche mir jedoch nicht viel davon, jedenfalls nicht für eine Verlebendigung des Glaubens und auch nicht für die Weitervermittlung des Glaubens an die kommende Generation. Es wird uns mit einem solchen Katechismus kaum anders gehen als den Emmausjüngern. Die wissen ja im Grunde über den Glauben Bescheid: daß Jesus einer war, der vor Gott und den Menschen viel galt. Er war ein Prophet. Sie wissen, was er alles gesagt hat und getan hat. Sie wissen, daß er gekreuzigt wurde, sie wissen vom leeren Grab, wissen sogar von der Osterbotschaft der Engel. Im Grunde wissen sie alles, was man von Jesus wissen kann. Und doch ist für sie noch nicht Ostern geworden.

Sie wissen alles, was man von Jesus wissen kann – wie wir – und wie es in vielen Katechismen steht, zum wievielten Male gedruckt und nachlesbar! Aber bei all dem Wissen bleibt Jesus totgesagt. »Wir hatten gehofft . . .« Auch mancher von uns wird vielleicht sagen: Ja, ich hatte auch einmal gehofft – wie bei den Emmausjüngern. Wir dürfen davon ausgehen, daß der Schreiber des Evangeliums keine besonderen biographischen Interessen verfolgt hat. Ihm ging es nicht darum, von diesen beiden Jüngern eine nachösterliche Begebenheit festzuhalten. In dieser Geschichte ist vielmehr exemplarisch die Situation der Kirche nach Ostern gestaltet: Bei allem Wissen von Jesus bleibt er doch tot, ist er Vergangenheit. Auch lange nach dem Osterereignis bleiben wir – wie diese beiden – vorösterliche Menschen, Menschen, die noch nicht zum lebendigen Glauben gelangt sind. Man kann von Jesus alles wissen, was es zu wissen gibt, und doch wird er uns nicht lebendig.

Aber wie kommen die beiden in unserer Geschichte zum Osterglauben? – Sie werden letztlich dahin geführt von jemand anderem. Aber was sie von sich aus tun, ist dies: Sie sprechen miteinander über alles, was sie bewegt. Sie tauschen ihre Ratlosigkeiten und Zweifel aus. Sie sprechen über die Ungereimtheiten und Ängste. In diesen beiden begegnen uns Menschen im Gespräch miteinander. Ist das Kennzeichnung und Grundsituation der Kirche, daß Menschen im Gespräch miteinander sind? Auf die Frage »Was ist die Kirche?« sagen wir im allgemeinen: eine Glaubensgemeinschaft. Das ist richtig. Aber wäre es vielleicht doch mit dem Glauben in dieser Kirche hoffnungsvoller bestellt, wenn Menschen auf die Idee kämen, zu sagen: Kirche, das ist eine Gesprächsgemeinschaft? Kirche, das ist dort, wo Menschen über ihre Hoffnungen und Enttäuschungen miteinander im Gespräch sind, wo die Ungereimtheiten und Herausforderungen zur Sprache kommen im Lichte des Glaubens. Die Kirche als Ort des Gesprächs, des Suchens, des Fragens und des Austausches miteinander! Eine solche Kirche wäre vielleicht eine Einladung für viele Menschen!

Ich meine damit nicht eine Kirche, in der alles in Frage gestellt wird. Es geht nicht um die distanzierten Fragen, nicht um ein Infragestellen, das alles auflöst und zerstört. Es geht vielmehr um die Fragen, die uns Menschen bewegen und erschüttern – wie bei den beiden von Emmaus. Es geht darum, daß über das gesprochen wird, was wir erfahren und was uns widerfährt, was uns lähmt und uns in Bewegung bringt: Fragen, die Menschen auf den Weg bringen. Im Glauben – so wie wir es oft erleben – ist von Festzuhaltendem, und damit von »Standpunkten« die Rede. Die Kirche derer von Emmaus aber ist eine Kirche, in der es weniger um Standpunkte geht, die zu verteidigen sind. Da kommen Menschen miteinander auf den Weg. Das Urwort für Glauben heißt nicht »etwas festhalten«, sondern »nachlaufen«, nachfolgen, in die Fußstapfen treten, sich auf den Weg machen. Die Kirche derer von Emmaus ist eine Kirche als Weggemeinschaft, wo Menschen »in die Gänge« kommen, und wo neben dem, was sie von Jesus wissen, immer schon wissen, auch und vor allem was

sie bewegt, was sie an ihm nicht verstehen, was fraglich, ärgerlich, unverständlich ist, wenn sie es mit den eigenen Erfahrungen und Widerfahrnissen zusammenbringen.
Noch ein letztes zu unserer Geschichte: die Stelle, wo Jesus sich einmischt, ist das *Gespräch* und der *Weg*. Er geht mit, hört zu und mischt sich ein. Es scheint so zu sein, daß da, wo Menschen unterwegs sind und wo sie mit offenen Fragen leben, der Ort ist, wo Gott »dazwischen kommt«. Wenn einer nur redet, nicht mehr hört, – wenn einer auf Standpunkten verharrt und sie verteidigt, dann sagen wir wohl: »Da kommst'e nicht dazwischen.« So scheint es auch Gott zu gehen. Er kann sich nur einbringen, kann sich nur ins Spiel bringen bei Menschen, die noch unterwegs sind, offen im Gespräch miteinander. Wo einer sich ganz auf sich allein zurückzieht, oder wo immer schon alles klar ist, gibt es auch für Gott kein Dazwischenkommen. »Als wir im Gespräch waren, . . . da brannte uns das Herz, weil er mit uns redete und uns den Sinn erschloß . . .« Im austauschenden Gespräch miteinander und in der Weggemeinschaft erschließt Jesus den Jüngern – und uns – das Geheimnis seines Lebens und den Sinn unseres Weges. Da wird das, was die Jünger, was wir längst wissen, was wir längst im Kopf haben, *bewegend, belebend* und zwar so, daß der Glaube lebendig wird und Menschen darin aufleben.
Nun feiern wir in diesem Gottesdienst eine Hochzeit, Eure Hochzeit. Ich denke deshalb an ein Bild des Grafikers Litzenburger. Er hat den Emmausgang so dargestellt, daß in den beiden Jüngern ein Mann und eine Frau zu erkennen sind. Wir gehen traditioneller Weise davon aus, daß das damals zwei Männer waren. Vielleicht ist das für uns typisch. Die Schrift nennt nur einen mit Namen, Kleophas. Vielleicht war die zweite Person seine Frau. So höre ich aus dieser Geschichte vier Botschaften für Eure Ehe.

1. Ehe bedeutet, daß Menschen miteinander ein lebenslanges Gespräch eingehen. Damit ist nicht gemeint, daß sie permanent reden. Wohl aber dies: daß die menschlichen Erfahrungen, die Glaubensfragen miteinander ausgetauscht werden im gegenseitigen Auf-einander-Hören und Einander-Zusprechen. Es bedeutet auch, daß die Ratlosigkeiten, Ängste wie auch die beflügelnden Erfahrungen mitgeteilt und geteilt werden. Und auch, daß

das Schweigen ausgehalten wird. So verstanden ist das Ja-Wort der Ehe kein Schlußwort, sondern Beginn und Besiegelung einer lebenslangen Gesprächsbereitschaft.

2. Die Ehe erscheint als Weggemeinschaft. Das Wort Lebensgefährte ist ja in unserer Gesellschaft fast zu einer Alternative für Ehepartner geworden. Ehe aber meint genau dieses: Lebens- und Weggefährte sein. In diesem Sinne wünsche ich Euch, daß Ihr miteinander an kein Ende kommt, solange Ihr lebt! Daß Ihr Eure Ehe immer wieder als neues Miteinander-Aufbrechen und Euch gemeinsam Auf-den-Weg-Machen leben könnt.

3. Auch bei der Ehe geht es darum, daß Gott »dazwischen kommen« kann. Laßt Raum zwischen Euch, – Spielraum – wo Ihr Euch selbst ins Spiel bringt. Laßt Raum zwischen Euch sein, daß Ihr Euch immer neu aufeinander zubewegen könnt. Das ist nicht möglich, wo Menschen ineinander verkrallt sind oder aneinander kleben. Laßt zwischen Euch auch Raum sein, der es jedem von Euch ermöglicht, die Fehler zu machen, die er braucht, um das für ihn Richtige zu lernen. Laßt zwischen Euch Raum sein auch für andere. Man kann zu zweit als Paar auch ausgrenzend wirken – wie eine »geschlossene Gesellschaft«. Laßt vielmehr Raum, der einladend wirkt. Ja, laßt auch Raum sein zwischen Euch, wo Gott sich einmischen, sich ins Spiel bringen kann. Er scheint sich uns vor allem auch dort zu Gehör zu bringen, wo wir aufeinander hören und unsere jeweiligen Lebens- und Glaubenserfahrungen austauschen.

4. Die Jünger von Emmaus brechen in ihrer Glaubenserfahrung neu auf nach Jerusalem. Sie gehen in die Stadt, dem Ort, wo die Menschen leben. Für die Bibel ist Jerusalem der Ort des Heiles. Er ist der Ort, wo das Kreuz aufgerichtet wird – und gleichzeitig der Ort, wo Tränen abgewischt, Tod überwunden, Trauer und Klage überflüssig werden und alle Mühsal beseitigt, ja der Tod bewältigt wird. Jerusalem als Ort des Kreuzes und als Bild des Himmels, Bild traumhafter Zustände: Stadt Gottes, wo Er in unserer Mitte ist. Diese Stadt ist das Ziel unseres Weges. Es geht darum, daß wir zu ihr »in die Gänge kommen«. Es geht darum, daß wir etwas und uns selbst in Bewegung bringen auf diese von Gott verheißene Stadt hin. Damit ist unsere gesellschaftliche

Verantwortung angesprochen. Es geht wohl auch in der Ehe nicht um den Himmel auf Erden oder einen Himmel zu zweit. Ich wünsche Euch, daß Eure Ehe Euch eine Ermutigung wird, zu einer Weggefährtenschaft im gemeinsamen Engagement auf die Stadt hin, die von Gott verheißen ist, aber doch schon jetzt unter uns, in unserer Gesellschaft entstehen soll. Amen.

Reinhold Waltermann

Euch aber lasse der Herr wachsen (1 Thess 3,11–13)

Er: Arzt, evangelisch. Sie: Sozialarbeiterin, katholisch. Die Hochzeit findet in der katholischen Kirche statt. Nur der katholische Pfarrer hält die Trauung. Zum Schluß der Ansprache soll den beiden jeweils ein Schmetterling überreicht werden, wie er in Blumenläden als Dekoration für Blumensträuße zu kaufen ist.

Wenn alle die schöne Braut bewundern, fällt das Loben nicht schwer. Und darüber hinaus: Gibt es ein schöneres Lob für eine Frau als der erklärte Wille eines Mannes, für immer mit ihr zusammen zu sein, unter all den vielen schönen Töchtern dieser Gegend gerade mit ihr und nur mit ihr?!
Und gibt es ein schöneres Lob für einen Mann als die Bereitschaft der Frau, mit ihm nicht nur einige lustige Stunden zu teilen, sondern die gesamte Zukunft, die neben hoffentlich sehr viel Freude und Lust auch harte Arbeit und Verantwortung bringen wird?!
Miteinander das Leben zu teilen, gibt es ein größeres Lob füreinander?! Mit Dir wird mein Leben reicher, noch lebendiger, noch stärker und ermutigender. Das ist das, was Sie einander versprechen, wenn Sie die Ehe versprechen. Sie glauben, daß Verheißungsvolles sich ein Leben lang an der Seite des anderen erfüllt, immer wieder wirklich wird. Deshalb heißt diese Feier mit Recht Hoch-Zeit, weil sie voller Verheißungen steckt. »Euch lasse der Herr wachsen und reich werden in der Liebe zueinander.« Dieser Wunsch aus der Lesung ist auch unser Wunsch, der über dieser Stunde schwebt, dieser Stunde voller Verheißungen. Diese Hoch-Zeit, die Zeit der Freude und der Erwartung, daß so manche Verheißung sich erfüllt, geht jetzt erst richtig los und endet nicht, wenn alle heute abend nach dem Fest Sie wieder verlassen und morgen zum Alltag zurückkehren. Der Grund für die Freude und die Erwartung ist nicht irgendetwas, sondern das ist der andere, dem Sie sich in dieser Hochzeit antrauen. Sie haben großen Grund zur Freude, weil Sie jeweils den anderen haben. Du bist die Ursache, daß mein Leben reicher wird als vorher, nicht irgendetwas an Dir, nicht irgendeine Sache, sondern Du selbst. Man kann einen Menschen nur um seiner selbst willen lieben, sonst gebraucht und mißbraucht man ihn für etwas, für

eine Arbeit, für ein Vergnügen, für eine Karriere oder sonstiges. »Reich werden in der Liebe zueinander«, wie es in der Lesung hieß, geht nur, wenn man den anderen meint. Darin wird in der Ehe etwas sichtbar von dem, was wir von Gott glauben: Er braucht und mißbraucht uns nicht, und er meint uns und nicht irgendetwas an uns. Er liebt uns um unserer selbst willen.

Indem Sie beieinander bleiben und gerne beieinander bleiben, wird diese Liebe um des anderen selbst willen wirklich. So wie Sie gerne morgens zusammen frühstücken, Tag für Tag, wie Sie nach einem vollen Tag gerne abends schlafen gehen, wie Sie gerne miteinander essen und ein Glas Wein trinken, so mögen Sie gerne Tag für Tag beieinander bleiben, ohne daß es langweilig wird. So reich soll Ihre Liebe Sie machen, daß Sie Tag für Tag gerne zusammen sind und daß »euer Herz gefestigt wird«, um nochmals die Lesung zu zitieren. Das Herz festigen, heißt doch, etwas täglich gerne tun, weil es einem Freude macht, weil es eine Lust ist, bei dem anderen zu sein.

Das ist das Faszinierende an der Liebe: Sie ist ein Geheimnis. Geheimnis ist kein Rätsel, das es zu lösen gilt. Geheimnisse bewohnt man, mit ihnen lebt man, die entdeckt man immer wieder neu. Wenn Sie jemandem ein Geheimnis anvertrauen, dann wollen Sie ihm kein Rätsel zu lösen aufgeben, sondern ihm etwas anvertrauen, das Ihnen sehr wichtig ist, das nicht unbedingt jeder zu wissen braucht. Ohne dieses Geheimnis möchten Sie nicht mehr leben. Es macht Ihr Leben reicher, und es gibt immer wieder etwas zu entdecken. Das ist das Faszinierende an einem Menschen, den man liebt: Es gibt immer wieder etwas an dem anderen zu entdecken oder zu bestaunen oder zu genießen. Und das hört nicht auf.

Der russische Komponist Schostakowitsch erzählt in seinen Memoiren die Geschichte von einem Käfer, der sich in eine Raupe verliebt. Eines Tages verpuppt sich die Raupe. Der Käfer denkt, daß sie tot ist und trauert sehr. So bekommt er nicht mehr mit, wie aus der Puppe ein Schmetterling entfliegt. Dieser Schmetterling stört seine Trauer durch sein lustiges Umherflattern, und er will ihn fressen. Er schaut dem Schmetterling in die Augen und entdeckt darin den Glanz, den er so in den Augen seiner Raupe geliebt hat. Da weiß er, daß seine Raupe sich zu diesem herrlichen Schmetterling entwickelt hat.

Das ist auch ein Geheimnis der Liebe, die Ihr Leben reicher machen kann. Es kann sein, daß die Entwicklung des Partners für Sie nicht immer nur glücklich ist, daß Sie manchmal kräftig schlucken müssen und vielleicht glauben, nicht mithalten zu können. Aber es gibt etwas, das trotz aller Wandlung gleich bleibt. Das ist das Geheimnis der Liebe, daß sie fest ist und doch mitwachsen kann.

Das wünsche ich Ihnen, daß Sie mitwachsen mit dem anderen. Möge es Ihnen gelingen, einander immer wieder zu entdecken. Haben Sie Freude aneinander Tag für Tag. Das Geheimnis ihrer Liebe soll Ihr Leben täglich bereichern. Und Gott, der uns um unserer selbstwillen liebt, sei Ihnen Hilfe, Ansporn und Segen.

Zur Erinnerung an diese Hochzeit möchte ich Ihnen beiden zwei Schmetterlinge schenken. Wie Schmetterlinge bunt durch die Lüfte flattern, so soll Ihr Leben bunt sein und fröhlich. Und wenn Schwierigkeiten zu überwinden sind, dann sei Ihre Liebe so stark und wandlungsfähig wie eine Raupe, die sich in einen Schmetterling verwandelt. So sei dieser Schmetterling auch ein Bild für die Hoffnung, die Ihre Liebe beflügeln mag – Tag für Tag.

Karl-Heinz Sülzenfuß

Liebe, die Kreise zieht (1 Thess 3,11–13)

Die Braut ist katholisch, der Bräutigam entstammt einer evangelischen Gemeinde. Beide studieren derzeit Jura.

Die Freude über diesen Tag spricht aus allen Gesichtern. Gründlich haben Sie sich, liebes Brautpaar, darauf vorbereitet. Jetzt wollen Sie die Liebe, die zwischen Ihnen gewachsen ist, und die Entscheidung, die gereift ist, uns allen bekunden durch Ihr Ja-Wort. Es wird nicht das erste Mal sein, daß Sie »Ja« zueinander sagen. Zunächst wird es wohl ein zaghaftes: »Ja, ich mag dich. Ich versteh dich«, gewesen sein. Mag sein, daß es auch einmal Ärger gegeben hat, der mit einem »Ja, ich verzeih dir«, wieder aus dem Weg geräumt wurde. Schließlich ist der Wunsch gereift : »Ja, ich liebe dich. Mit dir will ich das Leben gestalten. Wir wollen unseren Weg miteinander gehen.« Die einzelnen Stationen und Schritte, die bis zu dem heutigen Ja-Wort geführt haben, sind Ihnen wahrscheinlich im einzelnen nicht mehr bewußt. Vielleicht haben Sie es gar nicht mehr so genau in Erinnerung, wie dieses Ja zueinander gewachsen und gereift ist. Es ist wie bei einer Pflanze, die auch wächst, ohne daß wir sie ständig im Auge haben und beobachten oder gar kontrollieren, ob sie wirklich wächst. Die Pflanze wächst, wenn sie genügend Wasser hat, Nahrung im Erdboden findet und einen Standort hat, wo ihr das richtige Maß an Licht zukommt und sie sich in Ruhe entfalten kann. Licht und Wasser, das könnte für das Wachsen Ihres Ja-Wortes die Erfahrung gewesen sein, daß Sie einander vorbehaltlos vertrauen können, daß Sie beim anderen angenommen sind, so wie Sie sind, mit allen Fehlern und Schwächen. Mehr und mehr werden Sie sich wortlos verstanden haben. Da tauchten Zeichen der Achtung vor der Meinung des anderen auf, Zeichen der Geduld, des Wartens aufeinander, und diese Zeichen säumten Ihren Weg zueinander wie Blüten im Frühling, die freudige Überraschung in uns wecken. Aus unseren Gesprächen habe ich herausgehört, wie Sie über Ihr Leben miteinander sprechen, über Ihre Träume und Vorstellungen von einer gemeinsamen Zukunft und von dem Grund, in den Sie ihre Wurzeln einsenken, um die Kraft zu finden für diesen Weg. Besuche und Gottesdienste im Kloster Münsterschwarzach haben Ihren Glauben berührt. Dabei wird

manches an Unbekanntem und Ungewohntem auf Grund Ihrer unterschiedlichen Herkunft als evangelischer und katholischer Christ zur Sprache gekommen sein. Sie haben es miteinander betrachtet. Wahrscheinlich nicht im Sinne einer wissenschaftlichen Analyse, sondern im Erzählen von Lebenssituationen, Erlebnissen aus der Kindheit und Jugendzeit in der Familie, dem Religionsunterricht oder dem Leben in der Gemeinde. Fragen werden aufgetaucht sein, für die Sie Antworten suchten, und Sie werden in frohes Erstaunen geraten sein über die Gedanken und Erfahrungen des anderen, besonders dann, wenn Sie feststellen konnten, daß Ihre Überzeugungen sehr dicht beieinander liegen. Sie werden auch darüber gesprochen haben, was Ihnen wichtig und wertvoll ist und was Sie nicht verlieren möchten.
Jetzt sind wir hier, um voll Freude, vielleicht auch mit etwas Bangen, bewußt vor Gott und der Gemeinde das Zeichen zu setzen, das bedeutet: Wir sind soweit. Ja, wir sind bereit, unseren Weg gemeinsam zu gehen. Gleich, was die Zukunft bringen wird, wir wollen zusammenstehen und füreinander dasein. Voll Freude nehmen wir dieses Ja-Wort auf und beantworten es mit unserem Ja zu Ihrer Liebe, das auch beinhaltet, daß wir zu Ihnen stehen – auch dann, wenn Sie einen Rat suchen oder Hilfe nötig ist.
Bei der Feier einer Goldenen Hochzeit konnte ich mir nicht verkneifen, das Paar zu fragen, wie sie es geschafft haben, 50 Jahre lang zusammenzubleiben, trotz der jahrelangen Trennung, die die Kriegswirren aufzwangen. »Die Trennung war hart, gerade so kurz nach der Hochzeit. Sie war auch gefährlich«, gestanden sie mir. »Aber das Vertrauen zueinander hat nie nachgelassen. Besonders die steilen und harten Wegstrecken, die wir zurücklegen mußten, die waren es, die uns noch enger zueinander geführt haben und miteinander reifer werden ließen.« Und ich wagte weiterzufragen: »Ist Ihre Liebe noch wie damals bei der Hochzeit?« »Ja, aber sie ist gelassener geworden, und sie ist gezeichnet von den Spuren, die das Leben hinterlassen hat. Aber auch von der immer wiederkehrenden Erfahrung der Treue zueinander und zu unserem Glauben, daß es einen Gott gibt, der unseren Weg begleitet.«
Liebes Brautpaar, Sie überraschten mich an Weihnachten mit einem Geschenk, einem Liederbuch mit neuen geistlichen Liedern. Unter diesen Liedern habe ich eines entdeckt, das ich oft mit jungen Menschen gesungen habe und dessen Text mir noch

heute Mut macht, die Zukunft in die Hand zu nehmen und guten Mutes weiterzugehen. Ich vermute, es wird auch Ihnen nicht unbekannt sein.

»Kleines Senfkorn Hoffnung, mir umsonst geschenkt, werde ich dich pflanzen, daß du weiter wächst, daß du wirst zum Baume, der uns Schatten wirft, Früchte trägt für alle, alle, die in Ängsten sind.« Vom kleinen Funken Hoffnung, der zur Flamme wird und von der kleinen Münze Hoffnung, die geteilt zur Gabe wird, ist in dem Lied noch die Rede.

Sie haben das kleine Senfkorn Liebe gepflanzt, und weil es gutes Erdreich gefunden hat, ist es aufgegangen und gewachsen. Gott schenkt Licht und Wasser. Nur das Gießen, das überläßt er Ihnen.

Unsere guten Wünsche für Ihren gemeinsamen Lebensweg möchte ich mit den Worten des Apostels Paulus ausdrücken, der an die Thessalonicher geschrieben hat: »Euch aber lasse der Herr wachsen und reich werden in der Liebe zueinander und zu allen, wie auch wir euch lieben, damit euer Herz gefestigt wird . . .« Und dabei sind wir wieder bei den Gedanken unseres Liedes: Die Liebe trägt dann die schönsten Früchte, wenn sie sich nicht nur in traute Zweisamkeit zurückzieht, sondern Kreise zieht und zur Gabe wird für andere.

Heinz Kußmann

Lebensart des Glaubens (Hebr 11,11)

Das Paar war über mehrere Jahre hinweg aktiv in der Studentengemeinde tätig und setzte sich dabei u. a. intensiv mit Fragen der Ökumene, der Gemeinsamkeit und Verschiedenheit der Konfessionen auseinander. Der Bräutigam ist katholisch, die Braut evangelisch. Beide entschieden sich für die evangelische Form der Trauung, wobei die Feier sehr ökumenisch gehalten war. Der Gottesdienst wurde intensiv vom Brautpaar vorbereitet.

Von manchen Menschen wird berichtet, sie hätten irgendwann in ihrem Leben die Bibel aufgeschlagen. Dabei sei ihnen eine Stelle ins Auge gesprungen, die sie sofort fasziniert und nicht mehr losgelassen habe. So ähnlich war's wohl auch, als Ihr den Text für die Trauung gesucht habt. Ihr seid schließlich auf den Vers aus dem 11. Kapitel des Hebräerbriefs gestoßen und hattet das Gefühl: Des isch's! »Feststehen in dem, was man erhofft, Überzeugtsein von Dingen, die man nicht sieht.« Das ist so etwas wie eine Kurzformel für Glauben, ein Satz, der es in sich hat, auch wenn man ihm das nicht auf den ersten Blick ansieht.
Ihr habt mir zugetraut und zugemutet, das, was dieser Satz in sich hat, nach außen zu legen, für Euch und für die ganze Gemeinde. Ich will es gern versuchen. Wenn ich dabei das Brautpaar öfters direkt anspreche, heißt das natürlich nicht, daß die anderen ausgeschlossen sind.

»Feststehen in dem, was man erhofft, Überzeugtsein von Dingen, die man nicht sieht.« Ihr beide habt das Gefühl, daß dieser Satz auf Eure derzeitige Lebenssituation und auf die damit verbundenen Fragen Antwort gibt. Ganz schön mutig, das ohnehin riskante Unternehmen Ehe unter diesen Satz zu stellen; denn da ist eine Botschaft formuliert, die nicht einfach so runterläuft und dieses schöne Fest heute noch mit schöngeistigem Beiwerk verziert. Vielmehr stutzte ich zunächst mal bei genauerem Hinsehen: Das, was man nicht sieht und was noch nicht ist, das wird als das eigentlich Bedeutsame herausgestellt. In der alltäglichen Lebenspraxis, zumindest in meiner, ist es häufig umgekehrt: Ich verlasse mich allzugern auf Dinge, die man greifen, haben, zählen und sehen kann. Ihr habt, als wir über diesen Text spra-

chen, erzählt, warum Euch gerade diese Satz wichtig wurde. Da fiel u. a. die Bemerkung: »Wenn wir uns in erster Linie auf das verlassen müßten, was wir in Händen haben, müßten wir ja verrückt werden vor Unsicherheit.« Ich bekam den Eindruck, daß Ihr aufgrund Eurer derzeitigen Situation sehr empfänglich seid für das, was im Sinne des Hebräerbriefes Glauben bedeutet, vielleicht so empfänglich wie nie mehr später in Eurem Leben: Ihr seid sehr wenig abgesichert mit zählbaren und greifbaren Dingen, es ist offen, wie Eure beruflichen Wege aussehen werden und was Euer persönliches Leben so alles mit sich bringen wird. Ihr entscheidet Euch, auch aufgrund Eurer bisherigen Erfahrungen dafür, mehr auf das zu setzen, was man nicht sieht, also für Glauben. Glauben ist ja hier nicht ein Fürwahrhalten von Lehrsätzen oder eine Zustimmung zu einer Glaubenslehre, sondern nach der Definition hier ist es eine bestimmte Art zu leben. Das ist anspruchsvoller, aber auch reizvoller als das Nachplappern von Lehrsätzen. Eine Lebensart , die von Hoffnung und von nicht sichtbaren Dingen bestimmt ist. Für Euch, auch für mich, hat diese Hoffnung einen Namen, nämlich Gott, der sich uns in Jesus Christus gezeigt hat und uns die Zusage gab, daß unser Leben gelingen wird.
Wenn Ihr Euch auf solche Hoffnungen verlaßt und von dem noch nicht Sichtbaren überzeugt seid, dann müßt Ihr ein ganz eigenes Verhältnis zur Gegenwart und zum Sichtbaren haben. Ihr relativiert das Anschauliche, Greifbare zugunsten dessen, was Ihr nicht gesehen habt und was Ihr erhofft.

Ich möchte diese Lebensart des Glaubens noch ein wenig unter die Lupe nehmen:
Es ist genau das Gegenteil zur Lebensart des Habens und Festhaltens, die sich auf das Bewährte, Altbekannte verläßt, kein Risiko eingeht, keine Neuheiten kennt, keine Ungewißheiten und Wagnisse. Diese letztgenannte Art des Lebens ist uns Schwaben nicht ganz unbekannt. Manche alltäglichen Redewendungen lassen das sehr deutlich erkennen, z. B.:
»Was man hat, das hat man.«
»Das hat man schon immer so gemacht.«
»Der Spatz in der Hand ist besser als die Taube auf dem Dach.«
Die Lebensart des Glaubens kehrt dies ins Gegenteil: Was man hat, das hat man nicht, und was man nicht hat, das hat man.

Sie ist das Gegenbild zu einer Lebensweise, die sich mit Sichtbarem, Konsumierbarem, mit Dingen aus unserer märchenhaften Warenwelt so den Blick verstellt, daß man selbst mit Klimmzügen nicht mehr darüber hinaussieht.
Die Lebensart des Glaubens ist das Gegenbild zum selbstgefertigten goldenen Käfig, dessen Gitterstäbe Besitz, soziale Position, Alltagszwänge darstellen und dessen vermeintliche Öffnung mit Bewahrenwollen und hektischer Geschäftigkeit verstellt ist. Glaube ist das Gegenteil einer Lebensart des Festsitzens im goldenen Käfig oder, etwas schöner gesagt, der totalen Seßhaftigkeit. Der Verfasser des Hebräerbriefes zählt im 11. Kapitel, zu dem unser Text ja die Einleitung darstellt, viele Beispiele auf von Menschen, die aufgebrochen sind aus der Seßhaftigkeit und sich auf die Socken machten. So wird auch Abraham genannt, einer, dem die Hoffnung auf die von Gott versprochenen Dinge mehr wert war als das, was er in Händen hatte.
Wenn Ihr heute als Motto über die Trauung diese Glaubensdefinition stellt, dann macht Ihr damit deutlich, daß Ihr Euch für Aufbruch statt Sitzenbleiben entscheidet, für Grenzüberschreitungen statt Abfinden mit dem Vorgegebenen, für die Lebensart der Wanderschaft statt Seßhaftigkeit. Ich möchte Euch als Symbol für diese Lebensart der Nichtseßhaftigkeit und der Grenzüberschreitung diesen Stock überreichen. Abraham ist ja auch oft mit einem Stock dargestellt. Er soll Zeichen sein für Eure unbändige Hoffnung über das jeweils Erreichte und Sichtbare hinaus, für Euer Überzeugtsein von dem, was Euch von Gott zukommen wird.
Ich denke, daß diese Lebensart nicht immer leicht sein wird, daß Müdigkeit eintreten wird, daß Blasen an den Füßen und unwegsames Gelände das Weitergehen manchmal erschweren werden, daß Dunkelheit, Unsicherheit und Zweifel sich breitmachen. All dies sind keine Mißbildungen des Glaubens, sondern notwendige Begleiterscheinungen. Wer nicht zwischendurch von Gott enttäuscht ist, der erhofft auch nichts von ihm.

In bezug auf Eure Ehe hat diese Lebensart der Nichtseßhaftigkeit spannende Konsequenzen.
Eure Ehe bedeutet dann nicht Rückzug ins private Glück der letztlich überforderten Zweisamkeit, sondern gemeinsamer Aufbruch. Wir feiern heute nicht die glückliche Landung im Hafen

der Ehe, wie es eine häufige, aber dumme Redewendung sagt, sondern wir feiern die Tatsache, daß Ihr zu zweit unter den Augen Gottes aufbrecht in ein Leben, von dem Ihr viel erhofft.
Nichtseßhaftigkeit in der Ehe, das bedeutet das Gegenteil von Inbesitznehmen des anderen, vielmehr Freilassen für neue Möglichkeiten und für Veränderung. Es wäre falsch, davon auszugehen, daß irgendjemand zu irgendeinem Zeitpunkt seines Lebens schon alle Möglichkeiten ausgeschöpft hätte und sich nicht mehr verändern könnte.
Ihr habt beide viel mehr Möglichkeiten als Ihr ahnt, ganz zu schweigen von den Möglichkeiten Gottes mit Euch.
Die Lebensart des Aufbruchs nimmt die Wirklichkeit bei sich selber und beim anderen wahr, schreibt sie aber nicht fest, sondern erhofft Neues.
Ihr werdet dabei auch immer neue Einfälle und Phantasien entwickeln, wo Ihr im Sinne des Reiches Gottes jetzt schon an der Veränderung der Welt mitarbeiten könnt. Das kann allerdings Ärger und Unruhe mit sich bringen.
Ihr macht ja derzeit schon wichtige Erfahrungen in der Nichtseßhaftigkeit und mit der Grenzüberschreitung: Ihr habt die immer noch bestehenden Grenzen zwischen den Konfessionen überschritten und dabei erfahren, wie befreiend und bereichernd das sein kann. Ihr nehmt damit etwas vorweg, was man im Großen noch nicht sehen kann. Mit Schwierigkeiten und Widerständen ist dabei zu rechen.
Nun habe ich sehr viel von dem geredet, was noch nicht ist, was man noch nicht sieht, so daß am Schluß vielleicht für den einen oder anderen die Frage bleibt: »Und wo bleibt die Gegenwart?«
Ich kann darauf nur sagen: Die Hoffnung der Nichtseßhaften verhindert nicht, das Schöne der Gegenwart und des Augenblicks zu genießen. Wer so wie Ihr an die Zukunft Gottes glaubt, der kann umso unbeschwerter feiern.
Ich wünsche Euch viele Augenblicke, wo Ihr den Wanderstock in die Ecke lehnt und miteinander das Glück des Augenblicks genießt, wo Ihr tanzt, feiert, Euch liebt, spielt, lacht und wo etwas von Euren Sehnsüchten schon Wirklichkeit wird.
Eine, vielleicht die wichtigste Ausdrucksform der Hoffnung ist das Fest. Damit dieses weitergehen kann, sage ich jetzt Amen.

Josef Birk

»Ihr seid das Salz der Erde, das Licht der Welt und die Stadt auf dem Berg«

Miteinander der Welt zugewandt
als Boten des Evangeliums

»Geschmackvolle« Ehe (Mt 5,13–16)

Die Brautleute sind beide noch Studenten, die bewußt aus ihrem Glauben leben wollen; sie engagieren sich beispielsweise in einer »Dritte-Welt-Gruppe«. Beide kommen aus christlich geprägten Familien. Sie wollen gemeinsam als Glaubende in ihrer Ehe Zeugnis geben und Zeichen setzen. Dies bringt sie in intensive Auseinandersetzungen mit Freunden, die nicht alle so denken.

Am Anfang der Bergpredigt Jesu, seiner Grundsatzerklärung, steht der Text, den wir eben gehört haben und längst kennen. Ihr beide stellt diese beiden Bildworte an den Anfang Eurer Ehe, den wir heute als Hochzeit feiern. Ihr steckt damit den Rahmen und die Ziele für Euer Zusammenleben. Ihr habt Euch damit ein Modell und ein Vorbild gesucht, das Euch leiten und für Euch gelten soll. Es ist ein hoher Anspruch, den Ihr aneinander stellt, an dem Ihr miteinander wachsen und reifen wollt, an dem Ihr Euch immer wieder neu ausrichten und korrigieren wollt. Es ist der Anspruch Jesu an Euch und uns alle.
Salz war zur Zeit Jesu und im Altertum etwas sehr Wertvolles, eine teure Handelsware. Salz war notwendig, um Speisen, wie z. B. Fleisch, genießbar zu erhalten. Salz war das Hauptgewürz. Es gibt einen schönen Brauch, Menschen beim Einzug in ihr neues Haus Salz zu schenken und dabei zu wünschen, daß ihnen das Salz und, im übertragenen Sinne, die Würze des Lebens niemals ausgeht. Ein Sprichwort sagt auch: »Einen Menschen kennenlernen und lieben, heißt einen Sack Salz mit ihm zu essen!« Das bedeutet, sich kennen- und liebenlernen, miteinander vertraut werden, sich aneinander gewöhnen und sich aufeinander einstellen, das braucht lange Zeit und viel Geduld.
Ihr beide wollt füreinander geschmackvoll und würzig, belebend und erfrischend sein. Eure Ehe soll im Laufe der Zeit und der Jahre nicht abstumpfen und langweilig werden, sondern spannend und abwechslungsreich bleiben. Ihr wollt Euch den Schwung und die Begeisterung des Anfangs bewahren und erhalten.
Das *Licht* ist für die Menschen aller Zeiten etwas Faszinierendes und Schönes gewesen. Wie kann doch das Licht einer Kerze ein Gesicht oder ein Zimmer verzaubern! Wie können Kinderaugen

und auch Erwachsene staunen über das Licht der aufgehenden Sonne oder den funkelnden Sternenhimmel! Wie erweckt die Wärme und Leuchtkraft der Sonne die Natur gerade im Frühjahr zu neuem Leben! Ist es bei uns Menschen nicht ähnlich? Im Licht haben die Menschen etwas Himmlisches und Göttliches erkannt und verehrt, etwas, was sie sich selbst nicht geben können, was von oben kommt und geschenkt wird. In vielen Redewendungen kommt das Licht vor. Wir sprechen vom Licht der Augen, von einer Er-leuchtung, etwas ans Licht bringen, ins rechte Licht rücken, in einem neuen Licht etwas sehen . . .

Ihr beide wollt füreinander Licht sein und einander mit viel gutem und wohltuendem Licht beschenken. Das Glück und die Freude, die heute aus Euren Herzen und Gesichtern leuchten und strahlen, sollen nicht abbrennen wie ein kurzes Strohfeuer, sondern anhaltend wärmen. Der Funke, der einmal zwischen Euch beiden übergesprungen ist, soll immer wieder neu das Feuer der Liebe in Euch entfachen. Einer von Euch ist für den anderen dieses Licht, das wachsen und aufblühen läßt, wie die Strahlen der Sonne. Früchte reifen in der Sonne, Menschen im Licht der Liebe.

Im Licht, im Feuer und in der Liebe sehen wir Menschen Kräfte, die uns staunen und innehalten lassen, die uns manchmal auch erschrecken und beängstigen können.

Ihr beide sollt und wollt füreinander *Salz und Licht* sein. Ihr beeinflußt einander, wirkt aufeinander, einer be-wirkt im anderen etwas, Ihr prägt einander. Euer Umgang und Verhalten wirkt sich aus auf die Verfassung und Stimmung des anderen, auf das Klima und die Atmosphäre, die bei Euch sein wird. Je nach dem, ob es eher trüb und düster oder hell und lichtvoll ist in Euren Herzen und Gesichtern, ob Ihr traurig und ärgerlich oder froh und heiter seid.

Salz und Licht, das sind zwei wesentliche Elemente für Euer Leben als Eheleute, das sind Merk-male, an denen Ihr beide zu erkennen seid, nicht nur für Euch selbst, sondern auch für Eure Bekannten und Freunde, für Nachbarn und Arbeitskollegen. Aus Eurem Glauben, Eurer Überzeugung wollt ihr Euer Leben gestalten. Das wird für andere sichtbar und spürbar werden, an Eurem Verhalten und Eurem Einsatz, an Eurem Lebensstil und der Art und Weise, wie Ihr zusammenlebt.

Das Salz und das Licht Eurer Ehe wird über den engen Familienkreis hinauswirken auf all die Menschen, die Euch begegnen, es wird Kreise ziehen und eine Wirkung und Bedeutung haben, z. B. für junge Menschen, die sich mit der Frage auseinandersetzen, ob auch sie heiraten, und wie sie ihre Ehe gestalten wollen. So lebt und erfüllt Ihr Eure Berufung und Verheißung, Eure Erwählung, Salz und Licht zu sein, wie Jesus es sagt. So verkündet Ihr durch Euer Leben die frohe und befreiende Botschaft Jesu Christi, der als Licht in diese Welt gekommen ist, damit wir durch ihn zu einem erfüllten und sinnvollen Leben finden. So geht durch das Beispiel und Vorbild Eurer Ehe anderen ein Licht auf, wenn sie sehen und merken, wie Ihr Euch aufeinander verlassen und einander vertrauen könnt, wie Ihr einander annehmt und ertragt, wie Ihr miteinander zärtlich und glücklich seid, wie Ihr Spannungen aushaltet und Konflikte löst, wie Ihr einander Halt gebt, ohne einander zu vereinnahmen. Durch Euch sollen andere Menschen auf die Idee kommen, daß sie ihr eigenes Leben Gott verdanken. Durch Euch will Gott in der Welt ein Gesicht bekommen, sich zeigen. Durch Euch will Gott in der Welt Gestalt annehmen, menschliche und menschenfreundliche Züge gewinnen. Wo Liebe ist, da ist Gott. Da offenbart er sich, da zeigt er etwas von seinem Wesen, von seiner Eigenart. Durch Eure ausgestrahlte Herzlichkeit und Eure ansteckende Freude will Gott in unserer oft so kalten und berechnenden Umgebung Zeichen setzen. Ihr seid das Salz der Erde, ihr seid das Licht der Welt! Erinnert Euch daran und laßt Euch daran erinnern, zeigt es einander und laßt es andere sehen! Zeigt Euch und traut Euch, diese Eure Bestimmung zu leben und zu verwirklichen! Laßt dadurch andere Menschen neuen und guten Geschmack finden am Leben und an Gott. Laßt dadurch aufgehendes und wohltuendes Licht in die Dunkelheiten der Welt und des Lebens fallen. Mit einem Gedicht möchte ich schließen:

Gott geht durch den Leib des Menschen.
Gott geht durch Augen, Ohren, Mund und Hände.
Gott geht durch Händedruck und Zärtlichkeiten.
Gott hat seinen Charme über die Menschen ausgegossen.
Er läßt sein Licht aus ihnen strahlen und verwandelt sie.
Niemals hört er auf in der Liebe zu sein. Er ist ja Liebe.

Paul Weismantel

Salz und Licht (Mt 5,15–16; Apg 5,27–32)

Der Prediger kennt das Brautpaar und seine Familien schon viele Jahre. Beide Partner haben sich bei einer Jugendfreizeit kennengelernt. Inzwischen haben beide ihr Studium abgeschlossen.

Ich beginne mit einer Geschichte: Es war einmal vor vierzehn Jahren auf einem Südtiroler Bauernhof. Eine Kirchengemeinde hatte Jugendliche zu einer gemeinsamen Freizeit eingeladen. Es kam, wie es kommen mußte: ein Urlaubsflirt, Liebeskummer, nasse Kopfkissen ... Aber bald wird auch das wieder vergessen sein.

Für Euch beide kam es ganz anders. Vierzehn Jahre lang hat das gehalten, was dort begonnen hatte. Sicher, Fragen und Zweifel blieben Euch nicht erspart, Ihr ließt Euch nicht drängen. Schritt für Schritt habt Ihr Euch geprüft und Eure Zukunft geplant.

Heute seid Ihr hier, nicht aus Konvention, sondern aus Überzeugung. Das Studium ist abgeschlossen. Es beginnt eine neue Etappe. Neue Perspektiven in Ehe und Familie können sich eröffnen. Ein solider Grund – so denke ich – ist gelegt.

Was soll ich Euch noch sagen? Ratschläge zu geben, steht mir nicht zu. Was Partnerschaft betrifft, könnte eher ich Euch um Rat fragen.

Zwei Texte habt Ihr Euch für diesen Tag ausgesucht. Sie sollen heute im Mittelpunkt stehen. Sie sprechen für sich selbst.

Da sind zunächst die beiden Bilder aus dem Matthäusevangelium: Bilder, die ein Programm für Eure Gemeinsamkeit sein können und zugleich eine Perspektive für die Zukunft eröffnen. Ich glaube, ein Stück weit sind sie auch für Euch beide charakteristisch.

Das erste: »Wenn das Salz seine Kraft verliert , womit kann es selber gesalzen werden?«

Das habt Ihr selbst schon erfahren: Wie oft bleibt eine Geste der Liebe ohne Resonanz! Wie schnell kippt dann Liebe in Pflichterfüllung um, verliert ihre Kraft und kann nicht mehr befriedigen!

Echte Liebe hat mit dem Bild von Salz viel gemeinsam: die Dynamik, das Dasein für den anderen, aber auch den Mut, immer wieder neu zu beginnen und in Enttäuschungen nicht aufzugeben.

Und das zweite Bild: »Euer Licht soll leuchten vor den Menschen, daß sie eure guten Werke sehen.«
Ich weiß, daß Eure heimliche Liebe auch der Wüste im Sinai gilt. Vor Jahren blieben wir dort mit einem Jeep im Sand stecken. Die Nacht brach herein, mit Mühe kamen wir vorwärts. Die Lage schien hoffnungslos, bis wir in weiter Ferne ein winziges Licht sahen, das die Straße signalisierte. Das war uns Orientierung und Wegweisung.
Was dieses Wort für Euch beide bedeuten kann, habt Ihr in den letzten Jahren aneinander und miteinander erfahren dürfen und nicht nur im Sinai. Es wurde Euch bewußt, daß die tiefe Erfüllung dieses Wortes in *der* Liebe liegt, die sagt: Ich will, daß es *dich* gibt, und es ist gut, *daß* es dich gibt. So wie du bist, schenkst du mir Licht und bist mir Geleit auf meinem Weg.
Diese tiefe Erfahrung hat Euch geöffnet für Eure Freunde und Bekannten. So könnt Ihr für sie Salz und Licht sein, d. h. Ihr könnt ihnen Kraft und Orientierung schenken.

Da ist mir aber auch noch ein Satz in der Apostelgeschichte aufgefallen: »Man muß Gott mehr gehorchen als den Menschen.« Ein Wort, das für Eure Eltern und Freunde sehr hart klingen kann. Aber ein Wort, das ein Stück weit Euch zutiefst geprägt hat. Es kann sehr schmerzlich sein zu spüren, wie Kinder und Freunde plötzlich eigene Wege gehen und noch so gut gemeinte Ratschläge ignorieren.
Vielleicht ist es alles nur zu ertragen, wenn man weiß, daß es nicht Trotz ist, sondern geprägt von der eigenen Verantwortung, die sich selbst Normen sucht.
Manchmal erfüllt es mich mit Freude, wenn ich junge Menschen jahrelang begleiten darf und wenn ich dann erfahre, wie sie in konkreten Entscheidungen sich auf den Satz in der Apostelgeschichte berufen: Wir müssen Gott mehr gehorchen als den Menschen. Nur vor dem eigenen Gewissen ist eine souveräne Entscheidung möglich, eine Entscheidung, die letztlich Bestand hat. Von Michel Quoist stammt der Satz: »Wer den anderen liebt, läßt ihn gelten, wie er ist, wie er gewesen ist und wie er sein wird.« Wie läßt sich das durchhalten? Ich möchte es in einem Symbol sagen, dem Lebenszeichen. Es stammt aus einem alten ägyptischen Kloster und stellt Ober- und Unterägypten dar, die der Nil verbindet, der Nil, der Leben spendet und lebensfähig

macht. Trotz Eigenständigkeit, Verbundenheit – allein kann keiner leben.
Die koptischen Christen nahmen dieses altägyptische Zeichen als Grundlage für ihr koptisches Kreuz. Das Leben miteinander und der Bezug zu Christus schenkt tiefe Erfüllung. Heute legt Ihr den Grund für diese zweite Dimension als Basis für Eure Zukunft: das Ja zur Gemeinschaft mit Christus.
Was ich Euch wünsche, sage ich mit den Worten des großen Theologen und Naturwissenschaftlers Teilhard de Chardin (in seiner Hymne an das ewig Weibliche):

> »Zwischen euch beiden ist keine schöne Einigung möglich, es sei denn in dem einen Zentrum, das euch versammelt. Möge dieses Zentrum Gott sein, in dem und vor dem ihr eure beiden Leben zusammengelegt. Gott, der sich euch auf einzigartige Weise offenbaren will, wenn ihr nur bis zuletzt der inneren Kraft gehorsam bleibt, die jetzt eure Annäherung bewirkt.«

Im Vertrauen auf diese Kraft und im Vertrauen auf Gott, der mit Euch ist, dürft Ihr jetzt Euer Ja vor ihm und vor allen, die gekommen sind, sagen.

Franz Brendle

Lebensentwurf vom je größeren Gott her

(Mt 20,1–16; Ps 23)

Die Brautleute sind Studenten im höheren Semester, mir bekannt über die Katholische Hochschulgemeinde. Sie sind seit Jahren aktiv in der örtlichen Gruppe von »Terre des hommes«. Ich habe sie erst beim Traugespräch näher kennengelernt und dabei, wie üblich, sie gebeten, selbst die zwei Schrifttexte auszuwählen.

Sie haben sich die beiden Bibeltexte selbst ausgewählt, die wir jetzt gehört haben. Und Sie haben gerade diese zwei aus vielen möglichen Texten genommen, weil Sie darin offenbar etwas angesprochen sehen, was für Sie persönlich, für Ihre Ehe wichtig ist. Nun, beim ersten Text, dem alttestamentlichen Psalm, ist es nicht schwer zu erraten, worauf es Ihnen da ankommt: Ist es doch das vielleicht schönste Zeugnis im Alten Testament für das Vertrauen des Menschen zu seinem Gott: »Du bist bei mir – Du deckst mir den Tisch–Du füllst mir reichlich den Becher.«
Solches Vertrauen ist ein gutes und tragfähiges Fundament für ein gemeinsames eheliches Leben.

Aber der zweite Text, dieses äußerst problematische Gleichnis von den Arbeitern im Weinberg und dem, objektiv gesehen, ungerechten Herrn, an dem sich die Bibelausleger aller Jahrhunderte die Zähne ausbeißen: Was mag Sie bewogen haben, auch dies gleichsam als Überschrift über Ihre Ehe zu stellen?
So werden wohl viele Ihrer Gäste empfunden haben. Mir ging es zunächst ja auch so. Aber dann haben wir uns darüber ein bißchen ausgetauscht, und ich meine, Ihre Wahl verstanden zu haben.
Auch hier geht es Ihnen um Gott selbst, wie im Psalm 23. Aber in diesem Gleichnis enthüllt uns Jesus etwas ganz Wesentliches über diesen Gott, das wir oft übersehen: Der Gott, der bei uns ist und uns trägt, und dem wir deshalb vertrauen – er ist zugleich der ganz andere, der nicht Berechenbare, der all unser Kalkül Übersteigende, der je Größere. Wenn wir meinen, ihn eingefangen zu haben in unsere Vorstellungen und Begriffe – hier etwa von Gerechtigkeit –, dann ist er noch einmal ganz anders und läßt seine Güte nicht mit seiner Gerechtigkeit verrechnen, son-

dern enthüllt unser Pochen auf Gerechtigkeit als Neid: »Bist du neidisch, weil ich gütig bin?«

Diesem großen Gott, diesem in Jesus Christus ganz nahen und doch bleibend ganz anderen Gott: Ihm vertrauen Sie sich sozusagen programmatisch an am Eingangstor zu Ihrer Ehe. Und da Ehe nach unserem Glaubensverständnis ja nicht nur irgendeine ethisch hochstehende Lebensgemeinschaft ist, sondern Sakrament – d. h. der unsichtbare Gott selbst ist in und durch die eheliche Liebe da, gegenwärtig –, deshalb hat das vertrauende Bekenntnis zu diesem Gott unmittelbare Konsequenzen für Ihr eheliches Leben selbst. Sie machen durch Ihre gegenseitige Liebe diesen Gott zunächst sich selbst, aber auch anderen, ganz konkret und greifbar erfahrbar: diesen je größeren, unseren Berechnungen sich entziehenden Gott.

So darf in Ihrem Leben – wenn und in dem Maße es Darstellung dieses Gottes sein will – Berechnung und Kalkül nie bestimmend sein, sondern wird jene Offenheit und Weite herrschen, die am anderen, gerade am geliebten Partner, immer Neues entdeckt und sich darüber freut. Die nie fertig ist mit sich und dem anderen, die sich vielmehr beschenken läßt, und die den Neid nicht kennt und jede Form von Kleinlichkeit und Engherzigkeit.

Solcher Lebensentwurf vom je größeren Gott her erfordert viel Mut, erfordert ein großes Herz, das beim Scheitern nicht verzagt. Aber solcher Lebensentwurf führt auch – davon bin ich überzeugt – zu großer innerer Freude und Erfüllung. Denn er läßt Sie eben Anteil gewinnen an diesem großen und sich verschenkenden Gott.

Und so können Sie auf diesem Weg auch nicht bei sich bleiben in trauter und beglückender Zweisamkeit, sondern Sie werden sich öffnen für andere, werden Anteil geben an Ihrem Glück und Ihrer Erfüllung, werden Verantwortung übernehmen für neues Leben in Ihrer eigenen Ehe und für gefährdetes Leben, wie Sie es ja schon seit Jahren bei »Terre des Hommes« tun. Und wenn Sie auf diesem gemeinsamen Weg in »finstere Schluchten« geraten, von denen der Psalmist spricht, in finstere Schluchten äußerer Not oder auch das Versagen voreinander, wo dann doch Neid und Mißtrauen, Enge und Berechnung das Herz vergiften – und niemand von uns hat solche Scheuklappen, daß er dies nicht hat erkennen müssen auch bei so mancher Ehe, die gut, ja sehr gut

angefangen hatte –, auch dann, ja gerade dann brauchen Sie, wie der Psalmist sagt, »kein Unheil zu fürchten«, sondern dürfen sich je neu aufmachen zu diesem Gott, zu dem Sie sich heute gemeinsam bekennen: Ist er doch der Herr, der nicht auf die Stunde schaut und Leistung und Versagen gegeneinander aufrechnet, sondern ist er doch der Gott, der, wenn unser Herz uns anklagt, größer ist als unser Herz (1 Joh 3,20). Ist er doch der Gott, der in Jesus Christus uns entgegengegangen ist, nein, uns stets neu entgegenkommt.
Deshalb geben Sie sich Ihr Ja-Wort in der Eucharistiefeier, jener großen Dankfeier der von Gott Angenommen, in der der für uns Gekreuzigte – soweit geht Gottes Liebe! – mitten unter uns gegenwärtig ist, um uns Anteil zu geben an der Fülle seines göttlichen Lebens.
Wir alle wünschen Ihnen von Herzen, daß Sie die all unsere Berechnungen übersteigende Güte dieses unseres Herrn in Ihrem gemeinsamen Leben einer vom anderen stets erfahren, und so durch Ihr Leben Zeugen werden dieses je größeren Gottes.

P. Helmut Schmitt SJ

Für andere (Röm 12,9–21)

Das Paar war erst kurz vor der Hochzeit in die Gemeinde zugezogen, hatte aber rasch Fuß gefaßt. Als kritische Predigthörer fanden sie rasch Kontakt und Austauschmöglichkeiten mit dem Pfarrer. Den Schrifttext hatten sie selber ausgewählt.

Zugegeben, liebe Festgäste, etwas viel Sätze mit einem Ausrufezeichen. Ein bißchen viel Imperative. Aber ich denke – wenn wir Paulus und seinen größten, wichtigsten Brief ganz nehmen, dann ist es lange nicht mehr so schlimm, denn diese vielen Ermahnungen und Ausrufezeichen sind ja nur die Schlußfolgerung aus langen komplizierten Überlegungen, in die die ganze Lebens- und Glaubensgeschichte des Paulus hineingeflochten ist. Der Mann, der versucht hat, gemäß seines Glaubensvorbildes Mose die Werke des Gesetzes treu zu tun, war in eine Sackgasse geraten. Er hat ausführlich im Römerbrief geschrieben, daß allein das Vertrauen auf den helfenden und heilenden Gott den Menschen heil und gesund und zum Menschen machen kann. Nachdem er dies lang und breit erwogen hat, daß der Glaube und das Vertrauen das Entscheidende sei, nicht die einzelnen Werke des Mose – erst dann setzt er an in seiner großen Not und beschreibt, daß er jetzt Abschied genommen habe von seiner Glaubenstradition und daß es ihn schmerze, seine Brüder aus dem Volk Israel nicht mitnehmen zu können bei diesem Abschied.
In den Kapiteln 9 – 11 bewegt ihn außerordentlich stark diese Frage, und dann erst – nach diesen grundsätzlichen Überlegungen, die er den Römern sozusagen als Vorankündigung seines Kommens schreibt, das sich dann unter ganz anderen Umständen und Vorzeichen ereignet hat – dann erst zieht er einige Schlußfolgerungen. Wer weiß, wie ernst es Paulus gemeint hat mit diesem Vertrauen und Glauben, der wird ihm nicht mehr diese vielen Ausrufezeichen und Imperative verübeln.

In unserem vorbereitenden Gespräch habe ich gehört, daß Ihnen einiges an diesem Text besonders gefallen hat. Dies möchte ich Ihnen allen vermitteln, denn es scheint mir beachtlich. Selbstverständlich sind einige Sätze und Halbsätze einleuchtend und klar. »Liebe soll ohne Heuchelei sein . . .«; »Das Gute festhal-

ten«; »Hoffnung und Freude nicht aufgeben«; »In der Bedrängnis die Geduld nicht verlieren . . .« All das ist richtig. Es sind wichtige Beschreibungen eines christlichen Lebensentwurfs. Und da kommen Worte vor wie Achtung voreinander, Friede, Liebe und Hoffnung und vom Geist entflammt, dem Herrn dienen usw. – alles nachzulesen im 12. Kapitel des Römerbriefes.
Aber Ihnen ist dieser Text – so erinnere ich mich – besonders ins Auge gesprungen, weil da zwei Dinge – das eine selbstverständlicher, das andere nicht so selbstverständlich – angekommen sind. Einmal dieses »Den anderen annehmen«, dieses »den anderen akzeptieren«, dieses »Ja sagen zum anderen«, das eine lange Schulzeit von uns fordert. Diese Schule beginnt in unseren eigenen vier Wänden. Wer einen anderen Menschen ganz annehmen will – das ist meine Erfahrung –, muß erst einmal gelernt haben, sich selbst ganz anzunehmen. Leute, die sich selbst überhaupt nicht leiden können, sind unfähig, andere zu akzeptieren. Da spiegelt sich übrigens das wichtigste Gebot wider, das Jesus uns anvertraut hat, wenn er sagt: »Liebe deinen Nächsten wie dich selbst.« Viele haben versäumt zu lernen, sich selbst mit ihren eigenen Grenzen und Schwächen anzunehmen, also sozusagen sich selbst Freund zu sein. Ich kenne viel zu viele Zeitgenossen, die überhaupt nicht mit sich selbst Freund sein können. Von denen erwarte ich dann auch nicht – leider nicht –, daß sie meine Freunde sein können.
Dieses sich akzeptieren – Sie haben es in einem Satz von Michel Quoist, dem französischen Arbeiterpriester, dem wir ein sehr schönes Gebetbuch verdanken, zusammengefaßt: »Wer den andern liebt, läßt ihn gelten, so wie er ist, wie er gewesen ist und wie er sein wird.« Das hat an einem solchen Tag wie dem heutigen einen besonderen Klang, denn Sie wissen beide nicht, wie Sie sein werden. Sie wissen ein bißchen, wie Sie sind. Sie wissen ein bißchen, wie Sie gewesen sind, aber die Lebensgeschichte des anderen haben Sie noch lange nicht gegenseitig bis auf den Grund erforscht. Wie Sie die Geschichte des andern in den Gesichtern seiner Eltern, seiner Verwandten und seiner Geschwister wiedererkennen, auch das ist ein langer Weg. Obwohl man ja von der Vergangenheit ein bißchen mehr weiß, als von der Zukunft. Und Sie kennen sich ein bißchen, so wie Sie sind. Aber – wenn ich das etwas unhöflich dazusagen darf: Viele heiraten zunächst nicht ihr reales Gegenüber, sondern ihren Traum. Das verlernt

man zwar im Lauf des Lebens ziemlich rasch. Aber ich denke, es ist so, daß jeder bei einem solch wagemutigen Schritt doch ein bißchen dazuträumt. Die Werktagskleider nachher sehen eben doch anders aus, obwohl man es theoretisch weiß, daß Brautkleid und Arbeitsschutz zweierlei Dinge sind. Aber es gilt zur Realität Ja zu sagen, den andern gelten zu lassen, wie er geworden ist und wie er ist, wie er sein wird. Schön, wenn Sie nachher bei der Zusage »Vor Gottes Angesicht nehme ich Dich zur Frau – Vor Gottes Angesicht nehme ich Dich zum Mann« mitdenken würden: Ich nehme Dich so, wie Du geworden bist und so, wie Du wirklich bist, und so, wie Du morgen sein wirst.

Man kann heute mit einem langen gemeinsamen Leben rechnen. Wir haben in unserer Gemeinde jährlich drei, vier oder fünf Goldene Hochzeiten zu feiern. Das ist ein langer Weg, in dem sich manches entwickeln kann und zurückbilden, auf dem es schwer fallen kann, Neues anzunehmen. Manche Erfahrungen mögen den einen oder anderen verstimmen. Manche Querschläge mögen ihn aus der Stimmung bringen, wo dann eben einfach nicht mehr alles so stimmt, wie es anfangs gemeint war. Ja sagen zum andern, so wie er ist, wie er gewesen ist und wie er sein wird.

Und dann in dem Gespräch zur Vorbereitung dieser Trauung ein zweites, was bei mir besonders auffiel. Die meisten denken ja zunächst an ihr eigenes behütetes Glück. Das mag auch recht so sein. Jeder, der sich vorbereitet auf einen solchen Festtag, weiß, daß es an diesem Tag einen Mittelpunkt gibt, das Brautpaar und viele gute Wünsche. Und die Geschenke rücken in den Vordergrund und die Verwandten und die Freunde. Aber Sie haben noch etwas hineingepackt in diesen Festtag. Sie haben gesagt, vor allem dieser 13. und 15. Vers seien für Sie wichtig. Da heißt es nämlich: »Helft den Heiligen, wenn sie in Not sind. Gewährt jederzeit Gastfreundschaft. Freut euch mit den Fröhlichen und weint mit den Weinenden.«

»Helft den Heiligen«, das bedeutet im Sprachgebrauch des Apostels, daß alle als Heilige gelten, die durch die Taufe geheiligt sind, alle, die zur Gemeinschaft der an der Taufe heil gemachten zählen. Sie sollen also allen helfen, wenn sie in Not sind und jederzeit Gastfreundschaft gewähren. Sie sollen sich freuen mit den Fröhlichen und mit den Weinenden weinen.

Sie beiden haben gesagt, Sie möchten auf Ihrem gemeinsamen Weg auch andere Menschen miteinbeziehen. Nicht nur als festliche Verzierung heute, sondern überhaupt. Sie möchten auch die andern im Blick haben und bewahren. Das ist sicher gut. Es ist das, was Paulus meint, wenn er sagt, daß wir nicht nur für uns selber leben. Sie wollen den Horizont offen halten für die vielen Verletzungen unserer Zeit, für die Verletzten und Gebrochenen, für die vielen Hoffnungslosen und Ungeduldigen und Bedrängten. Sie haben sich vorgenommen, auch die miteinzubeziehen, die nicht zu Ihren Festgästen zählen.

Wenn zwei solche Schwerpunkte deutlich von Ihnen gewünscht sind, entwickelt aus Ihrer eigenen Lebensgeschichte, und wenn Sie deshalb diesen Text aus Römer 12 so ausgewählt haben, dann ist es auch für den, der heute an Ihrem Festtag predigen muß, eine Ermutigung. Ich weiß dabei sehr wohl, daß ich heute auch zu Leuten spreche, die einen langen Weg schon hinter sich haben, oder das Wagnis der Ehe zu zweit noch vor sich sehen. So sind wir sicher auch gut beraten,wenn wir alle miteinander das durch die Auswahl der Texte selbst noch ein wenig abschreiben. Ich möchte die vielen Imperative und die vielen Ausrufezeichen des Paulus nicht noch einmal wiederholen. Deutlich aber möchte ich machen, daß dies alles ja einen Grund hat, eine Wurzel. Diese Imperative allein, für sich, haben ja auch schon einen Wert, aber keinen Bestand. Lassen Sie mich dies ein bißchen schulmeisterlich erläutern.
In einem Vorgespräch zur Sonntagspredigt haben wir in einem Kreis von ca. 20 Leuten darüber gesprochen, was in der Predigt gesagt werden soll. Nach der Leseordnung unserer Kirche waren die Zehn Gebote an der Reihe. Ich dachte, als Prediger den Leuten etwas sagen zu müssen über das 6. und 9. Gebot und über Nicht-stehlen und Nicht-lügen, Nicht-ehebrechen, und was das für uns heute bedeuten soll. So war ich von mir aus auf eine mehr argumentative Predigt eingestellt, Vorurteile, die abzubauen seien. Keine Spur! Alle Anwesenden sagten einhellig, daß sie nur der erste halbe Satz interessiere, wo es heißt, warum das alles so sein soll: »Ich habe dich aus Ägypten gerufen . . . deswegen sollst du . . .« Gefragt war also die Antwort des Menschen auf eine Vorgabe. Die Vorgabe für Israel lautet: Ich habe dich erkannt und befreit. Deswegen lebt auch bitte als Freie. Stehlt nicht.
So nahmen Predigtgespräch und Predigt einen ganz anderen Ver-

lauf, als ich vorher vermutet hatte. Ich mußte jetzt predigen über diese Befreiung als Voraussetzung eines Lebens und Weisungen Gottes. Das bedeutet für uns heute konkret: Ich sage Ja zum andern wie er ist, wie er geworden ist, wie er sein wird, weil ein anderer, der für uns unbegreifliche Gott nämlich, uns durch Jesus Christus hat wissen lassen, daß er uns angenommen hat, ehe wir reagieren konnten, angenommen als seine Söhne und Töchter – schon als wir noch kleine Kinder waren. Deswegen können und sollen wir andere einbeziehen, mit den Fröhlichen uns freuen, mit den Weinenden weinen. Darum und deswegen – wiederum bildlich gesprochen –, weil einer gelebt hat, der sich mit uns auf die Parkbank setzt, um mit uns zu weinen, wenn wir traurig gestimmt sind und davon nicht loskommen. Weil dieser eine – Jesus von Nazaret – sich mit Kindern freuen konnte, so wie er mit Trauernden trauert. Weil diese dem Menschen zugewandte menschliche Seite Gottes – Jesus von Nazaret – so zu uns ist, deswegen können und sollen auch andere auf den Weg unseres Glücks und unserer Traurigkeiten mitgenommen sein.

Am Ende der Predigt heißt es in der Regel »Amen«. »So soll es sein.« Das wäre also dann unser gemeinsamer Wunsch und für Sie vielleicht auch ein Stück, wo Sie beide aus Ihrer je verschiedenen Kirchentradition den Reichtum Ihrer Kirche mit ins Spiel bringen und einander vermitteln können.
Denn diese konfessionsverbindende Ehe ist ja nur dann eine Last, wenn daraus ein Keil des Streites oder der Ausgrenzung oder der Beherrschung würde. Sie ist auch eine Chance für Sie beide und für alle, die Sie auf Ihrem gemeinsamen Weg mitnehmen wollen. Ich habe das Wort konfessionsverbindend bewußt gewählt. Es heißt zwar in der Fachsprache der Kirchen konfessionsverschiedene Ehen. Dies ist ein neutraler und sicher nicht falscher Ausdruck. Wenn zwei freilich den Bund des Lebens, aus verschiedenen kirchlichen Traditionen kommend, gemeinsam gehen, dann kann auch bei den Gemeinden verschiedener Prägung eine Bereicherung sich einstellen. Ich halte dies für einen wichtigen Aspekt und ich traue Ihnen zu, daß Sie dem entsprechen können. Auch dazu sage ich Amen. So soll es sein für Sie und für alle, die Ihren Weg kreuzen. Amen.

Anton Bauer

Die Liebe ist die Erfüllung des Gesetzes

(Röm 13,8–10)

Junges Brautpaar, beide katholisch. Sie, wie auch ihre Familien, nehmen regelmäßig am Gemeindegottesdienst teil. Beide haben interessante Berufe, er ist Glasbläser, sie Heilpraktikerin.

Hochzeit feiern, weil zwei Menschen Ja zueinander sagen, ist eine gute Tradition. Sie beide, liebes Brautpaar, heiraten, weil der andere für Sie Leben bedeutet. Der andere macht Ihr Leben voller, reicher, freudiger, spannungsreicher. Vielleicht wird Ihr Leben durch den anderen sogar abenteuerlicher, auf jeden Fall voller Liebe und Zärtlichkeit.

Hochzeit ist das Fest des Lebens gegen den Tod, das Fest der Liebe gegen den Haß, das Fest der Verheißung auf Leben gegen die Hoffnungslosigkeit. Deshalb ist es auch eine gute Tradition, die Hochzeit im Rahmen einer Messe zu feiern, eingebettet in das Geheimnis unseres Glaubens an den Tod und die Auferstehung Jesu. Möge dieses Glaubensgeheimnis wie eine Überschrift über Ihrem Eheleben stehen: das Leben besiegt den Tod, die Liebe besiegt den Haß.

Natürlich ist die Verheißung, die über Ihrem Leben liegt, zerbrechlich. Liebe und Leben können zerbrechen, nicht nur am Tod, sondern an vielen Dingen, die vor dem Tod liegen. Sie als Glasbläser wissen, was Zerbrechlichkeit heißt. Und gerade was sehr filigran aussieht und faszinierend in seiner Gestaltung, kann um so leichter brechen. Aber diese Gefahr hat noch keinen Glasbläser davon abgehalten, doch Kunstwerke aus Glas zu blasen. Wenn wir nur noch auf Nummer Sicher gehen, dann wird das Leben langweilig. Und da ist das Bild vom Glas ein Bild für das Leben, auch für das eheliche Leben von Ihnen beiden. Liebe ist zerbrechlich wie Glas und doch das einzige Mittel, das Leben Fülle gibt und alle Schwierigkeiten überwinden kann. Und Sie als Heilpraktikerin wissen, was den Menschen Unheil bringen kann. Viele Krankheiten fangen im Herzen an: Da hat einer Angst, ein anderer fühlt sich bedroht, oder einer fühlt sich unfrei, eingebunden in Zwänge und Pflichten, oder jemand erleidet Gewalt durch Taten oder harte Worte.

Was befreit und heilt, ist die Liebe. Die schulden wir einander,

wie Paulus in der Lesung aus dem Römerbrief sagt. Diese Verpflichtung ergibt sich aus dem Gesetz Christi. Denn der ist gekommen, damit wir Menschen das Leben haben und es in Fülle haben. Und diesem Gesetz sind wir verpflichtet. Unter diesem Gesetz steht ihre Ehe. Doch dieses Gesetz erfüllen Sie gern, weil Sie erfahren haben in Ihrer Liebe zueinander, wie belebend und befreiend dieses Gebot Christi ist. Wir empfinden es nicht als belastendes Gebot. Und so ist auch die Treue, die Sie sich versprechen, keine drückende Verpflichtung, sondern Ausdruck Ihrer Liebe und eher eine Verheißung für Ihren Lebensweg. Möge dies so ein Leben lang für Sie bleiben. Und möge Ihre Ehe ausstrahlen auf Ihre Umgebung. Paulus bezieht die Erfüllung des Gesetzes nicht nur auf die Ehe, sondern auf den Umgang der Christen miteinander und mit den Menschen Ihrer Umgebung. Ihre Erfahrung, wie Liebe das Leben bereichert oder gar erst ermöglicht und immer wieder neue Kraft schenkt, diese Erfahrung soll auch auf andere übergehen. Sie soll ausstrahlen, wie das Licht ausstrahlt. Christliche Ehe meint nicht den Rückzug ins Private, sondern ist eher der Raum, in dem man Kraft für das christliche Engagement schafft. Ihre Erfahrung soll nicht eingeschlossen bleiben in den Raum der Ehe, sondern soll sich fruchtbar auswirken im Umgang mit Ihren Familien, mit Ihren Freunden, Ihrer Nachbarschaft, Ihrem Kollegenkreis und sogar bis in die Gemeinde hinein. Dabei können Sie nicht jeden Menschen lieben. Aber Sie können mit dem Respekt und der Zuwendung den Menschen entgegentreten, die eine Atmosphäre des Lebens schaffen. Der Apostel Paulus drückt es etwas anders aus: Die Liebe tut dem Nächsten nichts Böses.
Die Liebe, die das Gesetz Christi ist, weitet Ihren und unseren Blick nicht nur auf andere Menschen aus. Sie lenkt unseren Blick auch über die Gegenwart hinaus. Sie versprechen sich die Ehe, weil Sie fest davon überzeugt sind, daß Ihre Liebe zueinander über den Tag hinaus sieht, daß sie kräftig genug ist, Schwierigkeiten, die zwischen Ihnen auftreten, zu meistern. Sie heiraten, weil sie davon überzeugt sind, daß Sie den Glauben aneinander nicht verlieren. Die Liebe wird all das, was Ihre Beziehung bedrohen könnte, besiegen, sie macht immer wieder lebendig. So ist die Liebe mit der Hoffnung sehr verwandt. Diese Hoffnung möge Ihre Ehe nie verlassen. Sie ist neben der Treue ein kostbarer Ausdruck der Liebe. Ich habe viele Eheleute erlebt, die gerade

die Kraft der Hoffnung des Ehepartners brauchten, wenn sie niedergeschlagen waren und nur noch Dunkles sahen. Die Hoffnung des Partners war dann wie ein Licht, das in der Dunkelheit leuchtet, auf das man schaut und so den Blick hebt.
Das wünsche ich Ihnen, daß Sie füreinander dieses Licht sind. So bitte ich Gott, daß Sie glücklich miteinander bleiben für viele, viele Jahre und daß das Gesetz Christi, den anderen zu lieben wie sich selbst, für Sie nie Last sei, sondern immer kraftvolle Erfahrung und Quelle des Lebens.

Karl-Heinz Sülzenfuß

»Dein Glaube hat dir geholfen«

Aus dem Glauben leben, die Liebe bewahren, sich in der Liebe bewähren

Es ist umsonst (Ps 127,1–2)

Beide arbeiten als Architekten, und im Vorbereitungsgespräch auf die Trauung ergaben sich viele Assoziationen durch das berufliche Handeln, die hilfreich waren für Deutungen menschlicher Beziehungen mit allen Schattierungen, mit Höhen und Tiefen, Gelungenem und Scheitern. Über ein Bildbändchen kamen die beiden auf den 127. Psalm. Obwohl nicht geübt im Psalmenbeten, blieben sie an diesem Wort hängen und wählten es als ihren Trautext. Sie bekamen einen ganz neuen Zugang zu diesen biblischen Texten und waren darüber selber überrascht.

Ihre Ehe wird in unserem Text verglichen mit einem Haus, das gebaut werden soll. Sie haben sicher schon einiges daran gearbeitet. Sie haben sich in der Zeit, seit Sie sich kennen, schon viel Gedanken gemacht, was das Tragende, das Fundament dieses Hauses sein soll. Sie haben Pläne geschmiedet über die Art und Weise, wie Sie es einrichten werden, nach welchem Stil Sie darin leben wollen. Und Sie haben sich entschlossen, daß es Ihr Haus werden soll, mit Ihrem Namensschild. Sie wollen darin wohnen, es soll Ihnen Geborgenheit geben, es soll Ihnen gemeinsam zur gegenseitigen Freude gehören, Sie wollen in ihm die Erfüllung Ihres Lebens finden. Es soll ein Haus sein; Sie haben nicht nur ein Hotelzimmer gewählt wie für eine flüchtige Begegnung, oder ein Zelt, das man beliebig abreißen und irgendwo anders wieder aufstellen kann, auch kein Wochenendhäuschen für die Urlaubszeit. Es soll der Ort sein, wo Sie jeden Tag wohnen, mit den alltäglichen Sorgen und Nöten, Aufgaben und Freuden. Sie werden eine Bleibe haben, die Sie niemals mehr aufgeben wollen, auch wenn Sie in eine andere Stadt oder sogar ein anderes Land ziehen sollten. Der begonnene Bau wird weitergedeihen, vielleicht werden auch einige Pläne, die jetzt noch vorgesehen sind, geändert werden müssen, aber das Fundament ist gelegt, die Grundlage ist geschaffen; sie besteht aus dem gegenseitigen vertrauenden Ja, in Hoffnung und Liebe dem Partner geschenkt.
Und doch ist die Ehe mehr als ein Haus. In unserem Text wird sie verglichen mit einer Stadt. Die Ehe ist keine abgeschlossene Idylle, kein Häuschen irgendwo in einer Einöde oder auf einer einsamen Insel, sondern sie ist wie eine Stadt. Eine Stadt, in der

sich viel ereignet: Da wird gearbeitet und gefeiert, da gibt es die verschiedensten Menschen, Berufskollegen, Freunde, Nachbarn, Verwandte. Da wird geplant und beraten, da werden Kompromisse geschlossen. Da gibt es Auseinandersetzungen und Konflikte, da muß der eine sich oft vom anderen überzeugen lassen. Von all dem wird Ihre Ehe nicht befreit sein. Sie gehört mit zu all dem, was in der Welt geschieht, und dennoch haben Sie das Glück, eine Stätte zu besitzen, die Ihnen gehört, einen Menschen zu haben, der Sie versteht, dem Sie vertrauen können.

Wenn Ehe also Haus und Stadt gleichzeitig ist, Geborgenheit im Du und Offenheit für das Mitsein mit der Welt, dann stellt sich, besonders in unserer Zeit, die Frage, wie kann diese Ehe das werden und bleiben? Wird die Planung gelingen? Hat sich auch niemand verrechnet? Reichen die Kräfte aus? Im Bild unseres Textes gesprochen, werden Sie genügend wachsam sein, um Ihre Stadt zu schützen gegen Stürme von außen und Erschütterungen von innen, die jetzt noch kein Mensch vorhersehen kann?

Gerade wo wir Menschen uns am sichersten fühlen, wo uns alles klar, einfach und besprochen zu sein scheint, da merken wir, daß eine letzte Fraglichkeit und Unsicherheit bleibt, die wir nicht lösen können. Da merken wir, daß wir in eine Ehe z. B. mit einer großen Hypothek an Ungewißheit hineingehen, die man zwar im Augenblick gerne auf sich nimmt, von der aber kein Mensch weiß, wie schwer und bedrückend sie einmal sein kann. Und unser Text macht uns auch keine Illusionen. Er sagt eindeutig: Ihr schafft dieses Vorhaben nicht. Wenigstens nicht, wenn ihr meint, ihr könntet es allein durch eure Anstrengung, durch euer »frühes Aufstehen« mit eurer Kraft erreichen. Dreimal steht ein hartes »umsonst« da. Umsonst unser Haus, unsere Stadt, unser Planen. Und das wird Ihnen heute gesagt, an dem Tag, an dem man doch wie selten einmal zu wissen meint, daß es nicht umsonst ist. Und es wird uns allen gesagt, die wir in unserer Zeit meinen, auf einem Hochpunkt menschlicher Fähigkeiten und menschlichen Vermögens angelangt zu sein. Wo wir doch meinen, es gäbe fast nichts mehr, was nicht in unserer Macht steht, und über kurz oder lang hätten wir auch das erreicht, was uns jetzt noch nicht möglich ist. Aber dieses Ihr heutiges Tun sagt mehr aus. Denn Sie sind hierhergekommen, um gerade dieses »umsonst« gläubig anzuerkennen. Sie wären heute wohl nicht hier, würden Sie nicht in aller Bescheidenheit bekennen, daß das, was Sie gemeinsam vorhaben, nicht allein das Ergebnis Ihrer sorgsamen Aktionen und Überlegungen sein kann. Indem Sie sich hier, in der Kirche, vor der heute versammelten Gemeinde Ihr Ja-Wort geben, wollen Sie sichtbar zum Ausdruck bringen, daß Sie davon überzeugt sind, daß das Gelingen Ihrer Ehe, die Festigkeit Ihres Hauses und des Aufblühen Ihrer Stadt, letztlich nicht allein in Ihren Händen liegt. Sie sind gekommen, um Gott zu bitten, daß er Ihr Baumeister sei.

Das »umsonst« braucht Sie nicht zu schrecken. Denn heute wird Ihnen eine Zusage gegeben, mit der Sie hoffnungsvoll leben können. Es ist die Zusage, daß Gott es den Seinen im Schlaf gibt. Das will nicht heißen, daß wir nun die Hände untätig in den Schoß legen könnten, der liebe Gott wird's schon recht machen. Aber es bedeutet, daß Gott längst vor Ihrem Planen sich einen guten Plan für diese Ehe ausgedacht hat, der Sie bereit und fähig macht, so wie jeder von Ihnen ist, mit seinen Stärken und Schwächen, miteinander und durcheinander liebende Partner zu werden in gegenseitiger Hilfe und Kritik, im gemeinsamen Wachen und Arbeiten und auch im gemeinsamen Ruhen.

Und dies alles gibt er Ihnen umsonst, ohne daß Sie ein Verdienst hätten. Und er gibt Ihnen auch eine Hausordnung mit für das Haus Ihrer Ehe. In Jesus Christus hat er sie Ihnen gegeben. Und die hat folgende Punkte: Alle eure Dinge lasset in der Liebe geschehen. Einer trage des anderen Last. Einer verzeihe dem anderen. Dienet einander, jeder mit der Gabe, die er empfangen hat. Nach dieser Ordnung kann man leben, in großer Freiheit und Geborgenheit und Lebendigkeit. Und er selbst will der Hüter dieses Hauses sein, das so gelingen kann. Wenn es auch wahr ist, daß der Mann die Frau und die Frau den Mann letztlich nicht behüten kann vor eigenmächtigen Umwegen und Irrwegen, vor irrer Angst und vor Leiden unserer Zeit, so ist doch wahr, daß er, der nicht schläft und schlummert, Sie behüten will durch sein Wort. Diese Zusage ist ein Grund zur Freude und zum Feiern, das Ihnen heute wohl von uns allen von Herzen gegönnt ist.

Ich wünsche Ihnen, daß Sie immer wieder erfahren dürfen, daß Sie sich auf Gott verlassen können, daß er Ihnen »im Schlaf«, ohne Ihr Zutun gibt, was Sie brauchen, vor allem die Kraft zur gegenseitigen Liebe.

Wolfgang Tripp

»Des anderen Gast im Haus bei geöffneter Tür«

(Mt 7,13–14)

Beide Partner sind schon in den Dreißigern – beide haben eine gute berufliche Position, sie als Stewardess, er als Rechtsanwalt. Im persönlichen Gespräch möchten beide gerade von ihren beruflichen Rollenerwartungen sich frei wissen. Beide kommen aus Familien, in denen sie gute Eltern-ehen erlebten und in denen die Familienbindung gepflegt wird. Beide Familien sind mir aus anderen Bezügen persönlich bekannt.

Es ist das erste Mal, daß ich die von Ihnen ausgewählte Bibelstelle als Hochzeitspredigt auslege. Warum eigentlich?, mußte ich mich fragen, denn in diesem kurzen Text liegt so viel Entscheidendes über das Sakrament der Ehe ausgedrückt.
Es sind immer elementare Erfahrungen des Menschen, daß er seinen Weg durch Türen und Tore geht und diese zugleich entscheidende Wendepunkte markieren. Da ist die Geburt, »das Tor zur Welt«, da ist der erste Versuch des kleinen Wichtes, wohl unbemerkt, alleine eine geschlossene Türe zu öffnen. Da öffnet sich das Schultor zu einem wichtigen Abschnitt unseres Lebens, und wir werden durch eine bestimmte Türe zum Bewerbungsgespräch um die erste berufliche Stelle gebeten. Da lernen wir einen lieben Menschen kennen und treten erstmals durch die Haustüre ein, um mit der Familie bekannt zu werden. Sehr unterschiedlich empfinden wir diese Türen – weit und offen, wenn der Weg klar ist oder wenn wir eine Herausforderung oder Prüfung gut bestanden haben und hinter uns lassen. Wir sehen das Tor eng und riskant, wenn das vor uns Liegende von Ungewißheit und Sorge bestimmt ist. Und nicht zuletzt beschreiben wir unsere Erfahrungen mit unseren Mitmenschen durch dieses Bild, ob wir jemanden »zugänglich« erleben oder »verschlossen«, ob er ein weites Herz hat oder ob wir Enge empfinden.
Liebe ist die Erfahrung, daß sich zwei Menschen füreinander öffnen, und die Ehe die Erfahrung, daß ich für diesen Lebensraum, der sich dadurch öffnet, Verantwortung übernehme und mich darin zugleich beheimatet weiß. Dieser weite Raum, den mit Leben zu füllen, mit Ihren Talenten, mit Ihrer Phantasie zu gestalten Sie begonnen haben, diese Wohnung der Liebe ist – und das

überrascht uns zunächst – nach den Worten Jesu nur durch ein enges Tor zugänglich. Ein Blick in unsere Welt läßt uns verstehen, warum. Wir begegnen einer großen Bandbreite verschiedenster Auffassungen von dem, was Lebensglück ausmacht. Ja, der Weg scheint sehr breit und das Tor sehr weit, durch das hindurch scheinbar sehr verschiedene Lebensmodelle, auch für die Ehe, möglich sind. Diese Vielfalt kommt zunächst unseren Konsumgewohnheiten entgegen, bei denen wir gewohnt sind, unter verschiedenen Möglichkeiten auszuwählen. Diese Bandbreite entspricht dem heutigen und von niemandem mehr verzichteten Selbstbewußtsein von der Selbstbestimmung des Menschen. Jesus steht ganz gewiß zu und hinter diesem Lebenswert.
Dennoch, es liegt die Versuchung darin, sich für das Lebensglück sozusagen »alle Wege« offenzuhalten. Wer aber alles offenhält, kann sich paradoxerweise gar nicht offen auf den anderen einlassen, weil er immer noch viele andere Möglichkeiten im Kopf, viele andere Erwartungen im Herzen hat.
Der Zugewinn an Breite geht allzuoft auf Kosten der Tiefe. Sie haben, nachdem Ihre standesamtliche Trauung schon einige Zeit zurückliegt, sich bewußt für die kirchliche Trauung entschieden. Sie bekennen damit, daß Sie mit Gott im Bunde diese Tiefe und Weite Ihres gemeinsamen Lebensraumes finden.
Sie wählen diesen einen Zugang, der äußerlich mit der Kirchentüre markiert ist, und bekennen damit: Die Enge des Tores, von dem Jesus spricht, hat für uns nichts Beengendes und Beängstigendes an sich, sondern gibt vielmehr unserem Weg eine klare Ausrichtung. Wir brauchen sehr viele und verschiedene Zugänge zueinander, wissen aber auch, daß sie nicht beliebig und zufällig sind, sondern es oft nur bestimmte, wenige Zugänge sind, die uns wirklich und tiefgehend füreinander aufschließen. Nicht jeden Tag öffnen wir uns gegenseitig zur ganzen Fülle der Liebe, zuweilen verschließen uns Einflüsse von außen, oder wir verschließen uns voreinander in Schuld. Und wer in unsere Welt schaut und in unsere Familien, weiß, daß es keineswegs selbstverständlich ist, daß wir diese eine Türe finden, die öffnet, die uns freimacht, Versöhnung bewirkt und so das Fest im Alltag hervorbringt, das Sie heute feiern – das aber mitten in Ihrem Alltag seinen Platz hat, wie Sie es im Lied Ihrer Wahl ausdrücken: »Manchmal feiern wir mitten im Tag ein Fest der Auferstehung, Sätze werden aufgebrochen und ein Lied ist da.« Auch wenn wir

einander kennen oder zu kennen meinen, bleibt der allernächste, uns anvertraute Mensch ein Geheimnis – und das ist gut so, denn nur dadurch werden wir davor bewahrt, im Bescheid-wissen übereinander verfügen zu können.
Wir kennen voneinander die Art zu sprechen, unseren Wortschatz, unsere Ausdrucksweisen, und sind deshalb manchmal versucht zur Oberflächlichkeit, daß wir hören, aber nicht aufnehmen und wahrnehmen. Nicht die breiten Zugänge sind es dann, die vielen Worte, die bekannten Töne, sondern der eine schmale Weg des Aufmerkens, der Bahn bricht zueinander.
Unter weiten Toren kommen wir zwar leichter und schneller durch, können aber auch leichter aneinander vorbeigehen; enge Tore halten uns an, einander zu begegnen, von Angesicht zu Angesicht, in die Augen zu schauen, ja an der Türe zu warten, daß der eine zuerst durchgehen kann und dadurch den Durchgang freigibt, weil wir einander vergeben. Nicht umsonst gebraucht die biblische Sprache für die Lebensgemeinschaft der Liebe das Wort »erkennen« – der Mut zum engen Tor und der »leibhaftigen« Erkenntnis statt der weitläufigen Oberflächlichkeit.
Die für das Gelingen des Menschen markanten Tore sind eng – angefangen bei der Geburt –, damit sie wirklich die Begegnung auf Du und Du werden und keine breiten Durchfahrtsstraßen. Bei der Geburt und auch im Tod werden wir gewahr, wie unverwechselbar jede Lebensgeschichte ist. Dann aber kann es auch mit dem Weg dazwischen nicht anders sein. Das Glück des Menschen ist nicht die anonyme Weite, so sehr dazu gehört, daß wir zuweilen Abstand voneinander erfahren, sondern die Begegnung, das Gegenüber, das auf einem schmalen Weg zum Miteinander wird – wenn einer vorangeht, sich vor den anderen stellt, ihm Schutz gewährt, dem, der nachfolgt. Wir sind nicht immer gleichzeitig gleich mutig, sondern es ist einmal der eine, der zieht, der andere, der folgt – der aber nicht einfach »gelassen« wird, sondern des Weges versichert, weil er doch nachfolgt.
Ich wünsche Ihnen, daß Sie heute und jeden Tag durch dieses Tor gehen und den Weg finden, Jesus Christus, auf dem Sie nun einander beglücken und füreinander sorgen, ein Weg, der immer wieder ausgerichtet wird durch die Begegnung von Angesicht zu Angesicht unter dem Tor, das den Namen Jesu trägt: Ich bin gekommen, damit Ihr das Leben habt und es in Fülle habt.

Robert Widmann

Auf einen Felsen bauen (Mt 7,21.24–25)

Die Braut ist katholisch und kirchlich beheimatet, der Bräutigam evangelisch, mit wenig Gemeindekontakt. Die Freundschaft der beiden wurde anfangs von den Eltern der Braut abgelehnt; das Paar war dadurch besonders herausgefordert, sich zu fragen, worauf es seine Ehe baut.

Es ist keine sehr übliche Stelle, die Sie sich für Ihre Trauung als Leitgedanken ausgewählt haben – das Schlußwort der Bergpredigt. Mit der Trauung hat es ja auf den ersten Blick wenig zu tun – wir erwarten eher ein Wort über Liebe, Partnerschaft, Gemeinschaft.
Aber Sie hat das Wort Jesu angesprochen: »Nicht jeder, der zu mir sagt: Herr, Herr, wird in das Reich Gottes kommen, sondern nur, wer nach dem Willen meines Vaters im Himmel handelt!« Und Sie sehen mit Recht darin einen wichtigen Anhaltspunkt für Ihre Ehe:

»Nicht jeder, der zu mir sagt: Herr, Herr ... « das heißt doch: Worte allein machen es nicht. Das gilt ja besonders in einer Ehe. Da zählen letztlich nicht die großen Worte, hinter die man schnell schaut, wenn man einander tiefer kennt – da zählt nur der Mensch selbst, wie er von innen heraus ist und handelt. Gerade in einer Ehe kann man einander nichts vormachen; dieses große Vorhaben »Ehe« gelingt nur, wo man sich mit ganzer Konsequenz auf den anderen einläßt.

Sie wollen heute auch »auf einen Felsen bauen«, wie es im Evangelium heißt. Zunächst ist dieser Fels der andere, den Sie lieben, die Zuneigung, die Sie füreinander haben. Sie haben sich kennengelernt, Sie haben Licht und Schatten gesehen, aber gerade so haben Sie sich lieben gelernt und vertrauen, daß Ihre Liebe zueinander ein Fels ist, der standhält. Wird es gut gehen? Wird unser Ja-Wort halten? Es hat wenig Sinn, darüber zu spekulieren, ob es gut gehen wird und was alles dazwischenfunken könnte. Nach dem Evangelium ist klar: das Ja-Wort allein macht es nicht. Nicht jeder, der zu mir kommt und sagt Ja, ja ..., sondern die Bereitschaft, immer neu danach zu handeln – auf den anderen zu hören. Die Ehe ist nicht »fertig geschlossen« am Tag der Trauung, sondern sie wird täglich neu gebaut – und das ist ja auch das Bereichernde und Spannende daran!

Aber es ist noch ein Fels, auf den Sie bauen wollen. Sie gehen in Ihre Ehe als Christen, die glauben, daß Gott seine Finger in diesem Spiel hat: daß er Sie zusammengerufen und einander zur Aufgabe gemacht hat. Und wo Sie diesen Ruf hören und danach handeln – sagt das Evangelium – bauen Sie auf Fels! Die feierliche Zeremonie, die frommen Worte machen es nicht. Das Sakrament der Ehe ist keine magische Garantie, daß nichts schiefgeht – sondern eine Verheißung, daß Gott mit Euch geht, wo Ihr sein Wort hört und danach handelt. »Nicht jeder, der zu mir sagt: Herr, Herr ... «

Sein Wort hören und danach handeln – was heißt das für eine Ehe? Zunächst sicher, daß man nicht nur sich selber hört, sondern hinhören kann, aufmerksam bleibt füreinander – und für die Winke, die Gott einem gibt. Wenn wir Gott aussperren aus unserem Leben, wird auch eine noch so feierliche Trauung nichts bewirken.
Wo wir aber die Verbindung mit Gott suchen: im Gebet, im Gottesdienst, im Kontakt zur Gemeinde, im Gespräch miteinander – da kann er seine stärkende Kraft einströmen lassen in unser gemeinsames Leben.
Auf sein Wort hören und danach handeln – das könnte auch in einer Ehe so aussehen, wie es im Kolosserbrief steht:
»Zieht an als Erwählte Gottes ... « (Kol 3,12–17)*

Thomas Keller

*Dieser Abschnitt kann in einer Brautmesse als Lesung genommen werden.

Ein Schatz, der unser Leben kostbar macht

(Mt 13,44)

Die beiden Partner haben in ihrer Beziehung Höhepunkte und auch schwierige Krisen bestanden. Es ist im Gespräch die von diesen Erfahrungen her tief gegründete Freude zu spüren über den »Schatz« – im Kosewort wie auch in der gereiften Überzeugung, was sie aneinander haben. Ich hielt die Trauung kurz nach meiner Rückkehr aus einem Urlaub, aus dem ich ein kostbares Stück Mineral erwerben konnte – und mir dabei einfach der Ansatz für die bevorstehende Traupredigt »zufiel«.

»Was Brautpaare wissen müssen» – so fand ich in einer Illustrierten einen Artikel überschrieben. Es folgte eine Reihe von sachkundigen Beiträgen – vom ehelichen Güterrecht bis zur Gestaltung der Hochzeitstafel, von der Einrichtung bis zu Versicherungsfragen. Es fehlte freilich unter all den vielen nützlichen Ratschlägen und Hinweisen das Wissenswerte über den Sinn der kirchlichen Trauung – ja, überhaupt das Wort »Gott«.
Unterstellen wir das Positive: Die Verfasser haben gespürt, daß es bei der kirchlichen Trauung zwar auch um Wissenswertes geht, denn schließlich wollen wir wissen und vernünftig verantworten, was wir hier tun, daß aber die kirchliche Trauung doch weit über das hinausgeht, was wir wissen können. Wir können und müssen viel voneinander wissen – und können doch letztlich nicht aus dem Bescheidwissen übereinander das Ja sagen, sondern aus Vertrauen und Hoffnung. Deshalb ist die Sprache der kirchlichen Trauung und dieses Festes insgesamt eine Sprache des mutigen Wagens und der tiefen Freude. Das Wagnis ist nicht blind, sondern begründet im Glauben, im Vertrauen. Nur beide Worte zusammen können das ausdrücken, was das Ja-Wort eigentlich ist.
Der Trautext, den Sie ausgewählt haben, ist in seiner Kürze, Dichte und Anschaulichkeit ein Zeugnis dieses Wagemutes. Denn wenn wir genau hinhören, stellen wir erstaunt fest, daß der Entdecker des kostbaren Schatzes zunächst ja auf fremdem Grund und Boden gearbeitet hat; erst nach der Entdeckung erwirbt er ja den Acker. Vier wichtige Dimensionen der ehelichen Liebe sind darin ausgedrückt:

Zum ersten verweist das »fremde Land« darauf, daß die Liebe eine Gabe aus Gottes Hand ist. Ich finde sie nicht einfach vor. Lassen Sie ruhig gelegentlich wieder die Schritte vor Ihren Augen vorbeiziehen, wie Sie sich kennengelernt haben, einander näher kamen, vertraut wurden bis zum Entschluß, daß Sie sich unwiderruflich zu einem gemeinsamen Weg verbünden. Nicht, um auf Vergangenes zu starren, sondern um des Unkalkulierbaren, Unverdienten dieses »Schatzes« bewußt zu werden. Wir werden bei all dem Erklärlichen auch immer wieder das Geheimnis vorfinden, warum, daß und wie alles so geschehen ist. Der Partner selbst wird, so sehr wir auch einander kennen oder zu kennen meinen, ein anvertrautes Geheimnis bleiben, in all dem Wissen um einander auch ein Stück fremdes Land.

Das ist die Voraussetzung für die zweite Erfahrung, die uns der Schatz im zunächst fremden Acker, ermöglicht: Wir können und müssen immer wieder über den Horizont des Bescheidwissens hinauswachsen auf neues Vertrauen. Jeder entwickelt sich weiter, und wir können nicht an dem einmal festgefügten Bild vom anderen festhalten – der Schatz entbirgt sich, in dem wir miteinander und aneinander wachsen.

Ich habe von meinem Urlaub im Kloster Altenburg in Niederösterreich einen solchen kleinen, kostbaren Schatz mitgebracht, wie er in jenem Acker verborgen gewesen sein mag. Er hilft uns zu einer dritten Einsicht: wir finden diese Kostbarkeit der Liebe nicht auf irgendeinem beliebigen Acker, irgendeine Liebhaber-Kostbarkeit, eine Sammler-Rarität. Jesus spricht auch nicht von der Ehe, sondern vom Reich Gottes, von dem Schatz, der unser Leben als Ganzes kostbar macht. Es geht also in der Ehe um das Stück Land, auf dem wir es mit Gott zu tun haben.

Warum aber sollten Freundschaft, Partnerschaft und Ehe etwas mit Gott zu tun haben, so fragen Zehntklässler im Religionsunterricht beim Thema »Auf dem Weg zu Partnerschaft und Ehe«. So fragen auch viel Paare und schließen von vornherein oder nach einer gemeinsamen Überlegung und Aussprache die kirchliche Trauung aus. *Sie* haben sich für die kirchliche Trauung entschlossen und bekennen damit: Soviel wir aneinander an Kostbarem, an Wertvollem entdeckt haben, was uns unverzichtbar ist, so gründen wir doch unser Ja-Wort nicht allein auf unsere Bewertung, auf unsere Einschätzung, sondern auf das Ja, das Gott in uns legt, einen Schatz, den es immer wieder erst zu entdecken gilt; denn dann ist unsere Ehe ja selbst ein Stück Land und eine Epoche Geschichte von diesem Reich Gottes.

Am wenigsten selbstverständlich, am meisten gewagt ist heute deshalb das Bekenntnis, daß wir diesen Schatz, diese unwiderrufliche Kraft der Liebe, nicht auf irgendeinem beliebigen Acker finden, sondern dort, wo wir es mit Gott zu tun haben. Was ist uns dies wert? Der, der den Acker erwirbt, um den Schatz zu bergen, setzt alles andere, was er hat, dafür ein – er kann also vieles andere, liebgewonnene, dafür loslassen. Loslassen-Können ist eine entscheidende Kraft und Haltung für das Gelingen dieser Weggemeinschaft: das Loslassen-Können des Partners, ihn nicht besitzen und beherrschen zu wollen, loslassen zu können von manchem Bild, das wir uns voneinander gefertigt haben und doch immer wieder zurücklassen müssen, loslassen, verzichten können auf Vergleichen und Aufrechnen – nicht um Konflikte oberflächlich zu beseitigen, sondern um das Entscheidende im Blick zu behalten. In diesem Loslassen-Können auch gegenüber manchen Erwartungen und Vorstellungen liegt Verzicht, manches Opfer, mancher Schmerz der Liebe – noch größer aber, so hören wir im Evangelium, die befreiende Freude, die uns durch dieses Loslassen-Können und Freiwerden geschenkt wird.

Auf den ersten, oberflächlichen Blick hat das Äußere dieses Minerals nichts Besonderes an sich. Erst der aufmerksame Blick, das Sich-Niederbeugen auf die Erde, das feinfühlige Hören auf die Töne, die der Schritt an dem scheinbar toten Stein anschlägt, gibt hier, wie auch in der Alltäglichkeit des Zusammenlebens, immer wieder die überraschende Erfahrung frei, den Schatz mitten im Acker, den wir bearbeiten, gefunden zu haben.
Manchmal feiern wir mitten im Tag ein Fest der Auferstehung – so haben Sie sich das Lied in Ihre Hochzeitsfeier gewünscht – ich wünsche Ihnen von Herzen, daß Ihnen dieser Schatz erhalten bleibt: Mit Gott im Bunde bleibt unser Leben ein Fest der Auferstehung – ein Schatz, der uns nicht mehr verlorengeht.

Robert Widmann

Du weißt alles – du weißt auch, daß ich dich liebe
(Joh 21,15–18)

– Eine österliche Predigt –

Die Situation weist keine Besonderheiten auf. Das Brautpaar ist persönlich bekannt; allerdings hat es gewünscht, nicht so sehr persönliche Einzelheiten einzubringen als mehr eine »biblische Predigt«.

Sie haben als Trautext einen Abschnitt aus dem Johannesevangelium gewählt, der auch für mich mit einem neuen Anfang verbunden war: Es war das Evangelium zu meinem Dienstantritt hier in dieser Gemeinde. So kann ich mich in einem gewissen Sinne hineinversetzen in Ihren neuen Anfang.
Sicher wird an diesem Hochzeitstag nochmals gegenwärtig, wie überhaupt alles begann, wie Sie sich kennengelernt haben, einander bekannt und vertraut geworden sind – bis zu dem Augenblick, da Sie einander sagen konnten: »Du, du weißt jetzt vieles von mir, du weißt auch, daß ich dich liebe.«
Wenn wir hier die Worte des Petrus aufgreifen, dann liegt für ihn in diesem Bekenntnis in der Tat ein ganz neuer Anfang, das Ostern seines Lebens. Dieser Jesus beginnt nochmals eine völlig neue Geschichte mit ihm nach all dem Bekannten: am See Gennesaret hatte Jesus ihn gerufen; er war sein Jünger, sein Schüler, sein Apostel, schließlich sein allernächster Mitarbeiter geworden. Vieles hatten sie gemeinsam unternommen, einander im Seesturm erlebt wie auch die großartigen, tieferfüllenden Stunden auf dem Berg der Verklärung. Solche Augenblicke gab es auch für Sie auf dem Weg einer wachsenden Liebe.
Und doch, wer genauer hinschaut, an welcher Stelle diese Jesus-Petrus-Begegnung steht, entdeckt, daß es ein Wiedererkennen war von zweien, zwischen denen es auch einen Abbruch gegeben hatte – und deshalb ein Anfang nötig ist.
Alle Sakramente entspringen dem Geschehen von Ostern, wovon unser Evangelium ebenso kündet. Alle Sakramente, ganz besonders das der Ehe, sind Sakramente eines Neuanfangs. Dies bewußt anzunehmen, ist gar nicht selbstverständlich. Wir treffen häufig eine Deutung des gemeinsamen Weges zur Ehe an in dem Verständnis, daß gewissermaßen vorweggenommen werden soll,

was erst folgen kann. Ich kann heute nicht fertig sein wollen – gleichsam durch die bisherigen gemeinsamen Erfahrungen vom Charakter des Wagnisses befreit.
Petrus fühlte sich schon ziemlich weit und selbstsicher: »Wenn alle an dir irre werden, ich nicht.« Wir wissen, daß er in der Nacht der Gefangennahme Jesu schwach war und sich erbärmlich verhalten hat. Aber das zeichnet ihn aus: Er hat in der Begegnung mit dem Auferstandenen die Brücke zum Neuanfang gesehen und betreten; er wußte um seine Grenzen, aber auch, daß er mit ihnen nicht am Ende, sondern am Anfang war, ermöglicht durch das Vertrauen, das Jesus entgegenbrachte. Es war nicht das Vertrauen in einen unerschütterlichen Felsenmann, sondern das Vertrauen in die erneuernde Kraft des Glaubens und der Liebe.

Sie haben mit dieser Petrus-Geschichte immer die Geschichte Ihrer Ehe vor Augen. Ganz gewiß sind Ihre Liebe und Zuneigung, die gemeinsamen Interessen, von denen Sie erzählten, und das Verständnis für Unterschiede dabei; Zuverlässigkeit und Treue sind unerläßliche Voraussetzungen für das Gelingen Ihres Weges. Aber indem Sie nicht irgendwo und irgendwie, sondern bewußt hier und zumal in der Verbindung mit dem Mahl des Neuen Bundes, mit der Messe, Ihre Hochzeit feiern, bekennen Sie: So unersetzlich und wichtig all das ist – wir bauen nicht allein auf die augenblickliche Einschätzung des anderen und unserer Kräfte, wir setzen vielmehr darauf, daß Gott mit uns immer wieder einen neuen Anfang macht.
Dies schließt mit ein, daß der Bau des gemeinsamen Lebens immer eine Baustelle bleibt, daß Sie nie fertig miteinander sind, weil der Partner nicht das fertige Bild meines Kennens und Wissens ist, sondern ein »anvertrautes« Geheimnis bleibt.
Unfertig sind wir, weil jeder sich weiter entwickelt und verändert – und umgekehrt auch deutlich wird, was bleibende Prägung ist, was ich nicht verändern kann. Dieses Unfertigsein ist die Chance des Gelingens, weil es die Chance des Wachsens ist. Dies gilt auch dann, wenn wir Zeiten der Leere und Dürre erleben, in denen wir einander nicht viel geben können, sondern uns einander auch zumuten. Dieses Unfertigsein enthält die Verheißung, daß aus der Geschichte der Schuld immer wieder das Fest der Versöhnung werden kann.

Wir stehen mit dieser Deutung in einer gewissen Spannung zu unserer technisch geprägten Weltanschauung. Wir konstruieren, produzieren, stellen Fertiges her. Wir sind bekannt für die Qualität und Beständigkeit des Gefertigten. Doch in diesem anderen Lebensbereich, in der Qualität menschlicher Beziehungen, sind wir beileibe nicht Spitze. Wir spüren: diese Qualität, diese Beständigkeit menschlicher Beziehungen, ist keine Sache eines Fertigungsprogramms; diese Worte brauchen vielmehr die Verankerung in Erfahrungen, die uns offenstehen, aber sich nur erschließen im Wagnis, nicht im Beherrschen, sondern im Vertrauen. Diese Beständigkeit ist nicht die Möglichkeit begrenzter menschlicher Kräfte, sondern der unerschöpflichen Kräfte, die uns aus Gottes Liebe zuwachsen.

Er hört nie auf, anzufragen: Liebst du mich? – nicht etwa, um Petrus in seinem früheren Versagen bloßzustellen, sondern umgekehrt: Er weckt in ihm das Vertrauen, daß er auch in seinen Schwächen Felsenmann und liebenswert sein kann. Nicht unsere Stärken tragen die Liebe, sondern die Liebe trägt uns auch in Schwächen, weil wir von Gott getragen sind. Dann ist es auch möglich, daß wir auf Wege geführt werden, die wir uns nicht selbst ausgesucht haben, daß es Tage gibt, die viel glücklicher sind, und Stunden, die schmerzlicher, als wir uns vorgestellt haben, daß wir Aufgaben annehmen und erfüllen, die wir uns nicht ausgesucht haben, sondern die uns zugewachsen sind, weil – so hört Petrus – deine Liebe reif geworden ist.

Wenn Ihre Liebe weiterwächst und nicht fertig sein will, dann wird sie bereit zum Schönsten, was zwischen zwei Leben stehen und entstehen kann, zum Anfang neuen Lebens.

Ich wünsche Ihnen von Herzen, daß Sie – mit Gott im Bunde –einander sagen können, heute und in x Jahren: Du weißt alles, alles über mich und meine Geschichte – du weißt auch, daß ich dich liebe. Amen.

Robert Widmann

Gleicht euch nicht dieser Welt an! (Röm 12,1–2.9–18)

Das Paar mußte sich die (katholische) Trauung besonders erkämpfen, weil sie katholisch fest geprägt und er ähnlich fest evangelisch geprägt war und außerdem sehr reserviert allem Katholischen gegenüber. Zudem mußten sich beide mit den Erwartungen ihrer Eltern auseinandersetzen. Es kam so zu einer sehr überlegt und eigenständig vorbereiteten Trauung.

»Gleicht euch nicht dieser Welt an« – so hieß es eben in dem Abschnitt aus dem Römerbrief, den Sie sich zu Ihrer Hochzeit ausgewählt haben. Wenn das so einfach wäre: »Richtet euch nicht nach dieser Welt!« Oft würde man das ja liebend gerne tun – wenn Sie an die Vorbereitungen und Formalitäten für eine solche Hochzeit denken, aber auch an die vielen Erwartungen von außen, denen man da gerecht werden soll. Man kann sich all dem ja nicht einfach entziehen!

Nun ist dieses Wort: »Richtet euch nicht nach dieser Welt« vom Apostel Paulus (der es an die Christen in Rom schreibt) auch nicht so gemeint, als ob man einfach aus dieser Welt aussteigen sollte. Es gibt notwendige Rücksichten auf die Familie, auf die größere Gemeinschaft, auch des Staates, aufs Zusammenleben, denen man sich beim Eingehen einer Ehe, die ja kein reines Privatunternehmen ist, nicht entziehen darf. Es ist etwas anderes gemeint:
Es gibt oft in unserer Welt so etwas wie einen Trend, eine gängige Meinung, die man einatmet wie die Luft und die stillschweigend über uns bestimmen will: wie man sich verhält, was zu gelten hat, wie man weiterkommt und sein Glück findet, was Liebe, was Ehe ist usw. Einer dieser gängigen Trends ist die Meinung, die Ehe sei eben eine rechtliche Einrichtung, in der man einander »hat« und nun versorgt ist. Mit der Ehe werde aus der Hochzeit – der »Hoch«-Zeit der ersten blühenden Liebe – nun die »niedere« Zeit aus Pflicht und Gewöhnung …

»Gleicht euch nicht dieser Welt an!« Sie wollen sich mit Ihrem Entschluß zur Hochzeit nicht nach diesem Trend richten. Was Sie sich unter Ihrer Partnerschaft und Ehe vorstellen, das haben

Sie in den Sätzen des Römerbriefs vorher ausgedrückt gefunden – ich wiederhole Sie noch einmal mit meinen Worten:
»Eure Liebe sei frei davon, sich etwas vorzumachen. Vergeßt auch in der Liebe nicht die Achtung voreinander. Seid unermüdlich und erfinderisch im Eifer, feurig im Geist. Seid fröhlich in der Hoffnung, geduldig in Enttäuschungen, beharrlich in euren wichtigen Zielen. Übt Gastfreundschaft und schließt euch nicht ab – nehmt teil an der Not der anderen.
Freut euch mit den Fröhlichen, weint mit den Weinenden. Wendet euch auch dem Geringen zu!«
Wenn das für Ihre Ehe gilt, dann bleibt sie lebendig, dann ist sie Hoch-Zeit nicht nur am heutigen Tag, sondern Ihr Leben lang.

Die Ehe ist kein Hafen, in den man einfährt, dann die Segel einholt und an Land geht. Im Gegenteil: Jetzt gilt es erst recht, die Segel zu setzen. Die Ehe ist keine Einrichtung, in der Haushalt, Kinderaufziehen, Arbeitsverteilung und Altersversorgung halt am besten bewältigt werden, sondern eine abenteuerliche Entdeckungsreise in den anderen Menschen hinein, die nie an ein Ende kommt; bei der man nie aufhört, zu wachsen, zu reifen, Erfahrungen zu machen. Aber auch eine gemeinsame Entdeckungsreise auf unsere Welt zu, auf die Mitmenschen . . .
Entdeckungsreise aber bedeutet: Offen sein, sich wandeln. Paulus sagt: »Gleicht euch nicht dieser Welt an, sondern wandelt euch und erneuert euer Denken!« Das heißt: Sich immer neu überraschen lassen voneinander, auf das Anliegen des anderen hören, einander vergeben können *und* den Rost heruntertun . . .
Vielleicht ist das die schwerste und größte Lebensaufgabe: wandlungsbereit und offen zu bleiben – nicht wie eine Wetterfahne im Wind, sondern ausgerichtet auf das, was beiden guttut. Der Christ fügt hinzu: auf das, was Gott will. Denn *Er* ist für uns *der* Anwalt des Menschen, der will, daß wir das Leben haben, »und es in Fülle haben«.
Für den Christen hat dieses »Sich-wandeln« entscheidend mit dem Glauben zu tun an Gott, der uns Menschen immer wieder einen neuen Anfang schenkt, wo wir uns verrannt oder einander enttäuscht haben. Die »Wandlung«, die wir nachher in der Eucharistie begehen, will auch Sie, auch uns miteinbeziehen!

Thomas Keller

Beständigkeit entscheidet (1 Kor 13,7)

Ein Paar mit großer Selbständigkeit des Handelns und auch des Umgangs mit anderen. Gewohnt, im Beruf auf eigene Kraft und persönlichen Einsatz zu bauen, kämpft das Paar um eine Balance zwischen den Anforderungen und Verpflichtungen und dem eigenen Freiraum. Das Religiöse kommt dabei zu kurz, nicht aber der Wille zur Humanität als Grundhaltung, die sich durchaus christlich orientiert versteht.

»Die Liebe in den Zeiten der Cholera«

Alles ist anders in diesem Buch des heute in Mexiko lebenden Kolumbianers und Nobelpreisträgers Gabriel García Márquez: Die Liebe in den Zeiten der Cholera. Die Zeit ist anders als vor 50 Jahren, der Ort ist anders als die Karibik, die Verhältnisse sind anders für ein junges Paar von heute. Oder ist, wie in Zeiten der Cholera, der Entschluß, ein Leben in Treue zueinander zu stehen, so gefährdet, so der Anfälligkeit des Zerbrechens und Scheiterns ausgesetzt, als habe die Ehe eine Epidemie erfaßt? Nicht die Ehe selbst, aber der Ehegedanke, diese Treue zu einem Partner ein Leben lang, zerbricht und zerfällt in den Köpfen und Herzen vieler in unserer Gesellschaft.
Ich weiß nicht, ob der Nobelpreisträger diese Seite unserer gesellschaftlichen Entwicklung auch im Auge hatte. Die Cholera ist jedenfalls ein verschlüsseltes Bild der Anfälligkeit aller Werte, die wie in einer Epidemie sich auflösen. Gewiß war das ein Teil seiner Absicht. Dazu aber hat er einen großen Liebesroman geschrieben, eine Geschichte voller Lebenskraft und Poesie, die von einer lebenslangen Liebe des Florentino Arizas und der Fermina Daza erzählt, und das, obwohl die Frau, die Heldin des Romans, jahrelang, genauer: 50 Jahre, zunächst mit einem anderen, dem Arzt Dr. Urenal Urbino, verheiratet war.

Das Thema der Treue und Bewährung

Dieser Roman, so haben wir gesagt, ist nicht das Buch zu dieser Hochzeit. Nicht nur, daß die Hochzeit, die wir heute feiern, nicht am Ende einer 50jährigen Liebesgeschichte geschieht, sondern am Beginn einer gemeinsamen Geschichte, die dieses junge Paar beginnt. Nicht die bleierne Hitze der Karibik, die sich lähmend auf alles legt, schon gar nicht die immer schleichend anwesende Bedrohung einer Cholera, die alle Bedrohung einer Liebe von außen und von innen heraufbeschwört, soll uns in dieser Stunde belästigen; einzig dieses eine Thema fesselt uns, wie die hinreißende Leidenschaft einer großen Liebe, die Kraft zur Treue und Bewährung hervorbringt. Held und Heldin treffen sich erst nach 50 Jahren wieder, nachdem die Ehe zwischen Fermina und Dr. Urbino durch dessen tragisch-komischen Tod beendet ist. Schon lange vor seinem Tod hatte dieser seiner Frau die Grundüberzeugung von Liebe und Ehe aufgedeckt: »Du mußt immer daran denken, daß nicht Glück, sondern Beständigkeit entscheidend für eine gute Ehe ist.« Zuvor hatte sie ihrem Mann ihre Verzweiflung über diese lange unglückliche Ehe ins Gesicht geschleudert. Und wir lesen dann im Roman weiter: »In ihrer ersten Einsamkeit als Witwe wurde ihr klar, daß jener Satz nicht die kleinliche Drohung enthielt, die sie damals herausgehört hatte, sondern der Stein der Weisen war, der ihnen beiden so viele glückliche Stunden ermöglicht hatte.«

Aber was geht uns das an diesem schönen Hochzeitstag an? Und was gehen diese Sätze, geht dieser Roman dieses junge, schöne Hochzeitspaar an? Was soll dieses Pochen auf Beständigkeit und Treue, das wirklich in diesem Meer von Unglück wie eine kleinliche Drohung, vielleicht sogar wie eine kleinbürgerliche Einklagung von Rechten und Pflichten, von Trauschein und Versprechen, klingt? Wir ahnen, das ist die Not der späteren Jahre, die viele junge Paare heute skeptisch werden lassen gegen die Institution Ehe. Gabriel García Márquez, der Nobelpreisträger aber, nennt nicht das Glück, sondern die Beständigkeit den Stein der Weisen für eine gute Ehe.

Das ewige Bild von Braut und Bräutigam

Wir ahnen, die Aktualität diese Romans ist nicht die Leidenschaft der Liebe als Verliebtheit, sondern ihre ewige Dauer im Paar. Es ist das Bild von Braut und Bräutigam, das uns in jeder Hochzeitsfeier anrührt, das in jedem Hochzeitspaar, auch in diesem hier, uns vor Augen steht, Braut und Bräutigam als ewiges Paar in unerschöpflicher Liebe verbunden, Mann und Frau, für-

einander geschaffen, von allem Anfang an und füreinander bestimmt, in einem Bund, den Gott bestimmt hat und den Menschen nicht machen, auch nicht zerbrechen können, und die die unbesiegbare Flamme der Liebe als Grund hat, weil sie selbst aus Gott kommt, weil sie selbst Gott ist (1 Joh 4), so daß keiner errötet und niemand zu spotten wagt, wenn er hört: »Und wer in der Liebe bleibt, bleibt in Gott«, und wer in der Liebe »Gott« sagt, zielt auf die ganze, alles erfüllende Liebe, »die ewig ist«.
Und nach dieser Vorlage und Vorgabe, nicht nur geträumt, sondern möglich und offen für alle Wirklichkeit zwischen Mann und Frau, nicht als Roman und Märchen, sondern als unverwechselbares Wort, das vom selben spricht, will Liebe sein, wenn sie von Gott redet und vom Menschen und wenn der Apostel in seinem Hohenlied sagt: Diese Liebe, diese Einzige in allen Wirklichkeiten, »trägt alles, glaubt alles, hofft alles, hält allem stand« (1 Kor 13,7). Und von dieser Liebe gilt, auch wenn Menschen zueinander sprechen, an diesem Tag, in diesem Augenblick des Lebens, vergänglich und doch einzigartig: »Die Liebe hört niemals auf« (1 Kor 13,8).

Ein Weg in der Alltäglichkeit

Ist das ein Weg, den jeder gehen kann, jeder Mann und jede Frau, jedes Paar? Ein Weg, von dem Paulus sagt, daß er jedem gangbar sei, ein Weg, der über alle Sonderwege und Sonderanstrengungen hinausgeht, ein Weg, der alles übersteigt (1 Kor 12,31b)? Gerade darin ereilt uns die Skepsis des Alltäglichen, die Gewöhnung aneinander und an die Routine des Alltags, die Last der Verpflichtungen, das Mißtrauen in die eigenen Kräfte und in die Begrenztheit des anderen. Bleibt da nur ein Traum, mit dem wir uns aus der Banalität des Alltags hinwegträumen, nach hinten in die vergilbten Hochzeitsfotos, nach vorne in die Traumfabriken der Bilder, die gemacht sind, weil sie Romane, Filme, Illustriertenstorys sind und eben nicht die Wirklichkeit? Der Philosoph Ernst Bloch mahnt zur Realität: »Desto mehr wird geträumt, je weniger bereits erlebt ist. Vor allem Liebe malt das ihre stets früher, als sie es hat.«
Zwei Erstarrungen sind zu wehren. Einmal, daß wir uns fixe Bilder machen, die dann laufen lernen sollen und es doch nicht können, weil die Liebe in der Wirklichkeit es mit unseren Be-

schränkungen, mit den Verletzungen, Fehlern, Schwächen, mit den Belastungen von Beruf, Freizeitgestaltung und Familienaufgaben aufnehmen muß. Und zum anderen mit jener Erwartung, daß die Liebe schon fertig ist, daß sie also die Hoffnung nicht bräuchte, daß sie sich nicht öffnen muß für eine Einübung von Hoffnung und Bewährung.
Wie sehr ist das Wort von der ehelichen Treue in unsere Ungnade gefallen! Wir können es ersetzen, weil man mit ihm auch Schindluder getrieben hat; wir können es ersetzen durch die Bewährung, durch die Beständigkeit. In der einen wird bewahrt, in der anderen standgehalten. Dies ist die Botschaft des großen Liebesromans, den wir an diesem heutigen Hochzeitstag haben aufklingen lassen. Sie trifft sich aber auch mit der Grundüberzeugung der Bibel. »Geduld wirkt die Bewährung, die Bewährung Hoffnung« (Röm 5,3). Es ist die Belastbarkeit, ohne daß sie zur Belästigung und zur unerträglichen Last wird. Im Galaterbrief des Apostels Paulus steht dieses Wort, das sich dieses Hochzeitspaar ausgesucht hat: »Tragt einer des anderen Last, so werdet ihr auch das Gesetz Christi erfüllen« (Gal 6,2).
Das Gesetz Christi, das einzige, das er uns Menschen übergeben hat, aber ist dies: »Liebet einander« (Joh 15,17). Dies ist sein Wort, dies ist sein Name unter uns und seine Weisung, die er selbst vorgelebt hat, indem er die Last des Menschen auf sich genommen hat. »So bleiben wir in seiner Liebe und seine Liebe bleibt in uns« (Joh 15,10).
Man kann es vielleicht auch mit einem Augenzwinkern sagen, wie ja das Leben, und so denke ich auch die Hochzeit, nicht nur das Hohe braucht, um groß zu sein, sondern auch das Menschliche, das Lachen und das Fest, und vielleicht auch das Lächeln mitten im Trubel des Glücks und die leise Ironie in dem nicht Erreichten, mit dem Menschen immer wieder an die Grenzen stoßen. Und so endet der große Roman von einer großen Liebe mit einer etwas derben, aber abgrundtiefen, humorigen Szene: Das nun schon grau gewordene Paar ist auf einem Schiff und hat die Cholera-Flagge gesetzt, um endlich von allen Verfolgungen und Anfeindungen Ruhe zu haben, und fährt den Fluß herauf und herunter, und nun wörtlich: »Der Kapitän sah Fermina Daza an und entdeckte auf ihren Wimpern das erste Glitzern winterlichen Reifs. Dann schaute er Florentino Ariza an, sah seine unerschrockene Liebe und erschrak über den späten Verdacht, daß

nicht so sehr der Tod, vielmehr das Leben keine Grenzen kennt. ›Und was glauben Sie, wie lange wir dieses Scheiß-Hin-und-Zurück durchhalten können?‹

Florentino Ariza war seit dreiundfünfzig Jahren, sieben Monaten und elf Tagen und Nächten auf die Frage vorbereitet: ›Das ganze Leben‹, sagt er.«

Wir alle wünschen Ihnen beiden grenzenlose Liebe und Beständigkeit in den Grenzen der Liebe, Vertrautheit, die sich bewährt, und Treue, die sich aus der Liebe entwickelt, denn ohne Liebe geht gar nichts und mit ihr alles, wie der Apostel sagt.

Dieter Müller

Verzeichnis der verwendeten Schrifttexte

Mitarbeiterinnen und Mitarbeiter

Anton Bauer
Pfarrer, Stuttgart

Erhard Bechtold
Pfarrer, Konstanz

Mechthild Berchtold
Pastoralreferentin, Rottenburg

Josef Birk
Studentenseelsorger, Esslingen

Peter Bleeser
Pfarrer, Koblenz

Franz Brendle
Akademikerseelsorger, Stgt.

Michael Broch
Pfarrer, Mössingen

Bernd Ciré
Pfarrer, Stuttgart

Anton Durner
Krankenhausseelsorger, Stgt.

Heribert Feifel
Pfarrer, Stuttgart

Luise Hartmann
Gemeindereferentin, Stuttgart

Franz Keil
Pfarrer, Esslingen

Thomas Keller
Pfarrer, Ulm

Heinz Kußmann
Pfarrer, Erbach

Dietmar Mieth
Professor, Tübingen

Dieter Müller
Pfarrer, Stuttgart

Wolfgang Raible
Pfarrer, Tübingen

P. Helmut Schmitt SJ
Offene Tür, Mannheim

Wolfgang Schrenk
Pfarrer, Heilbronn

Karl-Heinz Sülzenfuß
Pfarrer, Düsseldorf

Wolfgang Tripp
Pfarrer, Esslingen

Reinhold Waltermann
Pfarrer, Münster-Nienberge

Paul Weismantel
Pfarrer, Augsburg

Robert Widmann
Pfarrer, Neuhausen

Hubert Wolf
Professor, Tübingen